Introduction à l'Intelligence Economique

Version 2021 - 4ème édition

Bernard BESSON

Introduction à l'intelligence économique

Bernard Besson

Version 2021

4ème édition

Mise à jour le 15 janvier 2021

Introduction à l'intelligence économique

Version 2021 brochée et numérique disponible sur Amazon et Amazon Kindle

TABLE DES MATIERES

I Crise et pensée systémique — 13

Traitement de l'information et anticipation des problèmes, pensée analytique et pensée systémique, contagion de la crise sanitaire à l'économique au social et au politique, flux informationnels et mutualisation des savoirs, la prochaine crise systémique.

II L'intelligence collective — 22

Définition de l'intelligence économique. Le délégué général à l'intelligence économique, DRH, commerciaux, documentalistes, Risk managers, DSI, ingénieurs qualité, communicants, déontologues, veilleurs, analystes, gestionnaires des connaissances, robots et algorithmes, lobbyistes, consultants.

III L'audit de l'existant — 31

Budget de l'intelligence économique, les auditeurs et les audités, le droit de l'intelligence économique, veilles et coordination des veilles, intelligence artificielle, sources d'information, outils de veille, diffusion de l'information, rétention de l'information.

Partage des connaissances, reconnaissance des personnes, veilles scientifiques et technologiques, capitalisation des échecs et des crises, produits de l'intelligence économique, entreprise et territoire, exportations, capacités d'influence, image et e réputation, futurs entrants et futurs clients, création de valeur, marché de l'intelligence économique, inventivité de l'entreprise, le document d'audit, le Test1000 Entreprise.

IV La maîtrise de l'information stratégique — 45

Les finalités de l'information stratégique, les ignorances fécondes, les quatre éléments fondamentaux de l'intelligence économique : maîtrise, mémoire, réseau et analyse.

La mémoire et l'information écrite, les réseaux et l'information orale, l'attraction des réponses aux questions, le passage de l'oral à l'écrit, qualités et pathologies des notes d'information et études économiques.

Analyse expertise et vérification de l'information, les signaux faibles et les tendances lourdes, fluidité des questions et des réponses, les freins à la démarche d'intelligence économique, l'ADN des startups

V Ethique et déontologie — 73

L'utile transparence, la formalisation des process, la valorisation des personnes, le secret, pratiques déontologiques et attitudes prohibées, la sous-traitance de l'intelligence économique, la vie privée et la vie professionnelle, extension du télétravail et double appartenance.

Le droit d'alerte, la protection des données personnelles, les clauses contractuelles de remontée d'information, l'intégration des nouveaux arrivants, stratégie et vide stratégique.

VI L'intelligence inventive — 82

Découvrir inventer innover, les quatre étapes et les douze mots clés de l'intelligence inventive, démystifier les démarches d'innovation, organiser l'entreprise intelligente, reformuler les problèmes sous le regard des autres.

Prévoir à partir des données et statistiques, différencier l'offre, diversifier l'usage de ses savoir-faire, observer son environnement proche et lointain, croiser les douze mots clés de l'intelligence inventive, darwinisme technologique et anticipation des évolutions.

Modéliser à partir de recettes vérifiées dans d'autres métiers, féconder l'intelligence collective, motiver ses équipes par un supplément d'âme, promotion des innovation et entreprise libérée, autodiagnostic d'intelligence inventive, chaque entreprise est créatrice dans l'âme.

VII L'influence et la contre-influence — 109

Démystifier les processus et les attitudes d'influence, les éléments constitutifs de l'influence, la promotion des innovations, le plan annuel d'influence, les actions d'influence.

Le lobbying et le marché de l'influence, la chasse en meute et le salon professionnel, le perception management, le marché de l'intelligence économique, le renseignement commercial, les agents privés de recherche, les cabinets conseils en stratégie, l'intelligence décisionnelle.

VIII L'État stratège — 128

Définition de l'Etat stratège, politiques publiques d'intelligence économique, pensées et actions stratégiques, intelligence politique et réforme et Etats-stratèges, les clubs d'intelligence économique et leur programme.

Du village intelligent à la ville intelligente, nouveaux modèles économiques et économie collaborative, pôles de compétitivité et innovation, les remarquables acteurs français de l'Etat stratège.

IX Le protectionnisme intelligent — 148

Protectionnisme ordinaire et protectionnisme intelligent, comité directeur et ministre de l'intelligence nationale, cellule nationale permanente, des animateurs plutôt que des fonctionnaires, les finalités du protectionnisme intelligent, les secteurs protégés, le pilotage par le groupe interministériel.

Les débats internes du protectionnisme intelligent, affaires étrangères, commerce extérieur, industrie, économie et finances, agriculture et pêche, éducation nationale, défense, justice, santé, intérieur, culture, donnée publique, les très utiles services de renseignement.

X Sécurité économique et intelligence des risques — 163

Pascal et Fermat, l'invention du risque, les cindyniques et l'école polytechnique, les quatre grandes familles de l'intelligence des risques, des haruspices aux gestionnaires du risque, la mission de protection, les livrables de la mission, l'exposition aux risques, la démocratie du risque.

Les risques managériaux — 173

Affaiblissement des processus de décision, amnésie des savoir-faire, cécité technologique, risque client et fournisseur, externalisation des données, risque d'image, risques psychosociaux, risques pays, risques produits, ruptures d'approvisionnement, risques religieux et communautaristes, risque pénal.

Les risques environnementaux — 183

Risques climatiques et naturels, cartographie et politique environnementale, normes internationales, ISO 14 000, dossiers départementaux et communaux des risque naturels et industriels, excellence française dans la mise à jour des risques naturels.

Risques de sécurité (safety) — 187

Histoire de l'ISO 28 000 et naissance de la sécurité économique, la norme certifiante et l'obligation d'anticipation des organisations, l'ISO 27 000 et la construction de la cyber sécurité, l'Union européenne et le Règlement général sur la protection des données personnelles (RGPD), Le document unique dans l'entreprise (DU) et la gestion des postes à risques, le marché de la sécurité économique et les géants mondiaux.

Risques de sûreté (security) — 195

La sûreté dans l'entreprise, les bonnes pratique et erreurs à éviter, l'alerte professionnelle, le droit de la sûreté d'entreprise, la procédure pénale dédiée, le marché de la sûreté, les matériels de surveillance, les contrôles d'accès, L'ISO 31 000 et le management des risques, la Cour de cassation et la délégation de pouvoir du gestionnaire des risques, le conseil des risques et le code de commerce.

Calcul des risques — 210

Calculer la criticité des risques appartenant aux quatre familles à partir d'un dénominateur commun, la criticité pondérées, les propriétaires de risques et le tableau d'exposition globale aux risques de l'entreprise, des administrations et des territoires.

La gestion de crise 218

    Pathologies des cellules de crise, l'horreur médiatique, victimes et statistiques, les erreurs à éviter, pilotage et coordination d'une cellule de crise, rôle des réseaux sociaux, vérités et mensonges.

X La guerre économique   226

    Asymétrie dans la perception du phénomène, exemples concrets de guerre économique, jurisprudence française et extraterritorialité des droits, perceptions culturelles du droit des autres, rôles des Etats-stratèges, le marché privé de l'espionnage économique, pratiques courantes et méthodes d'espionnage, l'économie noire, le secret des affaires de l'Union européenne, les méthodes simples et peu coûteuses du contre-espionnage économique d'entreprise, le rôle salvateur et incontournable ses services de renseignement français.

Conclusion   253

Bibliographie   256

Annexes

Test1000Entreprise   **260**

L'entreprise évalue et note elle-même sur une échelle de 0 à 1000 la performance de son intelligence économique. Chaque entreprise est une intelligence économique par nature.

Charte d'usage de l'information et des réseaux sociaux   **263**

Intelligence économique et intelligence décisionnelle   **271**

Avant-propos

Cette quatrième édition de l'Introduction à l'intelligence économique[1] bénéficie comme les précédentes des acquis et des expériences vécus au sein de l'Association française pour le développement de l'intelligence économique, de la mission du Haut responsable pour l'intelligence économique, M Alain Juillet, de la Commission intelligence économique du MEDEF Ile de France, et des activités de consultant de l'auteur. En compagnie notamment de Jean Claude Possin et de Renaud Uhl, amis et coauteurs. S'y ajoutent les témoignages nombreux et variés des ingénieurs et scientifiques, français et étrangers, partenaires d'IESF[2] qui nourrissent la discipline de leurs expériences de terrain.

Ce livre fait la synthèse des autres titres publiés par l'auteur et ses co auteurs chez différents éditeurs (Calmann-Lévy, Economica, Documentation française, Dunod, IFIE, AMRAE Odile Jacob, Le Seuil, L'Harmattan)

---

[1] Introduction à l'intelligence économique, Bernard Besson, éditions Chlorofeuilles, 1994 pour le compte du Centre international de science criminelles de Paris. (CISCP)
[2] Ingénieurs et scientifiques de France, 7 rue Lamennais 75008 Paris www.iesf.fr 01 44 13 66 88

Crise et pensée systémique

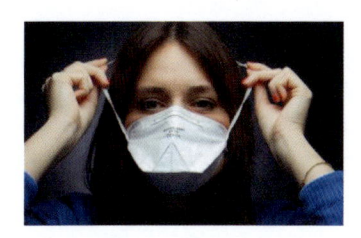

Cette réédition intervient durant la pandémie de la Covid 19 qui a bouleversé l'économie mondiale et celle de nombreuses entreprises. Cette catastrophe sanitaire a mis en relief l'intérêt d'une démarche d'intelligence économique dans nos organisations et territoires sinistrés. Plus que jamais celle-ci apparaît comme un outil de résilience.

La guerre économique est devenue une réalité et l'on parle désormais plus facilement de souveraineté économique et de relocalisation d'activités logistiques et stratégiques. L'Etat-stratège redevient sous la pression des évènements, un projet collectif avouable.

La crise des gilets jaunes a démontré le besoin d'écoute et d'attention de citoyens accablés par les taxes et désabusés par l'impuissance de la démocratie. Une crise de confiance entre les élites, les corps intermédiaires et le peuple réclame plus d'actions concrètes et moins de discours. Or l'intelligence économique est avant tout une manière d'agir et de penser. A l'échelle des territoires elle peut devenir une intelligence politique partagée entre différents acteurs.

Crise et traitement de l'information.

La violence de la pandémie oblige les entreprises, prises au dépourvu à repenser leurs stratégies. Celles qui ont souffert comme celles qui ont bénéficié d'effets d'aubaines sentent la nécessité de repenser leur lecture de l'information orale et numérique. Être bien informé n'a jamais paru aussi vital. Les données doivent être actualisées et réévaluées. Faute de quoi les intelligences artificielles faibles et fortes qui les exploitent démultiplieront les erreurs, les aléas.

Auguste Comte sans parler d'intelligence économique en donnait la clé : veiller à toujours savoir pour prévoir afin de pouvoir. L'entreprise est plus que jamais aux aguets comme le soulignait Jacques Villain quelques années avant le démarrage en France de la politique publique d'intelligence économique.[3]

La crise systémique appelle une pensée systémique. L'analyse cartésienne a fragmenté les connaissances en une multitude de disciplines séparées. Cette manière de voir le monde procède des sciences dîtes de l'ingénieur. C'est un schéma rigide et déterministe qui peine à englober l'ensemble des aléas culturels, sociaux, religieux, politiques, d'intensités et de configurations variables. Le modèle analytique et cartésien sous-estime les malveillances et les réactions épidermiques, les rivalités d'égos, les non-dits qui ruinent les stratégies entrepreneuriales.

L'intelligence analytique segmente les problèmes et leur appréhension. Elle perçoit moins les environnements évolutifs autour des problèmes. Or c'est de ces environnements que viennent les menaces comme les opportunités. La domination de l'école cartésienne, par manque de fluidité, freine le passage d'un registre à un autre. L'accessoire et le périphérique distraient la pensée analytique concentrée sur le cœur de métier. L'analyse du bilan prouve que la santé financière d'un partenaire économique est excellente. Une approche systémique nous apprendrait que le couple fondateur est en train de divorcer et négocie la vente de son affaire à un ami chinois. L'alliance des deux approches est l'un des fondements de l'intelligence économique.

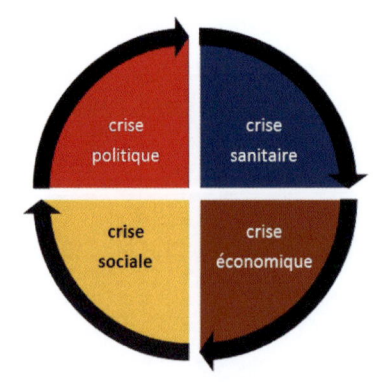

Figure n° 1 La crise systémique de la Covid 19

---

[3] *L'entreprise aux aguets,* Armand Colin 1989

A la lumière des évènements nous constatons que l'intelligence économique est une gestion des chapelets des crises sanitaires, économiques, financières, religieuses, sociales, sociétale et demain politique. L'entreprise perçoit mieux l'économie politique dans laquelle elle se meut et survit. Les crises sont pédagogiques. Elles nous obligent à élargir notre perception de l'environnement et de nous-même.

A l'échelle macro-économique, le choc n'a pas été géré partout de la même façon. Car les histoires et les cultures diffèrent. Les mêmes évènements n'entraînent pas les mêmes réactions. En Allemagne, Angela Merkel, elle-même scientifique, moquée parfois pour son train de sénateur, disposait dès la mi-janvier 2020 des armes suffisantes pour faire face en termes de lits, respirateurs, masques, tests et plus tard vaccins. Il en va de même à l'échelle des entreprises qui ont traversé la crise de manière très différentes

Pour anticiper, comprendre et réagir, les entreprises ont de manière, consciente ou inconsciente, activé une intelligence systémique. Plusieurs canaux d'information et divers types d'analyse ont été sollicités en même temps par des dirigeants aux aguets. Beaucoup d'organisations ont pris conscience qu'elles étaient des êtres collectifs se nourrissant d'informations variées.

Le traitement de cette information a pris à cause du télétravail et de nouvelles habitudes managériales une dimension centrale. L'entreprise s'est redécouverte en tant que réseau humain et numérique, oral et écrit, local et planétaire. L'explosion des téléconférences et l'usage de plateformes collaboratives ont fait entrer le digital de manière écrasante dans la vie professionnelle. La barrière qui séparait ces deux mondes a explosé. La crise sanitaire a propulsé le numérique au cœur de nos vies individuelles et collectives.

Après la machine à vapeur et l'électricité, le numérique fait figure de troisième révolution économique, industrielle et politique. Dans ce monde la connaissance est à la portée de chacun, souvent gratuitement. L'information est disponible partout. Les connexions entre les réseaux et les imaginations inventent des solutions à des problèmes que l'on croyait insolubles.

Les connivences entre acteurs qui n'avaient autrefois aucune chance de se rencontrer créent de la valeur. Ce que les pyramides, héritées de l'usine taylorienne n'inventent plus provient de communautés rassemblées autour de plateformes collaboratives. Ce sont elles qui gèrent les conséquences des crises. Les cercles remplacent les triangles. Les cubes deviennent des sphères.

De nouvelles entreprises se créent sans apport de capital grâce à un logiciel logé dans le *cloud*. Ces nouveaux objets économiques naissent de la rencontre de bonnes volontés reliées les unes aux autres par des problèmes imprévus. Des organisations éphémères apportent des solutions avant de se dissoudre pour fonder ailleurs de nouvelles intelligences collectives.

Tous les métiers se repensent sous peine de disparaître. Restaurants et cafés, voyagistes et sous-traitant de l'aéronautique, hôteliers et transporteurs cherchent systématiquement des solutions aux difficultés qui les assaillent. Changer l'ordre des choses devient une nécessité. Pour cela il faut traiter plus vite qu'avant un nombre important d'informations inhabituelles. Comme tous les êtres vivants les entreprises s'adaptent. Elles le font en cherchant de nouveaux savoir-faire.

Déjà dans des secteurs rigides et peu suspects de frivolités comme l'armement, la révolution digitale transforme le management et les manières de penser.

Par exemple, chez Thalès l'entreprise organise l'accès permanent de tous aux savoirs et savoir-faire de ses propres experts.[4] Elle mutualise sa mémoire et cartographie ses réseaux internes. Les décisions se prennent après consultation et analyse des données mémorisées. L'intelligence économique n'est pas autre chose.

Le digital permet l'automatisation de nombreuses tâches industrielles et administratives libérant les imaginations afin d'inventer de nouvelles questions. Face aux conséquences de la crise sanitaire les modes de production évoluent et associent les hommes et les femmes à de nouvelles façons de voir les choses. Les entrepreneurs changent le monde plus sûrement que les politiciens à la remorque des évènements.

L'intelligence systémique encourage, au sein des grosses structures, la création de startups internes. La proximité des petites équipes génère de la confiance et redonne du sens. Les métiers sortent de leurs silos et échangent avec leur écosystème. Les limites de l'entreprise perdent de leur signification. La révolution digitale et la crise, gomment les frontières entre intérieur et extérieur. Les consommateurs deviennent des producteurs et multiplient les réseaux de distribution. De nouvelles autorités surgissent et régulent des marchés qui n'existaient pas hier. Dans le domaine électrique on parle désormais d'Energie 4.0. Apparaissent des acteurs que nous retrouverons plus loin comme les territoires, villes et villages. Le digital favorise la décentralisation des prises de décision.

L'autoconsommation, l'interopérabilité des réseaux, les bornes de rechargement, les plateformes d'achat électrique, l'accès aux Datas, les échanges d'énergie entre producteurs et consommateurs en peer to peer[5] grâce aux Bolckchains[6] permettent des réductions voire des effacements de consommations et une diminution des coûts d'exploitation et de maintenance.[7]

L'intelligence inventive émerge d'un bouillon de culture favorable à la naissance de modèles impensables hier. L'innovation y côtoie cependant l'intelligence des risques car la cybercriminalité fait également preuve d'inventivité. La création au niveau européen d'une

---

[4] Conférence de M Olivier Flous le 22 11 2016 à l'invitation du groupe Renseignement et intelligence économique de l'Association nationales des auditeurs en intelligence économique de l'IHEDN.
5 En français pair à pair, est un modèle de réseau client-serveur mais où chaque client est aussi un serveur.
[6] Chaine bloquée en français. Technologie de stockage et de transmission d'informations, transparente, sécurisée, et fonctionnant sans organe central de contrôle. Une blockchain est une mémoire contenant l'historique de tous les échanges effectués entre ses utilisateurs depuis sa création.
[7] Préface de Michel Derdevet, Secrétaire général d'Enedis au livre de Viviane du Castel et Julie Monfort « *Energie 4.0.* » Connaissances et Savoirs 2017.

agence pour la sécurité des systèmes d'information illustre bien ce souci. Le digital force l'Union européenne à devenir stratège. Il était temps !

Cette nouvelle économie de l'électricité a déjà des conséquences politiques puisqu'elle oblige l'Europe à repenser ses réseaux d'approvisionnement et de transport, à coordonner les différents régulateurs nationaux, à créer une nouvelle mémoire des données stratégiques, à entreprendre des efforts de normalisation.

En 2018, dans un autre domaine, l'Union européenne a obligé les banques à partager les données mémorisées sur leurs clients avec des opérateurs tiers, spécialisés dans les services de paiement. C'est la directive DSP2 conséquence de la monnaie unique et du système européen SEPA.[8] Là aussi l'Europe ouvre un vaste champ à l'intelligence économique. Nous sommes même dans un cas d'école exemplaire.

A partir des données sur les habitudes des clients, mémorisées par les banques, de nouveaux réseaux d'analystes-entrepreneurs, regroupés dans des startups, imaginent des solutions dans de multiples domaines. Obligés de sécuriser leurs entreprises, ils se dotent d'une intelligence des risques conformes aux standards du système ISO[9]. Dégagés des menaces liées à la cybercriminalité ils donnent libre cours à leur intelligence inventive. L'intelligence économique n'est pas autre chose.

Nous aurons l'occasion de voir à plusieurs reprises au cours de cette nouvelle édition que l'Union est devenue un acteur majeur de la discipline. Elle lui ouvre la possibilité d'utiliser les technologies de l'information qui sont l'une de ses raisons d'être. Il est encore trop tôt pour parler d'intelligence européenne capable de protectionnisme intelligent ou d'influence au-delà des frontières mais le socle est posé. Certaines dispositions dans le domaine du droit des affaires laissent augurer d'une Europe consciente d'elle-même face aux animaux politiques que sont la Chine, le Japon - qui revient en force - les États-Unis, la Corée et bien d'autres.

---

[8] Single Euro Payments
[9] International Organisation for Standardization

L'armement, l'énergie, les transports, l'agriculture, l'enseignement, la santé, la finance, l'édition, toutes les économies marchandes ou non marchandes sont impactées par la révolution digitale. Chaque entreprise est un flux permanent d'informations L'intelligence économique est la prise de conscience de cette réalité. Elle en restitue l'image comme un scanner. Elle est la manière de penser la plus adaptée à cette réalité. Elle est aussi un mode de vie. En tant qu'individu nous consommons et produisons des données, nous appartenons à de multiples réseaux, délivrons des conseils, transmettons des appréciations, influençons nos proches ou d'autres. Grille de lecture de cette révolution, elle coordonne les flux d'informations de savoirs dont l'oubli prépare la prochaine crise ou divers déboires économiques…

La prochaine crise systémique

Considérée comme aussi improbable que le 11 septembre 2001, la Covid 19, le Brexit ou Fukushima, la prochaine crise mérite d'être scénarisée et de faire l'objet d'exercices mettant en scène l'ensemble des veilles de l'entreprise comme celles des territoires. La future crise pourra prendre la forme d'une crise cyber. L'élément déclencheur sera peut-être un virus, une éruption solaire ou terrestre, une attaque terroriste ou une guerre entre des puissances équipées d'armes numériques de destruction massive. Elle peut être aussi le résultat d'un effondrement d'Internet. Dans cette dernière hypothèse des hordes virtuelles envahiront nos écrans comme le firent dans la nuit du 31 décembre 406 en traversant le Rhin gelé les Vandales, les Suèves et les Alains qui détruisirent la Gaule de fond en comble en quelques semaines.

Tous les services de renseignements publics et privés travaillent sur cette hypothèse. Comme le fit l'armée romaine sous le Bas Empire en étudiant le sujet dans ses moindres détails. L'effondrement d'Internet aurait des conséquences encore plus foudroyantes. Le système n'a pas été conçu au départ sur des bases sécuritaires et comporte des fragilités. Le limes romain était plus prévoyant dans ce domaine. Lorsque l'on connait la dépendance de la fintech aux robots et aux algorithmes dont nous sommes tous dépendants on imagine sans peine la catastrophe économique, civilisationnelle et politique qui en résulterait. La cyber pandémie appelle la construction d'une cyber résilience à la hauteur du sujet[10].

Aucun territoire ne peut éluder l'hypothèse d'une disparition momentanée ou prolongée d'Internet ou des communications dépendantes du système satellitaire. Le management du chaos agace les gens raisonnables qui veulent oublier, on les comprend, que l'Histoire n'est qu'une longue résilience entre deux chaos successifs. Imaginer la survie d'un territoire privé d'électricité ou d'eau potable, d'une désorganisation de ses moyens de secours, de sécurité, de santé et de transport à la suite d'actes simultanés et coordonnés de sabotages de grande ampleur n'a rien de réjouissant.

Un tel scénario de crise fait partie des anticipations et des évaluations qu'une intelligence des risques territoriale se doit d'imaginer en mettant sur pied des actions, des parades préventives et des solutions de remplacement. L'intelligence des risques conseille aux dirigeants d'entreprise d'établir et de mettre à jour des cartographies de crises et de risques

---

[10] *Il est urgent de se préparer à une cyber pandémie* par Frédéric Cuppens expert à Polytechnique Montréal, Sciences & Vie, octobre 2020, page 46.

majeurs susceptibles de se déclencher. De tels documents doivent évidemment hiérarchiser l'échelle des menaces.

Pensées analytiques et pensées systémiques iront de pair dans ce genre d'anticipation. Internet n'est pas irremplaçable. Nous avons vécu sans le Web ; nous pouvons nous en dispenser. Mais le prix sera exorbitant. Pour parer à toutes éventualités, il faut que nous disposions en permanence de toutes les sauvegardes à jour nécessaires sur plusieurs types de supports pour contrer toutes les éventualités de désorganisations possibles. Imaginons l'inenvisageable, l'invraisemblable et l'impossible. Heureusement d'autres modèles existent Les concepteurs d'Internet dont le Français Louis Pouzin et quelques autres proposent d'autres types de réseaux[11]. Nous en reparlerons. La production d'électricité peut s'imaginer autrement. L'hygiène et le service de l'eau n'ont besoin ni d'électricité ni d'Internet. La cité antique s'en passait fort bien pour un confort public qui ne fut de retour en France qu'au vingtième siècle.

Imaginer la sortie du chaos est un excellent exercice d'intelligence inventive et stratégique. En cas de situation d'urgence ou de crise majeure qui décide, où et comment ? En cas d'empêchement, d'incapacité qui remplacera qui ? La Covid 19 nous a appris à imaginer des solutions à des problèmes dont nous n'avions pas imaginé l'existence. N'oublions pas ce que nous avons appris. Notre mémoire s'est enrichie de nombreux savoir-faire.

Elle les relie pour décider à bon escient après avoir pris en compte l'éthique, la déontologie, la protection des données personnelles, et les modes de management. Elle ouvre les yeux des collaborateurs sur certaines réalités durables comme l'influence, la contre-influence, le protectionnisme intelligent, la guerre économique, l'espionnage économique, le contre-espionnage économique.

Les pages qui suivent traiteront également de l'intelligence collective dans les entreprises, de la maîtrise de l'information stratégique et de ses applications dans l'innovation et la sécurité économique. L'intelligence économique est une culture reliant des hommes et des femmes, des métiers anciens et nouveaux. Sans cette culture qui entraîne l'adhésion et suscite la confiance, les méthodes et les outils qui suivent resteront inopérants. Nos collaborateurs ont besoin de sens. C'est aussi l'une des raisons d'être de l'entreprise. Avoir envie le matin de venir au travail.

---

[11] Louis Pouzin et John Day concepteur du modèle RINA en 2008 à Boston, ont le 20 octobre 2020 présenté à l'université de Paris dans le cadre des *Lundi de la cybersécurité* animés par Gérard Péliks et Béatrice Laurent les fragilités structurelles d'Internet et le modèle qui pourrait palier à la crise systémique évoqué plus haut.

L'intelligence collective

Définition de l'intelligence économique

Il existe plusieurs définitions que le lecteur trouvera dans les ouvrages cités en référence. Celle que nous proposons est tirée de notre expérience au sein des institutions citées dans l'avant-propos et de nos contacts avec les entreprises.

« **L'intelligence économique est l'intelligence collective au service de la stratégie, de l'influence, de l'innovation et de la protection. Elle exploite les informations qui permettent de satisfaire ces objectifs en prenant des décisions éclairées**. »

Chaque entreprise dispose d'une intelligence économique plus ou moins performante car chaque entreprise est une intelligence collective. Les territoires, les États, les associations sont des intelligences collectives susceptibles de s'organiser au service des objectifs cités plus haut.

Intelligence économique n'a jamais été la traduction d'*economic intelligence* car ce terme anglo-saxon peut renvoyer à des pratiques d'*intelligence service*. En français, intelligence économique signifie compréhension et adaptation à l'environnement économique.

Si l'on tient à traduire ce terme en anglais les expressions de *competitive intelligence* ou *business intelligence* sont adéquates. Mais elles n'englobent pas les aspects relevant d'une politique territoriale.

De récents débats, comme en raffolent les Français, font remarquer à juste titre que l'intelligence économique, dont les champs d'action s'étendent au-delà de l'économie, pourrait supporter un complément de définition. Le lecteur intéressé par ce type de réflexion pourra se reporter à l'annexe 3 de la présente introduction.[12] Pour l'instant, restons dans le quotidien et passons en revue les métiers de l'intelligence économique.

Les métiers de l'intelligence économique

Si le véritable patron de l'intelligence économique est le chef d'entreprise, plusieurs métiers prédisposent leurs représentants à exercer les fonctions d'ensemblier, de chef d'orchestre. Le délégué général bénéficie de la part du chef d'entreprise d'une délégation de pouvoir semblable en la forme à celle définie par la Cour de Cassation pour les gestionnaires de risques.[13]

Le délégué général, animateur de l'intelligence économique

Avant d'être gérée, la matière doit être incarnée par une personne, un cadre de l'entreprise qui, à temps complet ou partiel, avec ou sans collaborateurs, selon les moyens de l'organisation, répondra aux questions légitimes des uns et des autres. Rassurer, sera la première mission de ce responsable.

Il ou elle entrera dans l'action sans attendre les cathédrales toutes faites qui plaisent tant à l'esprit français et sont prétextes à ergoter sur les mots et les contenus pour ne rien faire. L'intelligence économique se construit en marchant, en agissant.

---

[12] « *De l'intelligence économique à l'intelligence décisionnelle ?* » Bernard Besson et Jean Claude Possin, Veille magazine octobre 2017.
[13] La délégation de pouvoir est traitée en détail dans le chapitre sur l'intelligence des risques.

La nomination du délégué(e) général(e) est l'acte créateur par excellence. L'homme ou la femme en charge de l'animation des intelligences dispersées doit connaître l'entreprise et son histoire. Sa légitimité doit être aussi incontestable que son sens de la psychologie, sa faculté d'écoute, sa curiosité et sa culture générale.

La discipline place l'humain au centre de l'entreprise. La vocation du délégué général est de faire comprendre aux autres les réalités de l'économie de l'information et de la connaissance. Il devra s'effacer devant le véritable moteur que seront les questions pertinentes exprimées par n'importe qui, à n'importe quel moment, sur n'importe quel sujet.

Si le délégué général n'est pas déjà en charge de la mission de protection, il établira avec celui ou celle qui en a la responsabilité des liens permanents. Il s'impliquera sans délai vis-à-vis de ses partenaires naturels : clients, métiers, experts, syndicats professionnels, représentants du personnel, associations de consommateurs, internautes, chambres de commerce, chambre des métiers, chambres d'agriculture, concurrents, fournisseurs, administrations, élus locaux, médias.

Le délégué général pourra s'adjoindre utilement un diplômé en intelligence économique. Celui-ci ou celle-ci apportera un regard à 360° sur les ressorts et les applications de la révolution digitale et sera une aide précieuse.

Les prétendants au rôle de délégué général

Les artistes de la donnée sont connus sous les noms de documentalistes, professionnels de l'information, data scientist, digital officer, chief data scientist, ou community manager etc. Ils sont les enfants de l'intelligence artificielle et du Big data[14]. Ils sont au carrefour de la fabrication des stratégies, des idées et de la réorganisation des entreprises autour de leurs savoirs et savoir-faire. Ils sont au cœur de l'intelligence économique. Leur fonction pluridisciplinaire les amène à porter un regard englobant sur la mémoire, les réseaux et les expertises.

Capteurs de signaux faibles autant que de tendances lourdes, ils inventent ou réorientent les stratégies. La crise sanitaire a démontré une fois de plus qu'aucune intelligence économique ou politique ne peut se dispenser d'une information fiable et vérifiée dont les sources soient également fiables et vérifiées. Ce préalable est un socle incontournable sur lequel nous reviendrons. Ne pas se laisser noyer par les données inutiles et maîtriser la seule data utile fait partie de leur quotidien.

---

[14] Ensemble des données dont la croissance exponentielle génère les outils et les métiers destinés à recueillir, valider et interpréter les connaissances utiles aux activités humaines et aux robots.

Cette introduction s'adresse à eux. A condition de ne pas oublier les métiers suivants qui ont aussi vocation à générer des délégués à l'intelligence économique.

Les DRH sont les historiens des parcours individuels, des talents et des circonstances qui font la richesse des réseaux et nourrissent la mémoire de l'entreprise. Ils connaissent ceux dont l'ignorance féconde et la curiosité inventeront les questions utiles qui éviteront la noyade évoquée plus haut. Ils savent où sont les experts capables d'analyser l'information et de la transformer en connaissance exploitable. Une discipline qui replace l'homme au centre des processus et finalités de l'entreprise peut être incarnée par un ou une DRH. Concernés par le droit d'alerte, la cybersurveillance des salariés, les risques psychosociaux ou le prosélytisme religieux, ils gèrent des situations délicates pour lesquelles l'intelligence économique apportera des éclairages voire des solutions. Face à la crise sanitaire ils réorganisent l'entreprise à l'aide du télétravail dont il faut gérer les innombrables conséquences risques et avantages.

Les commerciaux sont les yeux et les oreilles de l'entreprise. Ils sont les vigies capables de détecter les signaux faibles autant que les tendances lourdes. Au contact des clients et du monde extérieur ils portent les questions et ramènent les réponses en sachant frapper à la bonne porte au bon moment. Leurs intuitions et leurs impressions sont des sources d'innovations. Capteurs d'idées et de solutions venant d'autres métiers, ils alerteront sur l'apparition de nouveaux modèles économiques pouvant impacter l'entreprise. Leur rôle de sentinelle en fait des prétendants sérieux. Leurs talents de négociateurs et de vendeurs les prédisposent à « vendre » au sein de l'entreprise les avantages d'une intelligence collective réorganisée.

Les professionnels de la documentation forment un vivier de compétences naturellement tourné vers la maîtrise de l'information stratégique, sa diffusion, sa mémorisation, son toilettage juridique, sa protection et sa mise à jour. La réglementation générale des données personnelles initiées par l'Union européenne en 2018 les rend désormais indispensables. Au fait des problèmes d'éthique et de déontologie ils ont vocation à devenir délégué général[15]. Explorateurs des métiers et des compétences vivant à l'intérieur autant qu'à l'extérieur de l'entreprise ils sont au même titre que les commerciaux des yeux et des oreilles de l'intelligence collective.

Les Risk managers chargés de l'assurance et de la gestion des risques sont confrontés à une grande variété de menaces dans les domaines de la sécurité (*safety*) de la sûreté (*security*) de l'environnement et des risques managériaux que nous aborderons plus loin. Cette multiplication des risques les conduit à la mise en place de veilles sécuritaires multiples dont la coordination nécessite une maîtrise de l'information stratégique. Ces veilles, décrites à l'échelle mondiale (ISO 28 000, ISO 31 000) transforment leur métier autant qu'elles « certifient » les entreprises. Parmi eux les responsables de la sécurité des systèmes

---

[15] Association de professionnels de l'information et de la documentation. ADBS 25 rue Claude Tillier 75012 Paris www.adbs.fr

d'information (RSSI) sont particulièrement sollicités La prochaine pandémie numérique, les attaques cyber, la sécurisation du télétravail les place au cœur de l'entreprise éclatée.

Les directeurs de système d'information en charge du numérique et du cyberespace ont une vision d'ensemble des échanges d'informations au sein de l'entreprise et entre celle-ci et l'extérieur. Chargés de la fiabilité en tant que responsables de la sécurité des systèmes d'information (RSSI) ils ont aussi la capacité de s'intéresser à leurs contenus en termes de menaces ou d'opportunités dans tous les domaines. Autant l'Union européenne que les normes internationales (ISO 27000) renforcent leur position dans le cadre l'intelligence économique.

Les ingénieurs qualité ont par vocation l'esprit pluridisciplinaire et font le lien entre les acheteurs, les fournisseurs, les responsables du service après-vente, les techniciens et les clients. Ces spécialistes du risque produit sont préparés à l'exercice d'une fonction par essence pluridisciplinaire. La qualité est une vision de l'amont et de l'aval et de toute la chaîne de valeur qui aboutit au produit ou au service rendu.

Les chargés de communication sont quotidiennement dans l'influence et la contre influence. Parfois dans la gestion de crise ou la préparation de scénarii y afférant. Responsables de l'image, de la réputation et de l'e-réputation ils sont également bien placés pour assurer ce rôle de délégué général à l'intelligence économique. Aucune opération de lobbying ne peut se concevoir sans leur expertise. Ils sont des professionnels de la confiance. Celle-ci fonde l'image qui est de plus en plus la valeur essentielle des entreprises.

Les chargés de l'éthique et de la déontologie sont dans les grandes entreprises les artisans pour, ne pas dire les artistes de la cohérence de la transparence et du sens. Dans une période difficile ils apportent à l'intelligence collective un liant indispensable. Les processus ne valent rien sans l'adhésion des collaborateurs. L'éthique n'est pas seulement un affichage plus ou moins sincère du chapitre communication. Elle est un facteur de performance parce qu'elle introduit un sentiment de justice qui consolide l'envie de travailler ensemble. Nous verrons qu'en matière d'intelligence collective l'éthique et la déontologie sont des modes de management capable d'agréger les bonnes volontés.

Au-delà des métiers, des **individualités** douées d'une curiosité et d'un sens de l'observation peuvent jouer le rôle de délégué général. Légitimes au sein de l'entreprise ces personnes disposeront de l'autorité et des moyens de leur mission. Sachant écouter et remercier pour la moindre information versée au patrimoine immatériel elles iront partout dans l'entreprise.

Les spécialistes de l'intelligence économique

Le délégué général à l'intelligence économique ayant été désigné, des « spécialistes » déjà présents ou recrutés pour leurs compétences viendront soutenir la manière de penser et d'agir qui caractérise la discipline. Qui sont ces spécialistes de l'intelligence économique travaillant à temps plein ou partiel ? [16]

Les veilleurs vivent dans l'entreprise. Chaque membre de celle-ci est ipso facto un « veilleur » doté d'outils de veilles plus ou moins efficaces. Il appartient au délégué général d'attribuer aux veilleurs, à proportion de leurs compétences, un temps de veille et des objectifs en rapport avec les finalités du programme d'intelligence économique. Finalités à l'élaboration desquelles ils sont associés.

Un veilleur peut faire des recherches d'antériorité de brevet, de la veille concurrentielle, de la vérification de C.V., de la recherche de nouvelles sources d'information, de la comparaison de prix, etc. La qualité du travail d'un veilleur dépend avant tout de la pertinence des questions qu'on lui demande d'éclairer.

L'expérience démontre que plus l'entreprise met en relation ses veilleurs les uns avec les autres plus elle augmente son intelligence collective, la qualité des questions et des réponses. Un collège de veilleurs travaillant dans une ambiance sympathique marque le passage de la veille à l'intelligence économique. Il s'agit d'une étape fondatrice. Lorsqu'à travers la veille un métier écoute un autre métier, l'intelligence économique devient une réalité. Un commercial s'intéresse à l'écoulement des fluides à bord d'un navire. Nous le verrons plus tard, l'entreprise d'accastillage dans laquelle il travaille entre dans le processus d'intelligence économique.

Les analystes comme les veilleurs, peuvent être n'importe quel membre de l'entreprise ayant qualité pour critiquer les informations ramenées par les différentes veilles auxquelles d'ailleurs ils peuvent participer car chaque analyste est possiblement un veilleur. Le délégué général nomme les analystes et leur assigne individuellement et collectivement la validation des réponses ou informations ramenées par les veilleurs. L'analyste est à l'origine des études, des productions et des recommandations opérationnelles. Il participe à la décision en livrant des connaissances exploitables.

L'édition de recommandations expose l'analyste, alors que la simple collecte d'information n'engage pas formellement le veilleur. Il existe une différence entre l'analyste

---

[16] Le syndicat français de l'intelligence économique regroupe les professionnels de la discipline. SYNFIE http://www.synfie.fr

travaillant pour un prestataire spécialisé, en cabinet par exemple, et l'analyste d'entreprise. L'analyste en cabinet s'attache à répondre à des commandes bien déterminées, dans un domaine qui peut lui être inconnu, tandis que l'analyste d'un réseau d'IE au sein d'une entreprise travaille lui dans la durée, sur les problématiques de celle-ci.[17]

Toute personne connaissant son métier est *ipso facto* un ou une analyste. Elle fait de l'intelligence économique lorsqu'on lui soumet une information à analyser, un problème à élucider. La scène est quotidienne. Il est inutile d'inventer l'intelligence économique. Elle est le regard systémique et la mémoire de toutes ces petites scènes quotidiennes.

Le gestionnaire des connaissances, ou Knowledge manager, initie les méthodes et les techniques permettant de percevoir, identifier, organiser, mémoriser et partager les connaissances entre veilleurs, analystes et autres demandeurs ou fournisseurs. Cet homme ou cette femme met le système d'information de l'entreprise au service de son système d'intelligence économique. La gestion des connaissances passe par leur capitalisation dans une mémoire centralisée et protégée permettant d'assurer leur redistribution aux intéressés. Cette capitalisation a pour but de faciliter la diffusion de l'information au sein d'une entreprise. Car l'information ne coule pas naturellement entre les membres les dirigeants les salariés les consommateurs et les fournisseurs. Qui n'a pas été confronté un jour où l'autre à l'incapacité d' un opérateur téléphonique ou une administration à faire passer l'information d'un service à un autre ? Pour le plus grand agacement du client !

Robots et algorithmes. Ces « spécialistes » de plus en plus nombreux, dispersés dans de multiples applications prennent chaque jour voire chaque seconde ou microsecondes, des dizaines, des milliers de décisions.[18] Ils produisent également des alertes et des cartographies d'acteurs. Le temps qu'ils économisent dans l'attraction des réponses doit dégager la durée nécessaire à l'invention de questions originales. Ces produits de l'intelligence artificielle n'ont d'intérêt qu'au service de l'intelligence humaine. Evaluer la part qu'ils prennent dans nos décisions ira de pair avec l'évaluation des questions que nous leur posons. Ces outils performants peuvent faire plus que du marketing, du recrutement par balayage des profils ou de la veille technologique. Nous verrons qu'il y a mieux à faire.

Le lobbyiste ou professionnel de l'influence est une personne physique ou morale capable de proposer et de conduire des actions d'influence ou de contre influence en vue

---

[17] Sur cette classification des métiers et sur les conditions d'emploi on consultera utilement le Portail de l'IE de l'Ecole de guerre économique. www.portail-ie.fr
[18] Sur ces robots et algorithmes le lecteur intéressé pourra se reporter à la fiction par publié par l'auteur de cette introduction : « *Le partage des terres* » Odile Jacob 2014, traduit aux Etats-Unis sous le titre « *The rare Earth exchange* », 2016 New York. The French Book.

d'une finalité précise. Le lobbyiste représente des intérêts particuliers auprès de décideurs publics, parlements, collectivités, ministères, agences gouvernementales, syndicats professionnels, chambres de commerce, associations, ONG, entreprises, etc.

Il peut exercer son activité au sein d'un cabinet de conseils, d'une entreprise ou pour le compte d'une filière, d'une ville ou d'un territoire. Le lobbyiste possède un savoir-faire en matière de négociation, un sens du contact et des connaissances particulières du milieu au sein duquel il évolue.

Avant d'exercer cette fonction en entreprise, le lobbyiste a souvent exercé un métier de conseiller ou chargé de relations parlementaires au sein d'un syndicat professionnel, d'un cabinet ministériel ou par exemple auprès d'un élu.[19] Plusieurs associations regroupent en France et dans l'Union européenne les lobbyistes déclarés.[20]

Le consultant en intelligence économique impliqué dans le management stratégique apporte aux décideurs "un autre regard", appréhende l'environnement économique et social de l'entité concernée d'une manière objective et constructive. Le consultant peut être un spécialiste extérieur à la société à qui l'on fait appel afin d'obtenir une expertise et dont la confidentialité et l'objectivité sont recherchées par un dirigeant pour résoudre un problème précis.

L'auditeur audite et expertise le système d'intelligence économique d'une organisation d'après un référentiel reconnu, dans le but d'organiser, de réorganiser et d'améliorer ce dispositif [21]. L'auditeur peut provenir de l'intérieur ou de l'extérieur de l'organisation. En externe, l'auditeur travaille pour des cabinets d'audit. Le travail peut l'amener à des déplacements pour la collecte des informations et pour les enquêtes d'observation. L'auditeur, comme le consultant, travaille dans le respect le plus strict de la confidentialité et du secret des affaires. C'est avec lui que nous poursuivons l'examen de la discipline en abordant l'audit de l'existant.

---

[19] Voir le Portail de l'IE déjà cité.
[20] Association des conseils en lobbying et affaires publiques ACFL 69 Bd Hausmann 75009 Paris www.acfl.net
[21] Par référentiels nous entendons tous les standards internationaux, notamment les normes ISO qui sont aux sources de l'intelligence économique et seront commentés plus loin, les publications citées dans la bibliographie et les outils d'audit ou d'autodiagnostic du chapitre consacré à cette étape.

L'audit de l'existant

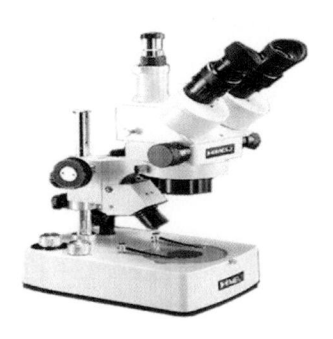

Nous venons de vérifier qu'aucun système d'intelligence économique ne démarre de rien. Car chaque entreprise est une intelligence économique et collective plus ou moins consciente d'elle-même. L'audit sera l'occasion de partager un vocabulaire puis une culture autour de ce qui se fait déjà pour aller plus loin. C'est par l'audit que les mots de l'intelligence économique permettront aux uns et aux autres de savoir de quoi l'on parle. Premier mot clé, le budget.

Le budget de l'intelligence économique

L'audit débute par la reconstitution du coût de l'acquisition de l'information et du coût de son absence. L'entreprise a-t-elle comptabilisé ce que lui coûtent les logiciels, les abonnements, rédactions, productions et diffusions des documents et fichiers ? A-t-elle calculé ce que lui coûtent les veilles, expertises, enquêtes, analyses, traductions ? L'intelligence artificielle lorsqu'elle est mise en place a un coup facilement vérifiable. A-t-elle comptabilisé ce que lui coûtent l'amnésie de ses savoir-faire consécutivement aux départs à la retraite, l'ignorance d'un appel d'offre ou d'une subvention, la méconnaissance d'une nouvelle norme ou d'un nouvel entrant ? Les déperditions de savoir et de savoir-faire sont des pertes d'intelligence qui se traduisent en soustractions financières.

Ce que coûtent l'attraction et la validation de l'information s'ajoutera à ce que coûte l'absence d'informations ou la négligence de réseaux stratégiques. L'entreprise ne voit pas venir une rupture technologique majeure. Elle ignore que l'un de ses cadres travaille pour la concurrence. Elle ne sait pas qu'une action de lobbying est engagée contre elle auprès d'instances européennes ou nationales. Son système d'information est infecté par un logiciel espion dont elle n'imagine même pas l'existence.

L'approche financière démontre, chiffres à l'appui que l'intelligence économique n'est pas seulement un concept mais un investissement déjà réalisé. Le budget se calcule, il est une réalité sonnante et trébuchante. Les compétences, les connaissances et les talents ont une valeur. Les réseaux existent et sont un bien immatériel comptabilisable. Beaucoup d'entreprises sont acquises pour cette unique raison. Les données ont un prix. Elles peuvent s'acheter se louer se vendre. L'information est plus ou moins bien traitée et mémorisée. Souvent mal partagée. Ce gaspillage a un coût. Les capacités d'analyse et d'expertises sont sous-exploitées. L'audit permettra de dépenser moins et d'être mieux informé.[22] Après l'établissement du budget il conviendra d'auditer des réalités plus complexes. Il est temps de parler des auditeurs et des audités.

Les auditeurs

Plusieurs types d'audit peuvent être décidés par le chef d'entreprise. Celui-ci peut faire appel à des auditeurs extérieurs. Il peut aussi demander un audit interne. Le délégué général à l'intelligence économique paraît tout indiqué pour conduire cet exercice. Ce sera souvent son premier travail.

L'audit n'évalue pas la performance technique, commerciale ou financière de l'entreprise. Il vérifie sa capacité à être aussi bien informée que ses concurrentes, à anticiper les menaces et les opportunités, à innover, à se protéger et à influer sur son environnement proche ou lointain.

L'audit éclaire les actions à entreprendre, les modifications à introduire dans les comportements et les processus d'acquisition et d'exploitation de connaissances stratégiques. Il sert de point de départ à un programme maison adapté aux réalités humaines et à celles du marché. Dans tous les cas, l'audit doit être transparent. Une intelligence économique clandestine ou secrète est un non-sens. Les paragraphes qui suivent, rédigés sous forme de questions, peuvent servir de canevas et faire l'objet de réponses la part des audités.

Les audités

---

[22] « *Search less find more* », formule de Michael Bloomberg lorsqu'il qualifie la *competitive intelligence*.

La liste des audités, c'est-à-dire de ceux qui répondront aux questions qui suivent, est laissée au choix du chef d'entreprise. L'expérience prouve que plus cette liste est longue plus l'intelligence collective rendra les services que l'on attend d'elle. L'auditeur-délégué général permet à chacun de s'exprimer oralement ou par écrit sur les différents aspects de la démarche.

Les points particuliers de l'audit

Le droit de l'intelligence économique

L'entreprise respecte-t-elle les obligations légales et réglementaires en matière de protection et de mémorisation des données à caractère personnel ? Les droits d'accès et de rectification sont-ils assurés de manière simple et immédiate ? Les informations détenues sur des tiers sont-elles dégagées de toute connotation médicale, religieuse, syndicale, philosophique, politique, psychologique, sexuelle ou ethnique, conformément aux obligations légales et à la jurisprudence ? Un droit d'alerte a-t-il été mis en place ? Existe-t-il un document unique décrivant les postes dangereux et faisant état des mesures prises pour la réduction des risques ? Tous ces aspects seront repris plus loin.

L'éventail des veilles

Le délégué général ou l'auditeur mesureront l'étendue des curiosités organisées de l'entreprise. Des secteurs ont-ils été oubliés ? Quelles sont les veilles spécialisées qu'il conviendrait d'externaliser sur le marché ? Quelles sont celles dont l'externalisation présenterait plus d'inconvénients que d'avantages ? Les talents et les compétences en matière de veille sont-ils judicieusement employés ? La production informationnelle quantitative et qualitative de ces veilles est-elle significative ? Le résultat des veilles fait-il l'objet d'une évaluation périodique ?

La coordination des veilles

Existe-t-il une coordination des veilles ? Les veilleurs sont-ils invités à se rencontrer ? Avec quelles fréquences et quels résultats ? On sait que la coordination des veilles et le dialogue entre les métiers marque le passage de la veille à l'intelligence économique. C'est ici que le délégué général joue son rôle de passeur et d'entremetteur entre les questions, les savoir-faire et les circonstances. L'intelligence économique d'entreprise est une mise en scène au sens théâtral du terme. Les habitudes du télétravail renforcées par la crise sanitaire pénalisent le dialogue spontané entre veilleurs. Des mesures ont-elles été imaginées pour pallier cet inconvénient ?

L'intelligence artificielle (I A)

Elle est l'auxiliaire incontournable de l'intelligence économique qui lui fournit un programme, des finalités et des idées à la mesure de ses possibilités.

L'intelligence artificielle existe depuis longtemps dans les organisations de toutes sortes. Dispersée dans de multiples outils et logiciels, elle est intégrée dans les systèmes d'information et détecte des anomalies comptables, évalue des risques d'impayé, prévoit le départ des hommes clés, reconnaît et trace des produits, des pièces détachées, pilote des machines-outils, des chaînes de production, des voitures, des drones, des trains, etc.

L'intelligence artificielle est une véritable aide à la décision car elle permet aussi d'anticiper des crises ou de prévoir des reprises avec plus ou moins de précision. L'audit d'intelligence économique sera l'occasion de porter sur elle un regard global et de lui apprendre à aller plus loin en lui demandant, par exemple, de prévoir des évolutions climatiques à moyen et long terme. Ce qui peut être utile dans les secteurs du tourisme ou de l'agriculture.

Nous verrons plus loin que l'intelligence artificielle calcule les criticités pondérées des innombrables risques qui affectent la vie des affaires et la conduite de projets.

Mieux encore, elle favorise l'innovation en débusquant des niches de diversification par la comparaison systématique des savoir-faire internes et des besoins des clients. En explorant le vocabulaire et les chiffres des produits et services et en les comparant à ceux de la concurrence, elle est à même de débusquer des opportunités de différenciation donc de croissance. L'intelligence artificielle ne vaut que par les questions qu'on lui pose. L'audit vérifiera l'intelligence des questions avant de s'intéresser à la performance des algorithmes.

En comparant les brevets, et les parcours professionnels des inventeurs l'intelligence artificielle devance les évolutions technologiques voire les ruptures majeures en amont de la propriété intellectuelle et de la veille technologique. A partir des données stratégiques conservées par l'entreprise, qui aura évité de les externaliser, elle doit devenir prédictive. Est-ce le cas dans l'entreprise auditée ?

Tous les chapitres de la présente introduction sont pour elle des sujets de programmation. Sur chacun elle doit apporter au délégué général un panorama complet des opportunités et des menaces, voire des « conseils ». Le DSI et le responsable de la cybersécurité achèteront ou mieux encore, mettront au point les logiciels et algorithmes applicables aux différentes finalités de cette introduction.

Les sources d'information

L'entreprise est-elle capable d'enrichir, de renouveler et d'évaluer la fiabilité de ses sources d'information humaines et numériques ? S'intéresse-t-elle aux sources de ses sources ? A-t-elle la capacité de diversifier ses approvisionnements en information ? Existe-t-il des plans de continuité dans ce domaine ? Par exemple si une source majeure d'information venait à faire défaut par quoi serait-elle remplacée ? Fournisseurs et clients sont-ils perçus comme des sources d'information ? Sont-ils sollicités ? La fiabilité de la source d'information ne garantit pas la véracité de l'information elle-même. Où en est la réflexion à ce sujet ?

Les outils de veilles

Les auditeurs apprécieront l'usage, l'ergonomie, la pertinence et la fiabilité des logiciels. Ces outils de l'intelligence artificielle sont-ils compris et utilisés ? Sont-ils capables de cartographier et de visualiser l'information de manière à la rendre lisible par le plus grand nombre ? Sont-ils à même de révéler l'émergence ou la disparition de tendances comportementales, sociétales, scientifiques ou technologiques ? Captent-ils des signaux annonciateurs de menaces ou d'opportunités ? Les responsables de veilles suivent-ils les dernières avancées en la matière ? Ces outils permettent-ils d'alerter sur les informations manquantes, sur les « trous noirs » de la connaissance utiles à l'entreprise ? Pourquoi certains sujets ne sont-ils jamais abordés dans les médias ? Mon intelligence artificielle est-elle en mesure de m'indiquer des silences suspects ? Ou se contente-t-elle de recopier et de classer ce qu'on lui met sous les yeux ?

La diffusion de l'information

Quelles sont l'intensité et l'étendue de cette diffusion ? Qui en assure le pilotage et en évalue les effets ? Les formes de cette diffusion sont-elles variées, sélectives adaptées et pertinentes ? Existe-t-il à côté de la diffusion écrite une diffusion orale complémentaire ? La diffusion est-elle toujours à sens unique ? Existe-t-il une liberté éditoriale ? La diffusion de l'information à toutes les entités de l'entreprise fait elle l'objet d'une cartographie ? Il y a-t-il des évaluations ? Les horaires de travail et l'architecture d'intérieur favorisent-ils une fluidité des conversations ? Dans quelle mesure l'éloignement des collaborateurs, séparés de l'entreprise par le télétravail, impacte-t-il un mode convivial indispensable à la diffusion d'information orales, de réflexions créatrices ?

La rétention de l'information

Toutes les entreprises et organisations souffrent d'une rétention de l'information plus ou moins forte. Les auditeurs mesureront le degré de rétention qui affecte l'entreprise dans le domaine de la remontée de l'information et du partage des connaissances. Cette rétention a-t-elle été mesurée par quelqu'un ? Les causes en ont-elles été identifiées : timidité, désintérêt, indifférence, appropriation indue, conflit latent, etc. ? Quels remèdes ont-ils été suggérés ? Avec quels effets ? Mon intelligence artificielle est-elle en mesure de cartographier les relations neuronales du cerveau collectif ? A-t-elle été questionnée à ce sujet ?

Le partage des connaissances

L'entreprise a-t-elle identifié, localisé et cartographié ses connaissances ? Est-elle en mesure d'en organiser le croisement en interne ou avec d'autres partenaires en amont de ses projets ? Existe-t-il un véritable management des compétences ? Il y a-t-il une économie interne basée sur des enrichissements mutuels entre techniciens et commerciaux, communicants et juristes, informaticiens et Risk managers ? Les gens se parlent-ils d'un service à l'autre ? Quel est le degré d'attention mutuelle entre les personnes, les services, les filiales et les établissements ?

La formation et la reconnaissance des personnes

L'entreprise a-t-elle connaissance des formations à l'intelligence économique, initiales et continues dont ses cadres pourraient bénéficier ? S'intéresse-t-elle au management des intelligences collective avec ou sans plateforme collaborative ? Existe-t-il une évaluation des compétences dans ce domaine ? Les auditeurs identifieront les formateurs maisons et les personnes pouvant assurer le relais avec des formateurs professionnels. D'une façon générale le recueil d'informations par les salariés est-il valorisé et pris en compte lors de l'entretien annuel ? A partir d'un certain chiffre d'affaire et d'une histoire riche en évènements de toutes sortes l'entreprise, école de vie, doit être en mesure de monter une formation interne à partir de ses propres expériences. Avec par exemple, le concours de ses retraités qui font partie de l'entreprise élargie. La reconnaissance des personnes, intra et hors organigramme, est un puissant levier de business et d'innovation.

La veille scientifique et technologique

Le délégué général s'interrogera sur le contenu de la veille technologique. Celle-ci est-elle renouvelée en fonction des informations ramenées par les autres veilles ? Cette veille technologique est-elle prolongée par une politique de licences des brevets permettant d'exploiter les inventions ? Il y-a-t-il une dissémination volontaire des savoir-faire dans un dessein de référence et d'influence ? Cette veille est-elle bien corrélée avec les autres veilles de l'entreprise ? Est-elle en mesure de cartographier des collèges invisibles ?[23]

---

[23] La bibliométrie et la scientométrie permettent d'*humaniser* la veille technologique en s'intéressant aux chercheurs, en amont des brevets. A partir des publications de toutes natures, il est possible de reconstituer les collèges d'inventeurs et de « prévoir » des innovations dans n'importe quel domaine, agricole, industriel, informatique ou autre.

L'exploitation des échecs et des crises

L'intelligence économique est autant un mode de management que d'évitement. Ne rien faire relève d'une intelligence aigüe de certaines circonstances. L'entreprise est-elle capable de revenir sur ses échecs et d'en découvrir ou redécouvrir les éléments constitutifs ? A-t-elle l'intelligence des situations ayant généré de mauvaises décisions ? Est-elle capable, d'un échec à l'autre, de nommer les processus qui lui éviteront de reproduire des désastres ? Quelles sont à ce sujet les prédictions de l'intelligence artificielle ? A-t-on mémorisé quelque part les enseignements de la crise sanitaire de la Covid 19 ? Cette période de crise a été partout l'occasion de petites ou grandes innovations qu'il serait dommage d'oublier.

Les produits de l'intelligence économique

Le délégué général en concertation avec les auditeurs vérifiera l'existence et la qualité des productions du système d'intelligence économique : notes d'information, flashs, analyses, synthèses, enquêtes, études de marché, etc. Il jugera de l'accessibilité, de la lisibilité et de la pertinence des produits. Il en mesurera les effets positifs ou négatifs sur les projets et décisions stratégiques. Il procédera à une analyse quantitative et qualitative des informations produites d'initiative ou sur commande. Nous verrons au chapitre suivant ce que doit être une bonne note d'information exploitable par l'intelligence artificielle.

L'intelligence économique territoriale

L'entreprise est-elle visible au sein du maillage territorial ? Les auditeurs vérifieront si la gouvernance de l'entreprise est en lien avec les autres acteurs économique de la ville ou du département. Bénéficie-t-elle par exemple des prestations territoriales ou des plans de formation du réseau départemental des chambres de commerce et d'industrie ? Est-elle accompagnée dans ses efforts d'innovation par une agence de développement locale ? Est-elle membre d'un club de mutualisation de bonnes pratiques ? Est-elle en mesure d'intégrer un pôle de compétitivité et d'innovation et d'en tirer bénéfice ? Quels sont les partenaires qui lui manquent pour mieux exporter ?

La maîtrise des réseaux liés à l'exportation

Le délégué général-auditeur vérifiera si l'entreprise est en lien avec les réseaux nationaux et internationaux liés à l'exportation.[24] Ne passe-t-elle pas à côté d'intéressantes opportunités à cause d'un manque d'information et de curiosité ? Intégrer le marché indien, chinois ou autre pour une PME passe souvent par l'expertise de conseils implantés depuis

---

[24] Service-Public-pro.fr

longtemps dans ces pays. Encore faut-il connaître les bons. La chambre de commerce locale se fera un plaisir et un devoir d'éclairer l'entreprise. Autant que Business France ou l'ADIT.[25] L'entreprise a-t-elle pris contact avec Team France Export[26] ?

La capacité d'influence

Toute organisation comme tout individu dispose d'une capacité d'influence directement liée à la qualité et à l'étendue de ses réseaux. L'entreprise a-t-elle une vision claire des actions d'influence conduites par ses concurrents ? Est-elle en mesure de nommer et d'évaluer leurs réseaux d'influence ? Est-elle consciente des actions d'influence conduites chaque jour par ses collaborateurs de manière souvent informelle et inconsciente ? Peut-elle décrire les éléments constitutifs de son influence ?

L'image et l'e-réputation

Le délégué général et les auditeurs mesureront la qualité de l'image et la réputation de l'entreprise sur le Web, dans les media et réseaux sociaux. Ils évalueront la cohérence entre les discours, la publicité et les actes. Le public et les consommateurs, de mieux en mieux informés, supportent de moins en moins les discours démentis par les faits. Cette menace est démultipliée par l'accès de tout le monde aux propos récents et anciens, publics et privés, des dirigeants économiques comme des leaders politiques. L'intelligence artificielle dispose d'applications permettant de mesurer au jour le jour et en temps réel, l'évolution des avis positifs ou négatifs portés sur l'entreprise ses concurrents ses partenaires. L'observation des réseaux sociaux est un indicateur incontournable.

La connaissance des futurs concurrents et futurs clients

Une bonne intelligence artificielle devrait être en mesure de nommer les futurs concurrents qui proviendront peut-être d'un métier différent du nôtre. L'entreprise connait-elle ses clients, leurs goûts, leur manière de penser, leurs motivations. Surtout, connait-elle ses futurs clients[27] et anticipe-t-elle leurs réactions à venir ? Les commerciaux fréquent-ils les ingénieurs et les techniciens autrement que par le reporting ou l'envoi de fiches ? Ces rencontres sont souvent à l'origine d'indices, de signaux faibles sur lesquels nous reviendrons.

---

[25] Agence pour la diffusion de l'information technologique
[26] teamfrance-export.fr
[27] De grandes entreprises mais aussi de plus en plus de PME pensent à moyen et long terme et s'intéressent à l'inconscient de leurs futurs clients ou clientes qui sont encore à l'âge de l'adolescence.

Création de valeur pour les parties prenantes

Les auditeurs mesureront la création de valeur apportée par la maîtrise de l'information au profit des clients. Cela vaut également pour les actionnaires, informés des projets en cours et associés au cycle des questions et des réponses.

Les collaborateurs tirent parti du système d'intelligence économique qui est une reconnaissance de leur intelligence individuelle. Est-il l'occasion de promotions ou avantages divers accordés au prorata de leur implication dans cette intelligence collective ?

Il en ira de même de la cité dans laquelle est implantée l'entreprise. L'image et l'influence de cette dernière doivent rejaillir d'une manière ou d'une autre sur la ville ou le village et profiter aux habitants, ne serait-ce que par le maintien ou la création d'emplois.[28]

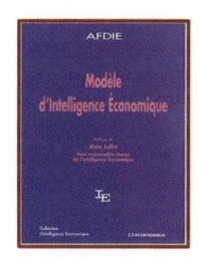

La maîtrise du marché de l'intelligence économique

Comment l'entreprise appréhende-t-elle le marché du renseignement commercial, de l'influence et de la cybersécurité ? A-t-elle avec ses fournisseurs des relations contractuelles garantissant l'éthique et la déontologie indispensables ? Précise-t-elle contractuellement à ses prestataires que les informations qu'ils délivrent pourront être produites en justice dans le cadre de contentieux toujours possibles. Distingue-telle les prestataires sérieux des officines douteuses ? Sa connaissance du marché est-elle à la hauteur

---

[28] Le « *Modèle d'Intelligence Economique* » Ouvrage collectif, piloté par Jean Louis Levet président de l'Association française pour le développement de l'intelligence économique. Préface d'Alain Juillet, Economica 2004 avec la participation de Bernard Besson, Dominique Fonvielle, Michel Fourez, Jean-Pierre Lionnet et Jean Philippe Mousnier. Première synthèse et définition de l'intelligence économique, le modèle Afdie a inspiré la politique publique d'intelligence économique en France et dans plusieurs pays de la francophonie. Il met en avant onze facteurs constitutifs de l'intelligence économique : le leadership, l'éthique, la prospective, la perception de l'environnement, les connaissances et compétences, l'influence, l'organisation en réseaux, la création de valeur, la qualité de l'information, le processus de décision et l'image. La politique publique et les clubs de mutualisation du MEDEF y ajouteront l'innovation et la sécurité économique.

des enjeux ? A-t-elle procédé à une analyse comparative des coûts de ses différents prestataires ?

L'intelligence inventive et l'innovation

Le ou les auditeurs vérifieront si l'entreprise favorise les attitudes et les aptitudes propices à la créativité et à l'inventivité. L'organisation de l'entreprise, son architecture d'intérieur, son calendrier, favorisent-ils l'éclosion d'idées nouvelles ? L'observation de l'environnement, l'utilisation des données publiques à des fins de prévision, les efforts de différenciation ou de diversification sur d'autres marchés sont-ils encouragés ? La motivation des équipes et la convocation d'expertises venant d'ailleurs sont-elles favorisées ? Tous ces aspects, porteurs de croissance, feront ici l'objet d'un chapitre entier.

La sécurité économique

L'entreprise est-elle en mesure de diminuer les coûts de sa protection et d'en augmenter l'efficacité en mettant sous le regard croisé de son « intelligence des risques » les menaces liées à la sécurité (*safety*) à la sûreté (*security*) aux risques environnementaux et managériaux ? Cet objectif sera traité dans la partie consacrée à l'intelligence des risques.

Le document d'audit

L'audit fait l'objet d'une validation orale devant le comité de direction ou le patron de l'entreprise. Il devient ensuite un rapport écrit qui servira de référence dans le cadre du management de l'intelligence économique. [29]

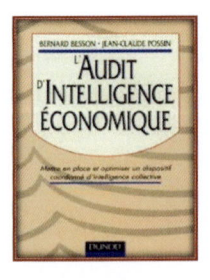

---

[29] Une démarche complète d'audit peut être demandée gratuitement à l'auteur. Cette démarche est-elle même une mise à jour et une synthèse de la deuxième édition de l'ouvrage suivant : « *L'Audit d'intelligence économique Mettre en place et optimiser un dispositif coordonné d'intelligence collective* » Bernard Besson Jean Claude Possin, Dunod 2ème édition 2002

L'autodiagnostic

La démarche d'audit peut être précédée ou accompagnée par un autodiagnostic que le délégué général réalise en faisant circuler un questionnaire. Le **Test 1000 Entreprise** enseigné à l'Ecole européenne d'intelligence économique de Versailles permet d'associer tous les collaborateurs à la définition et à la constitution de l'intelligence économique d'entreprise. Celui-ci est téléchargeable gratuitement sur le Web.[30]

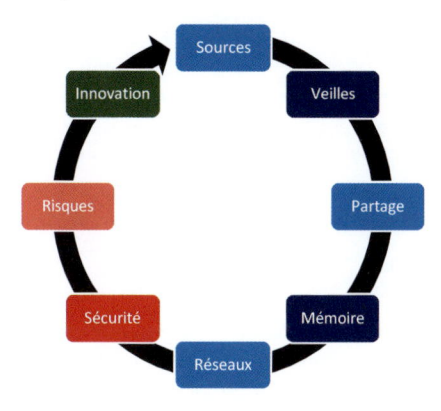

Figure n°2 Les 8 chapitres du Test 1000

Le Test 1000 Entreprise aborde l'intelligence économique de manière processuelle à travers huit chapitres comportant des évaluations sur les thèmes suivants : Le traitement des sources d'information écrites et orales, l'organisation et la coordination des veilles formalisées et non formalisées, le partage de l'information, la mémorisation et la capitalisation des connaissances, les réseaux et les actions d'influence, la sécurité de l'entreprise (*safety*), les risques environnementaux, la sûreté d'entreprise (*security*), les risques managériaux et l'intelligence inventive.

Chaque membre de l'entreprise renseigne l'autodiagnostic en répondant spontanément aux questions contenues dans les huit chapitres. Plus le nombre des collaborateurs participant au test est important, plus l'intelligence économique d'entreprise partira sur de bonnes bases.

Le score final permet de mesurer, chapitre par chapitre, l'efficacité de l'intelligence collective et de noter l'entreprise sur 1000 points :

---

[30] Test1000Entreprise@outlook.com

1 Sources d'information :	160	
2 Organisation des veilles :	120	
3 Partage de l'information :	120	
4 Mémoire de l'entreprise :	120	
5 Réseaux et influence :	120	
6 Sécurité / sureté :	120	
7 Risques managériaux :	100	
8 Innovation, créativité :	140	
Total	**1000**	

La note obtenue indique le jugement que l'entreprise porte sur elle-même. Certaines diffusent très largement. D'autres ne délivrent le questionnaire qu'à certaines catégories de collaborateurs. Quelques-unes créent des collèges, par exemple des collèges-experts qui ont tendance à être plus sévères dans leurs appréciations que les collèges non experts.

Après le dépouillement du questionnaire par le délégué général des séances de commentaires réuniront les participants. Ces moments partagés sont fondateurs de l'intelligence économique d'entreprise car ils sont l'occasion d'échanger sur des pratiques ou des absences de pratiques jamais abordées auparavant.

Les chapitres bleus (1 à 5) concernent la maîtrise de l'information stratégique, ceux en rouge (6 et 7) traitent de la sécurité économique et le vert (8)de l'innovation. Après quelques années d'utilisation il est possible de dégager des tendances générales. Les PME françaises excellent dans la couleur verte et sont performantes dans ce qui relève de la sécurité c'est-à-dire les chapitres rouges.

Ce sont les chapitres bleus, c'est-à-dire la maîtrise de l'information stratégique, qui sont les plus mal notés. Sur un plan macroéconomique on peut dire que la technologie, l'ingénierie et l'inventivité des entreprises françaises compensent une culture collective du partage de l'information déficiente. Cette tendance se retrouve au niveau de l'Etat. La crise sanitaire de la Covid 19 a démontré les grandes difficultés rencontrées lorsqu'il a fallu dans l'urgence partager des informations et conduire une stratégie.

Lors de la séance de commentaires qui suit la restitution de l'autodiagnostic certains collaborateurs s'aperçoivent qu'ils n'ont pas accès à telle ou telle information. Cette prise de conscience nécessite de la part du délégué général un grand sens de la psychologie. En aucun cas il ne s'agira de critiquer des personnes ou des services mais d'améliorer une intelligence collective désormais plus consciente d'elle-même.

Le délégué général peut utiliser tout ou partie du **Test 1000 Entreprise** ou de la présente introduction pour construire son propre questionnaire. Cette initiative est même recommandée. La fabrication en interne d'un outil maison d'évaluation permettra accueillir des thèmes qui ne sont pas abordés dans le cadre de cette introduction générale.

L'audit professionnel et l'autodiagnostic sont des méthodes d'appropriation. Le document final validé par le chef d'entreprise et le conseil d'administration, diffusé au comité d'entreprise et au conseil des risques,[31] servira de socle au projet. Il va de soi qu'une telle démarche ne saurait rester confidentielle ou secrète.

---

[31] Le conseil des risques est selon le code de commerce, le conseil d'administration réuni pour faire le point annuellement sur l'exposition aux risques de l'entreprise.

La maîtrise de l'information stratégique

L'exposé des finalités

L'entreprise doit exposer quelles sont ses finalités de l'intelligence économique manière à provoquer l'intérêt et l'adhésion. En suscitant la curiosité des collaborateurs, l'exposé des finalités favorise la maîtrise de l'information stratégique. Chacun sait où va l'entreprise et peut adhérer au projet. Chacun ayant été sollicité au cours de l'audit ou de l'autodiagnostic sur des questions qui à priori ne concernaient pas son métier sera également invité à débattre de finalités dans les domaines qui à priori ne le concernent pas. Dans une intelligence collective chaque métier regarde ce que font les autres. Et réciproquement…Il s'agit d'une révolution dans un monde où chacun a tendance à vivre dans son silo.

Un technicien peut inventer des questions pertinentes dans le domaine commercial, un juriste peut obtenir des réponses stratégiques dans un domaine scientifique. L'intelligence économique décloisonne, croise les talents et mélange les genres. Nous y reviendrons.

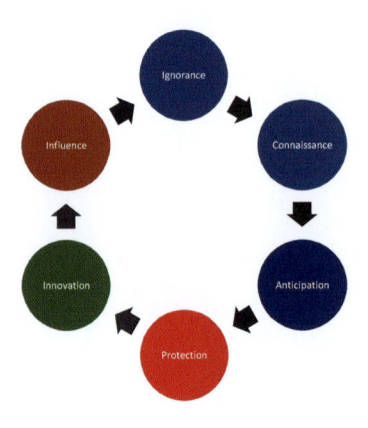

Figure n°3 Exposé des finalités de l'intelligence économique

La figure n°3 est destinée à casser les silos qui séparent les métiers et les compétences en exposant des finalités communes. Tout le monde dans l'entreprise est concerné par le contenu des six cercles.

Les ignorances fécondes

Depuis Nicolas de Cue, Montaigne et Pascal nous savons que la *docte ignorance* justifie la recherche d'*informations* et la construction de nouvelles *connaissances.* L'intelligence économique repose d'abord sur la capacité à ignorer. C'est de la qualité de l'ignorance que dépendra la qualité des questions et donc la qualité des réponses. Mes concurrents ont accès aux mêmes bases de données que moi. Ils ont les mêmes outils, les mêmes logiciels, la même intelligence artificielle et la même formation. En revanche ils ne sont peut-être pas capables d'ignorer aussi bien que moi !

La figure n°3 est une entrée dans l'art de la conversation libre permettant déchanger des interrogations de soulever des problèmes d'envisager des solutions.

Pourquoi sommes-nous mal informés ? Quelle opportunité ou menace devrions nous anticiper ? Comment améliorer nos performances face à la concurrence ? Quelles sont les voies inventives qui nous permettront d'innover demain ? Comment renforcer notre protection ? De quelles informations devons-nous disposer pour assurer notre sécurité économique ? Sommes-nous l'objet de malveillances humaines ? Comment augmenter nos capacités d'influences ? Comment parer les actions d'influence dont nous sommes les victimes directes ou indirectes ?

L'intelligence collective produit des ignorances dans tous les domaines. L'entreprise suscitera de la part des collaborateurs le maximum d'étonnements à des fins d'*anticipation* de *protection* d'*innovation* et d'*influence*. C'est ainsi que fonctionnent les GAFAM et leurs concurrents asiatiques. Être aux aguets ne suffit pas. Il faut réaliser sur le soi collectif un travail d'étonnement. Les compétences et les talents projetés les uns contre les autres s'interrogent à bâtons rompus sur le contenu des cercles. C'est ainsi qu'à Princeton se fabriquent les Prix Nobel et que le port du Havre ou celui de Rotterdam anticipent l'avenir. Aucune startup ne peut s'affranchir de l'organigramme de la figure n° 3 ; il s'agit de son ADN. Il perdure au sein de toutes les entreprises.

La *désorganisation* du forum des compétences est le bouillon de culture d'où jailliront les questions stratégiques. Or nos entreprises sont trop *organisées* pour envisager facilement une telle gymnastique. Lorsque les questions viennent au monde il est temps de passer à l'étape suivante et d'*organiser* l'intelligence collective.

Les éléments fondamentaux de l'intelligence économique

L'exposé des finalités vient d'inventer une série de questions originales dont certaines paraissent prometteuses. Personne mieux que l'entreprise ne pouvait le faire. Les éléments fondamentaux qui suivent ont pour objet de servir et d'accélérer la rotation des questions et des réponses de manière horizontale, verticale et immédiate.

Il s'agit des quatre éléments fondateurs dans lesquels chaque collaborateur peut se projeter, inscrire son nom, ses coordonnées numériques, son numéro de téléphone et ses savoir-faire. Ces éléments fondamentaux lui sont aussi familiers que ceux de la figure n° 3. Ils font partie de son quotidien, de sa manière de penser et d'agir de son mode de vie. Ils sont quatre projections de lui-même qui multiplient par quatre les occasions d'échanger avec les autres au sein des communautés d'acteurs.

Le premier élément est la **mémoire** qui englobe les données, les outils de veille, les systèmes d'information, les savoirs et les compétences. Tout ce qui relève de l'écrit et de l'intelligence artificielle qui travaille sur la donnée écrite, visuelle, sonore, fait partie de la mémoire.

Le deuxième englobe les **réseaux** humains qui élargissent l'organisation, ramènent l'information orale et permettent l'innovation, l'influence et la protection. Nous sommes dans l'intuition, la perception sensorielle, l'émotion, l'écoute, la perception des silences.

Le troisième est l'**analyse** qui englobe toutes les expertises que l'organisation peut convoquer gratuitement ou acheter. Confier le cas échéant à son intelligence artificielle pour examen. C'est le monde de la réflexion, de la critique de la remise en cause du doute solitaire ou collectif.

Le quatrième est la **maitrise** qui coordonne l'activité des trois précédents. Il peut être assumé par chacun à tour de rôle sur des finalités en accord avec les circonstances et les talents du maître d'ouvrage. Elle peut aussi devenir plus permanente grâce au délégué(e) à l'intelligence économique.

Chaque collaborateur découvre qu'il est lui-même un système individuel d'intelligence économique puisqu'il est capable de maîtriser sa mémoire, ses réseaux et son analyse. En effet chaque matin nous pouvons nous poser une question qui n'existait pas la veille. Nos finalités recouvrent en partie celles de l'entreprise.

Nous pouvons aller chercher et consulter des données avec ou sans outils de veille et les mémoriser (mémoire). Nous sommes capables d'appeler des amis ou des compétences pour obtenir des informations et modifier le cours de nos vies et de nos affaires (réseaux). Nous savons critiquer et évaluer, seuls ou avec le concours d'experts, les informations obtenues en vue d'innover ou de protéger notre business (analyse) Nous coordonnons ces trois activités à plusieurs reprises au cours d'une même journée (maîtrise). C'est ainsi que nous décidons.

Il n'y a pas de différence entre notre intelligence économique personnelle et celle de l'organisation. Malheureusement, ce que nous faisons de manière inconsciente et immédiate doit dans l'entreprise être organisé et managé. Le cerveau collectif avance plus lentement, du moins au début, que le cerveau individuel. Malgré les technologies, l'information circule mal. Les différents métiers ne se parlent pas. Beaucoup pensent que l'information se diffuse naturellement et sans effort. Ce qui est faux. Certains ne pensent qu'à leurs objectifs personnels ou à ceux de leur service. D'autres rechignent à collecter de l'information sur le concurrent en évoquant des problèmes d'éthique. Quelques-uns préfèrent la garder afin d'asseoir leur pouvoir. Ou d'avoir la paix !

La maîtrise de l'information est un art d'exécution inséparable des caractères, des émotions, de la cohésion ou de l'absence de cohésion des hommes et des femmes qui animent l'entreprise. La prise en compte de cette réalité humaine est incontournable. Elle est chronophage et épuisante. Il faut rassurer, expliquer.

Grâce à l'audit et à l'autodiagnostic, les collaborateurs savent que la démarche est licite et légale, respectueuse des libertés individuelles. Ils discernent mieux l'**organisation** de l'intelligence collective. Avec la figure n°3 affichée par le délégué général ils ont compris le pourquoi de l'intelligence économique. Ils vont maintenant s'inscrire dans le comment de la figure n°4.

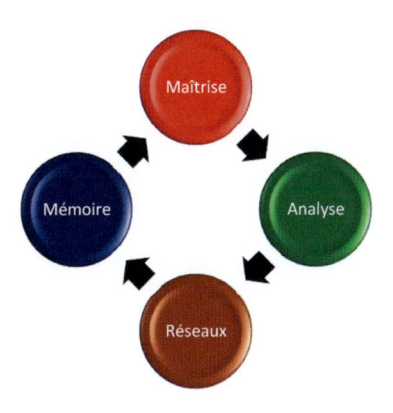

Figure n ° 4 Les quatre éléments fondamentaux

      Le délégué général invite chaque membre de l'entreprise à s'inscrire dans un ou plusieurs des cercles de la figure n°4. L'appartenance à l'organigramme ordinaire n'exclut pas l'appartenance aux cercles. Chacun pense et agit déjà dans les deux. L'intelligence économique est une visibilité partagée.

      Une même personne peut s'inscrire dans une ou plusieurs veilles, c'est-à-dire dans la mémoire, dans un ou plusieurs réseaux et peut participer en fonction de ses expertises ou de circonstances particulières à une ou plusieurs analyses.

      L'entreprise peut maitriser plusieurs projets d'intelligence économique à la fois. Dans une PME de 70 personnes[32] il peut y avoir vingt systèmes d'intelligence économique maîtrisés en même temps par 20 collaborateurs différents qui coordonneront les activités de leurs collègues dans la mémoire, les réseaux et l'analyse. Cette PME de 70 personnes dispose donc d'une intelligence collective de 20 x 4 = 80 personnes .[33]

La maîtrise de la mémoire des réseaux et de l'analyse

      Le pilotage de l'intelligence collective organisée appartient au patron de l'entreprise qui peut l'exercer lui-même notamment dans une PME. Il peut en déléguer le suivi à un cadre qui assurera à temps plein ou partiel la fonction de délégué général. Cette maîtrise peut être subdéléguée à d'autres collaborateurs en mesure de coordonner le travail de veille, de réseaux et d'expertise de leurs collègues sur les finalités.

---

[32] Médical Group Vaulx en Velin, entreprise innovante mondialement connue et spécialiste de l'implant humain.
[33] Hypothèse basse car si sur plusieurs projets, plusieurs collaborateurs s'inscrivent dans les réseaux et les veilles de la mémoire ou mettent l'entreprise en relation avec des experts externes on peut avoir un système global de 250 personnes pour une entreprise qui ne compte que 70 salariés !

Le service d'une finalité, par exemple dans le domaine de la veille sécuritaire par un membre de l'entreprise, est compatible avec un travail de réseau ou d'analyse, réalisé par ce même membre dans une autre finalité dédiée à l'innovation technologique. La rotation des personnes au sein des éléments fondamentaux est un facteur d'apprentissage mutuel. Une architecture d'intérieur adaptée, un calendrier astucieux et des outils collaboratifs transformeront l'intelligence collective en intelligence économique efficace et réciproquement.

Le management de l'intelligence collective obéit à des qualités d'écoute et de partage symbolisés par les flèches des figures. Les cercles et les sphères s'ajoutent aux triangles et aux pyramides Ils témoignent de l'entreprise adaptée à l'économie de l'information et de la connaissance.

L'anneau d'Apple à Cupertino matérialise un forum circulaire, une radiation des savoir-faire et un goût pour la science-fiction. La ville ronde existe depuis l'Antiquité. Mais à l'ère numérique elle matérialise l'idée de réseaux, de bulles cognitives, de circuits, de liens.[34] Il n'est pas fortuit de voir des anciennes startups, devenues des géants, réaliser par le verre et l'acier un rêve de transparence au service d'une maîtrise parfaite. Pour le meilleur et pour le pire. L'Idée devient cathédrale. Aristote succède à Platon. Vielle histoire.

Exemple de maîtrise

Au sein du groupe Hervé les employés se réunissent par groupes de 15 personnes pour prendre les décisions importantes de leur service. Il y a 180 assemblées dans les 25 sociétés du groupe. Les 180 assemblées sont conduites par des managers-catalyseurs. Leur rôle n'est ni de diriger, ni d'influencer. « On privilégie les questions aux réponses. Tout doit être débattu.[35] »

Ces chefs de tribu doivent faire émerger des décisions collectives sur la stratégie, l'activité mais aussi les salaires, les recrutements, la comptabilité. Ces managers catalyseurs n'ont pas de pouvoir de décision et peuvent être révoqués. Ils représentent la petite équipe à l'échelon supérieur. Dans l'organigramme du groupe Hervé, inutile de rechercher un DRH ou directeur financier. Il n'y en a pas.

Cette intelligence collective inspirée notamment du potlatch des Iroquois favorise l'innovation au sein de ce groupe international créé en 1979 à Parthenay. Nul ne s'étonnera dans ces conditions que le groupe Hervé soit présent dans l'intelligence énergétique, la chaudronnerie, le tuyautage industriel, l'aéronautique, l'énergie renouvelable, l'audiovisuel et demain l'énergie 4.0. La rotation des questions et des réponses à travers les éléments fondamentaux élargit l'entreprise, l'agrandit.

---

[34] Le Monde du 22 août 2017
[35] Le Figaro du 15 octobre 2016

Le délégué général s'inspirera des pratiques de Parthenay et de Vaulx en Velin pour devenir le chef d'orchestre des multiples intelligences collectives qui composent l'entreprise. Plus loin lorsque nous évoquerons les villages dans le cadre de l'intelligence économique territoriale nous retrouverons les mêmes éléments et le même mode de management collectif.

La mémoire et l'information écrite

C'est ici le domaine de prédilection des artistes de la donnée évoqué au début de cette introduction. Data scientists, digital officers et autres artistes de la sémantique et du chiffre vont faire parler la donnée, lui donner du sens. Grâce notamment à l'intelligence artificielle. Comme le sculpteur donne du sens à la pierre ou au marbre.

La mémoire ne consiste pas à recopier ou à scanner des contenus déjà numérisés au dehors de l'entreprise. Il est inutile de refaire ce qui est déjà fait ou disponible sur le marché des bases de données. La mémoire est d'abord un questionnement, une quête, un repérage de tous les gisements d'informations internes ou externes contenant des réponses à des questions qui n'ont pas encore été inventées. Mais qui pourraient l'être demain.

Le délégué général invite chacun à repérer des bases de données ou des publications en lien avec les finalités afin d'en survoler les contenus. Le jour venu, ces données seront revisitées lorsqu'il faudra obtenir une réponse. Il s'agit dans un premier temps d'un travail d'identification, de cartographie qui alimentera plus tard une mémoire unique et centralisée.

Cette mémoire pluridisciplinaire deviendra à partir d'un instant « **T** » un nouveau dépôt alimenté par les questions et les réponses jugées stratégiques.

Cette nouvelle base de données est destinée à devenir le cœur décisionnel de l'entreprise. Elle mélangera à des fins de croisement tout ce qui ailleurs est séparé. C'est cette particularité qui en fonde l'originalité et la valeur. Cette mémoire nouvelle est un investissement qui ne donne des résultats qu'à partir du moment où la masse critique[36] permet de créer des liens entre des contenus afin d'éclairer des menaces ou des opportunités.

Le croisement du juridique, du financier, du technologique, du sécuritaire, du marketing, du social et de tout ce qui, au sein de l'entreprise, n'avait pas l'habitude de cohabiter démultiplie les intelligences économiques. De ces rencontres naissent des comparaisons, des étonnements, de nouvelles questions et à terme de nouvelles connaissances.

---

[36] Il faut entre un an ou deux pour que la taille critique soit atteinte. En effet la vie économique est un calendrier annuel d'évènements récurrents dont le traitement enrichit la mémoire.

Cette mémoire devient le carrefour des talents et des circonstances. Elle indique des rencontres possibles. Les questions qu'on lui pose et les réponses qu'elle délivre renvoient aux capacités d'analyse et d'interprétation de l'entreprise, à ses réseaux. Ce cœur enrichit les flux d'informations et cartographie des réseaux de connivences et de compétences liés à toutes les finalités.

La création de cette mémoire permettra de combattre le risque d'amnésie des savoirs et savoir-faire. Elle jouera un rôle dans la perception de tous les risques, menaces et aléas. Grâce à la mémoire centralisée et pluridisciplinaire, l'étude d'un risque permettra par exemple de découvrir l'occurrence d'un autre ou les effets pervers d'un troisième. Et finalement l'avantage concurrentiel auquel personne n'avait pensé !

Exemple de mémoire

Nous sommes dans une PME du BTP en Ile de France. Le vendredi à 17 h 00 le patron demande à son délégué général de lui faire le point sur les activités de l'un de ses concurrents, l'entreprise Duchatel.

Duchatel s'implanterait au Maroc, un pays où notre PME francilienne travaille dans le domaine des piscines et des hammams. Il y a menace. L'intelligence économique, maîtrisée par deux personnes œuvrant à temps partiel mais pouvant mobiliser tout le monde, se met au travail.

Le Maroc est un pays. Pour la mémoire il s'agit d'un substantif, d'un mot-clé, d'une sous mémoire à l'intérieur de la mémoire pluridisciplinaire. Nous visitons le dossier Maroc mais ne découvrons aucune trace des activités de Duchatel dans ce pays. Nous faisons de même pour l'Espagne, pays proche du Maroc où nous travaillons également mais sans plus de succès.

Nous passons des mémoires géographiques aux savoirs et savoir-faire du personnel. Un ancien stagiaire marocain, Daoudi, pourra peut-être nous renseigner mais il a quitté l'entreprise depuis deux ans pour rejoindre son pays. Dans son dossier, mal fait, nous n'avons conservé aucune adresse. Nous mettons cependant la main sur le scan d'une invitation au bal de l'école d'ingénieur de Nancy. Car l'entreprise embauche régulièrement des diplômés de cet établissement. Au pied de l'invitation figure le téléphone d'Erwan Madec qui, à l'époque, présidait l'association des élèves.

Madec nous met en relation avec Daoudi à qui nous signalons que sa petite fille peut être inscrite à l'arbre de Noël de l'entreprise. L'intelligence économique est aussi une courtoisie. Daoudi nous révèle que Duchatel n'est pas notre concurrent au Maroc. Notre véritable concurrent est une entreprise espagnole, la Sévillane d'adduction !

Il est 17 h 20 lorsque nous découvrons que cette entreprise espagnole est une filiale à 90% du groupe anglais Dixon. La firme londonienne est effectivement l'un de nos principaux concurrents.

Nous ouvrons le dossier Dixon au sein duquel nous découvrons un sous dossier baptisé « Echec Finlande ». L'intelligence économique mémorise aussi des histoires économiques, des circonstances, des évènements heureux ou malheureux. Des choses incertaines... Il y a quelques années les Anglais de Dixon nous avaient proposé une alliance pour aller construire ensemble des hammams en Finlande.

Nous avions décliné l'offre car le transport de nos faïences depuis le Portugal vers la Baltique nous aurait coûté trop cher. Mais aujourd'hui la situation se présente sous un autre jour. Il est 17 h 30 lorsque nous téléphonons au patron de Dixon.

Celui-ci nous sait gré d'avoir décliné l'offre finlandaise avant le début des opérations. Nous lui parlons de sa filiale espagnole avec laquelle il a beaucoup de problèmes.... Il est 17 h 50 lorsque Dixon accepte le principe d'une alliance avec nous sur le Maroc. Il sera en effet plus facile de transporter de la faïence depuis Lisbonne jusqu'à Casablanca.

En moins d'une heure l'intelligence économique maison grâce à une mémoire pluridisciplinaire aura permis de transformer, gratuitement, une menace infondée en une opportunité d'affaire !

La centralisation des informations et connaissances venant d'horizons différents précède leur diffusion au sein de l'entreprise à tous ceux capables d'inventer des questions. Il s'agit d'une véritable économie de la donnée. La mémoire trouve dans la révolution digitale et l'intelligence artificielle de précieux alliés. A condition d'avoir des questions à lui poser.

Autre exemple de mémoire

Boeing prépare son avenir en mettant de l'ordre dans son passé c'est-à-dire dans sa mémoire. La réorganisation de celle-ci est confiée à Dassault Systèmes pour un montant d'un milliard de dollars à la suite d'une compétition internationale et d'une évaluation de deux ans. La collaboration entre les deux entreprises date de 1986 lorsque Boeing décide de remplacer la maquette physique de ses prototypes par un outil numérique.

Pour le 787 la firme de Seattle utilisera une « maquette digitale collaborative ». Nous sommes dans l'économie de la donnée. Avec l'aide de l'entreprise française Boeing hâte la bascule de ses usines dans l'ère 4.0. Un des objectifs est de réduire les délais de livraison. Comme l'avait fait Toyota à la fin du 20ème siècle en traçant des pièces détachées grâce à l'intelligence artificielle.

Mais le projet ne s'arrête pas là et dépasse largement les méthodes de conception, d'assemblage et de livraison. Boeing, comme notre PME francilienne, redécouvre l'immensité et la variété de ses savoir-faire dans la fabrication des satellites, des fusées, des systèmes de défense et entend mémoriser les intelligences, les expériences entre ces différents métiers. Car on ne sait pas ce que réserve l'avenir...

Grâce à la plateforme 3D EXPERIENCE de Dassault Système l'avionneur américain reconstitue et développe son patrimoine numérique. L'idée est de recréer, comme à Alexandrie à l'époque hellénistique, une vaste bibliothèque de référence de tous ses savoir-faire depuis les années 1990. C'est ce que l'on appelle le « patrimoine numérique » qui englobe les premières études, les projets abandonnés, les échecs comme dans notre entreprise du BTP, le recyclage des déchets, la maintenance, les livraisons, etc.

Comme dans notre PME, Boeing entend, grâce à cette « mémoire de ses intelligences » améliorer et adapter le design de ses avions, la qualité de ses pièces détachées, les services à la clientèle en temps réel. Voire inventer d'autres métiers.

« En unifiant numériquement » dans une banque centralisée ses relations avec ses fournisseurs, l'entreprise aura une vue d'ensemble, une appréhension historique de tous les talents contenus dans ses avions. Cela lui permettra de réduire les cycles de conception, d'assurer une transparence des processus de fabrication, de mieux piloter la sous-traitance, d'anticiper les attentes des clients et futurs clients, les normes et les enjeux de l'aviation civile dans le monde, de devenir une référence, de faire de l'influence. Pour Bernard Charles, directeur général de Dassault Système,[37] la mémoire est un continent inexploré.

Les réseaux et l'information orale

Il s'agit du troisième élément organisationnel de l'intelligence collective. Celui qui traite de l'information orale. L'entreprise n'utilise qu'une faible partie des réseaux auxquels elle peut avoir accès. Ce faisant, elle ne se comporte pas autrement que chacun de ses membres. Les réseaux préexistent à l'entreprise. Il s'agira moins de les créer que de savoir les regarder et les identifier. Le délégué général va s'employer à repérer ceux qui existent avant d'en créer de nouveaux[38].

Si chaque membre de l'entreprise est une mémoire individuelle, une parcelle de la mémoire globale, chaque collaborateur participe également de ses réseaux. L'entreprise est faite d'hommes ou de femmes. Personne n'a jamais déjeuné avec une entreprise…

Pour l'intelligence économique, les réseaux sont d'abord des langages permettant l'échange de questions et de réponses entre des acteurs compétents sachant de quoi ils parlent. Deux spécialistes de la culture des céréales en terrain aride forment un réseau capable d'échanger des informations et des connaissances utiles. Ces deux agronomes forment ce que l'on appelle un réseau d'intelligence économique.

Le réseau se construit par l'observation et la cartographie des langages, des situations, reliant des acteurs. Cette cartographie sera toujours inachevée. Les réseaux vivent

---

[37] « *Boeing accélère sa mutation digitale avec Dassault Système* » Le Figaro 25 juillet 2017
[38] « *Voyage au pays des réseaux humains* » de Jérôme Bondu, http://amzn.to/jeromebondu

leur propre existence,[39] naissent, se diversifient, périclitent, meurent avant de se reconstituer sans se soucier de l'entreprise. Il n'est que d'observer la vie courante pour voir que ces réseaux créent de nouveaux modèles, de nouveaux objets économiques. Les technologies de l'information accélèrent les phénomènes de fusion-acquisition entre réseaux et organisations, anciens et nouveaux modèles économiques. Nous y reviendrons.

Certains réseaux durent longtemps alors que d'autres sont éphémères. L'observation des réseaux élargit la vision que l'entreprise a d'elle-même. Une PME de 200 personnes constitue avec ses réseaux une intelligence économique d'au moins 2 000 personnes. Un village de 1000 habitants est déjà une petite nation, une diaspora répandue sur la planète. Un pays ou une entreprise de 10 000 personnes sont des empires. [40]

Le réseau englobe non seulement la totalité du personnel de l'entreprise mais aussi les retraités, les stagiaires, les conseils, les fournisseurs, les clients, les partenaires publics et privés, les relations proches ou lointaines de tous ces acteurs. La perception de l'entreprise à travers ses réseaux est aussi fondamentale que sa perception à travers sa mémoire.[41] Un système performant doit non seulement s'attacher à cartographier les réseaux utilisables mais être capable, pour chaque finalité ponctuelle, d'inventer un réseau ad hoc, un réseau de circonstance.

La mémoire aide à la désignation des réseaux de circonstances

Grâce à la mémoire, chaque finalité, traduite en question, donnera lieu à la découverte d'un réseau auprès duquel l'entreprise ira chercher des réponses. Qui connait quoi ? Qui peut chez nous ou ailleurs nous renseigner sur ceci ou cela ? Des logiciels permettent la mise en œuvre rapide de cette faculté. Encore faut-il avoir l'idée de leur poser les bonnes questions. On aura compris que du point de vue de l'intelligence économique il n'y a pas de différence entre l'entreprise, le village, le territoire, la ville et la nation. Toutes ces dimensions sont reliées par les mêmes éléments fondamentaux. [42]

La mémoire unique et centralisée fonctionne comme un cœur de réacteur atomique dans une centrale nucléaire. Au lieu de fabriquer de la chaleur en provoquant des interactions entre électrons, elle fabrique des intelligences entre des personnes et des

---

[39] Les réseaux sociaux, les Twitter, Facebook, LinkedIn, Viadeo et autres solutions de mises en relations sont de fabuleux instruments d'intelligence économique qu'il convient d'utiliser au maximum. Les réseaux dont nous parlons ici constituent une deuxième étape. Ils sont intégrés dans des stratégies territoriales ou d'entreprises.
[40] Cartographier des réseaux innombrables, avoir des milliers d'amis n'est qu'une étape. Au sein de ces réseaux immenses il va falloir sélectionner et choisir. Les réseaux efficaces, les réseaux de confiance ou d'alerte demanderont un relationnel humain plus exigeant que la fréquentation superficielle du web. Voir « *Développez et activez vos réseaux relationnels* » Christian Marcon, Dunod 2007
[41] « *Voyage au pays des réseaux humains, guide pratique pour les développer.* » Jérôme Bondu, Lavauzelle-Graphic édition 2011.
[42] Ignorance, mémoire, réseaux, analyse et maîtrise fondent tous les systèmes d'intelligence collective organisée en état, entreprise, territoire, association, ville ou village.

interrogations. C'est elle qui éclaire les réseaux de circonstance à partir de son dépôt stratégique.

Chaque fois qu'une question est posée à la mémoire, l'intelligence artificielle se souvient de toutes les personnes qui, à quelque titre que ce soit, pourraient avoir des réponses à apporter de manière gratuite ou payante. La mémoire illumine autour de la question une communauté plus ou moins vaste de compétences internes et externes. C'est ce qui arrive dans notre PME francilienne du BTP et chez Boeing dans les exemples cités plus haut.

Figure n° 5 L'éclairage des réseaux de circonstances

Toutes les personnes identifiées appartiennent à un réseau de circonstances dont les membres peuvent ignorer l'existence des autres. Dans le meilleur des cas l'entreprise aura désigné et cartographié ce réseau avant ses concurrentes.

L'attraction des réponses orales lors des contacts

La maitrise de l'information stratégique passe par l'interrogation, dans un ordre préétabli, des personnes dont le profil et le parcours auront été soigneusement renseignés grâce à l'information ouverte et à l'intelligence artificielle. On consultera les sites et revues spécialisés, la participation à certaines réunions ou colloques, les publications et interventions diverses, les carrières et relations de ces personnes avant d'aller les interroger. Il s'en suivra un ou plusieurs entretiens qualifiés de contacts.

La préparation de ces contacts donnera lieu au sein de l'entreprise à des échanges de vue et des expertises afin de poser les bonnes questions aux bonnes personnes au bon moment. La réalité nous apprend cependant que ce type de rencontres se heurte à des impondérables. La compétence extérieure contactée n'est pas de bonne humeur, en sait moins que l'on croyait, ne veut pas répondre pour diverses raisons, souvent légitimes.

Pour que les conversations ne sombrent pas dans l'ennui et ne tournent pas court, il convient de préparer la rencontre à l'avance. Le collaborateur le mieux placé pour « aller au contact » recensera tous les sujets, même lointains, qui tournent autour de la question ou de la personne sollicitée. L'intelligence économique ne sépare pas le dossier de la personne. Elle tient compte de l'émotion qui relie ces deux concepts.

C'est ce que les praticiens de la *business intelligence* dans le monde anglo-saxon appellent *serendipity*. Ou dans d'autres cultures l'art de la conversation.[43] Cette manière d'agir consiste à revenir dans l'entreprise sans la réponse souhaitée mais avec des informations inattendues tout aussi intéressantes.

Les cultures asiatiques excellent dans cet art de l'élicitation. Le lecteur ayant séjourné en Asie le sait bien. Les entreprises japonaises ou coréennes distribuent à l'avance les questions à plusieurs de leurs membres. Six mois avant le salon professionnel chacun sait ce qu'il a à faire et qui il rencontrera. Les rencontres fortuites dans les allées ne sont pas toujours le fruit du hasard. Les pratiques françaises évoluent lentement vers cette « professionnalisation » des contacts oraux. Mais le chemin est encore long avant d'égaler l'agilité asiatique ou orientale. Le sens de la relation personnelle est une pratique millénaire d'intelligence économique.

Le passage de l'oral à l'écrit

Tous les professionnels savent que l'information orale est supérieure à l'information écrite. Lorsque je vois quelqu'un, je ressens des impressions, j'ai des intuitions, je note des silences, des mimiques, des soupirs qui en disent parfois beaucoup. Toutes ces informations passent difficilement du ressenti à l'écrit.

---

[43] L'art de la conversation fut au 18ème siècle l'un des ressorts de l'influence française dans toute l'Europe.

Lorsque que je rédige, la déperdition de valeur se poursuit. J'attribue au premier paragraphe, voire au titre de ma note, une importance qui peut être subjective. Si j'attends trop longtemps avant de rédiger j'oublierai certains détails qui peuvent avoir de l'importance. La qualité de mon travail dépendra de l'étendue de mes réseaux, de mon accès à la mémoire et de mes capacités d'expertises. Elle dépendra aussi de la qualité de l'intelligence artificielle mise à ma disposition.

Celui qui lit ma note attribuera à certains passages une importance qu'ils n'ont pas. Le bénéfice qu'il en tirera dépendra de son humeur, de sa relation au sujet, de ses biais cognitifs, de ses arrières pensés. En termes de renseignement, l'oral est infiniment supérieur à l'écrit. Mais il faut bien nourrir la mémoire et rédiger une note le plus vite possible. Exercice difficile qui entraîne des réticences.

Exemple de note

La note d'information n° 181 est l'exemple type de la bonne note. Elle est courte, datée, numérotée, signée par ses auteurs et diffusée à une première liste de destinataires. Cette note et la documentation annexée intègrent immédiatement les sous mémoires créées pour chacun des mots clés qui apparaissent dans le texte. Les sous mémoires au sein de la mémoire établiront des intelligences visualisées par des outils de mapping. L'intelligence artificielle éclairera ainsi des dizaines voire des centaines d'intelligences économiques.

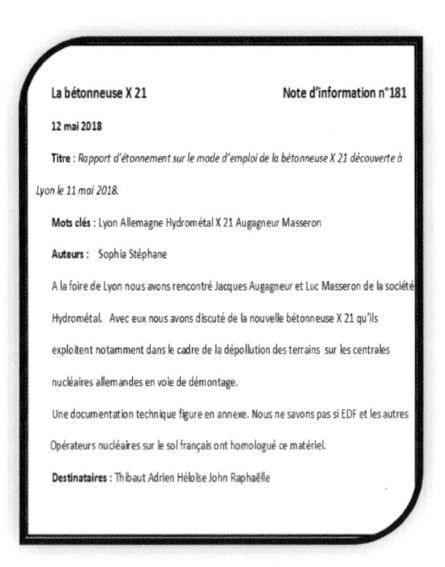

La bétonneuse X 21   Note d'information n°181

12 mai 2018

Titre : Rapport d'étonnement sur le mode d'emploi de la bétonneuse X 21 découverte à Lyon le 11 mai 2018.

Mots clés : Lyon Allemagne Hydrométal X 21 Augagneur Masseron

Auteurs :   Sophia Stéphane

A la foire de Lyon nous avons rencontré Jacques Augagneur et Luc Masseron de la société Hydrométal. Avec eux nous avons discuté de la nouvelle bétonneuse X 21 qu'ils exploitent notamment dans le cadre de la dépollution des terrains sur les centrales nucléaires allemandes en voie de démontage.
Une documentation technique figure en annexe. Nous ne savons pas si EDF et les autres Opérateurs nucléaires sur le sol français ont homologué ce matériel.

Destinataires : Thibaut Adrien Héloïse John Raphaëlle

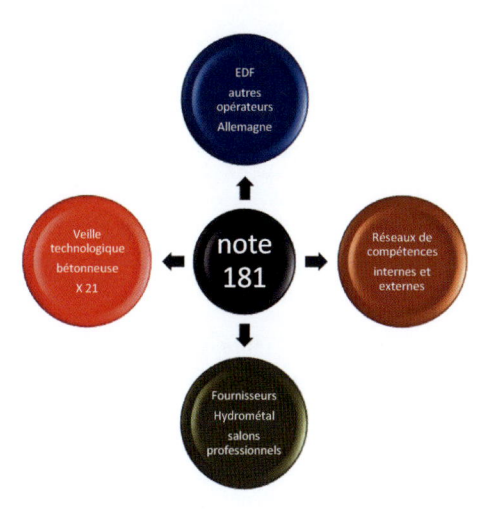

Figure n°6 La création des intelligences économiques

La note n° 181 crée des intelligences économiques entre des lieux, des personnes, des circonstances, des technologies, des questions et des réponses. Cette création d'intelligences économiques est beaucoup plus stratégique que le fond lui-même qui dans trois ou six mois sera obsolète. Lorsque le patron de notre PME s'intéressera à la technologie X 21 ou au marché allemand, il convoquera les personnes compétentes et gagnera du temps. Lorsque le patron d'Airbus voudra savoir où en sont les nouvelles générations de moteurs d'avions il convoquera son réseau interne le plus performant. Peut-être envisagera-t-il une reconversion des savoir-faire de l'aéronautique dans une autre économie de la mobilité...Covid 19 oblige.

L'analyse

L'analyse est le quatrième élément fondamental de l'intelligence collective organisée. Elle est aussi le second temps du processus. La bonne analyse s'assimile à une critique doublée d'une curiosité collective. Elle doit être immédiate. Mais elle ne peut être le fait du veilleur ou du membre du réseau interne qui vient d'écrire une étude ou une synthèse à partir de plusieurs notes. Ceux-là ont une proximité trop grande avec l'information qu'ils viennent de rédiger. Ils ont vis-à-vis d'elle un sentiment légitime de paternité ou de maternité.

C'est la raison pour laquelle l'analyse est un second temps. Elle est une mise en scène préparée avec l'aide de l'intelligence artificielle. Le délégué général convoquera les analystes intéressés de près ou de loin par l'examen de la question à l'ordre du jour. L'analyste donne du sens à l'information qui en soi ne dit rien. La fabrication des connaissances procède d'un échange entre des lecteurs-analystes venant de plusieurs métiers ou d'horizons différents.

Dans la note n° 181 présentée ci-dessus, Sophia, Stéphane, Thibaut et Adrien peuvent être considérés comme des analystes sur le refroidissement des bétons et les machines utilisant la technologie X 21. Ils seront donc sollicités lorsque le sujet viendra à l'ordre du jour.

Véracité et vérification de l'information

La crise sanitaire a fait exploser le nombre des mensonges, *fake news* et tentatives de désinformation de toutes natures qui sont le lot de la vie économique et politique. Pour l'entreprise, la nécessité de vérifier et d'authentifier l'information et les sources d'information est incontournable. C'est à l'analyse, quatrième élément fondamental qu'incombe cette tâche.

M Toussaint Coppolani ingénieur et animateur de la commission intelligence économique des ingénieurs et scientifiques de France (IESF) nous alerte sur l'indispensable vérification des documents et études scientifiques. Le premier obstacle à la manifestation de la vérité relève de notre fonctionnement cérébral.

« Notre cerveau dresse toutes sortes d'obstacles à la vérité. Nous interprétons et sélectionnons en fonction de biais cognitifs, trouvons des corrélations douteuses, acceptons ou refusons faits ou arguments en fonction de critères sans rapport avec leur crédibilité objective. Il existe des nombreux biais cognitifs :biais de confirmation, de croyance, d'ancrage, d'amalgame, de conformité, d'angle mort, d'optimisme ou de pessimisme, de statu quo, d'illusion de contrôle de l'information, etc. » Ces biais nous empêchent de voir le réel. M Coppolani poursuit :

« Comment repérer les fakes news ? Il existe des ressources en ligne pour repérer les fausses informations. Des centaines de modérateurs, de chercheurs ou de journalistes passent leur journée à cela, certains équipés de logiciels très sophistiqués. Il existe même des logiciels dopés par l'intelligence artificielle pour lutter contre les *deepfakes*, les trucages les plus sophistiqués[44]

Chaque document technique ou scientifique correspondant à l'une finalités évoquées plus haut doit être passé au crible d'une analyse serrée qui prendra en compte les éléments suivants : date de l'étude, contexte social économique et politique de sa publication, notoriété et parcours des auteurs, nombre de citations, existence possible de conflits d'intérêts, etc. »

---

[44] Factuel de l'AFP, Décodex du Monde, Chek News de Libération, Tin Eye ou Google images pour faire de la recherche d'image inversée Fotoforensics pour les clichés retouchés, Hoaxbuster, plutôt spécialisé dans les rumeurs. Toutes les chaînes d'information ou les grands médias papier ont, sinon une rubrique *fact-cheking*, du moins des services qui le pratiquent. Ainsi : Fake Off de 20 Minutes, « Le vrai du faux » sur France Info, « Les idées claires » de France Culture, « Vrai ou Fake » de France-TV Info, « Faux et usage de faux » France 2,« Désintox » sur Arte, « Factuel » sur TF1, « Les Observateurs » de France 24, « Arrêt sur image » en ligne, l'Observatoire du Journalisme (ojim.fr), etc. Communication de M Coppolani lors du webinaire du 3 novembre 2020 d'IESF consacré à la véracité et à la vérification de l'information.

Pour surmonter ces difficultés la fonction analyse s'apparente à un collectif d'hommes et de femmes venant d'horizons différents. La variété de leurs biais cognitifs compensera le biais cognitif d'un seul métier. Le nombre des biais vaudra qualité en matière d'examen clinique de l'information...

Exemple d'analyse

Je suis cimentier et je reçois de l'un de mes commerciaux, une note d'information m'annonçant la création d'une cimenterie en Mauritanie. Que vient faire ce nouvel entrant sur mon marché ? Quels sont les dangers pour moi ? Il y a-t-il avec lui des stratégies possibles ? Quels seront ses clients potentiels ? Quels risques prend-il ?

Je dispose d'un bon début puisque je viens d'inventer des ignorances, des questions.[45] Je diffuse immédiatement cette note à l'un de mes ingénieurs qui va m'apprendre que le sous-sol de cette région permettra de faire un ciment de grande qualité. Mon financier me dira que les coûts de transport depuis le site jusqu'au port le plus proche vont générer des prix de revient exorbitants. Il ne comprend pas !

Un ex-collaborateur expatrié connaissant la région me dira que le projet bénéficie du soutien de la banque d'Etat et que celle-ci a les moyens de financer le projet. Un ami de retour de Mauritanie et du Sénégal me dira que la zone risque de devenir un terrain de chasse pour une rébellion locale.

Mon DRH qui connait le passé de tous mes collaborateurs a appris que l'un des dirigeants de cette cimenterie a pour parents un des chefs de la rébellion djihadiste. L'impôt révolutionnaire versé discrètement à une fondation charitable de la mer Rouge par un

---

[45] La curiosité traduite en question n'est pas donnée à tout le monde. Beaucoup d'organisations publiques ou privées ne se posent pas de questions par routine, par peur de déranger les processus ou simplement par paresse.

intermédiaire panaméen garantira la sécurité de l'installation, la sûreté des expatriés et de leurs familles. Ce que me confirme le Commissaire à l'information stratégique et à la sécurité économique de Bercy.

Un touriste qui connait l'Afrique de l'Ouest m'apprend que le ciment produit dans cette usine est adapté aux installations en eaux profondes que les Chinois projettent de construire un peu partout en Méditerranée.

Comme dans l'exemple précédent, j'obtiens en moins d'une heure et gratuitement une grande quantité d'informations stratégiques. J'ai compris que je suis entouré de lecteurs (L1, L2, L3, etc.) qui sont autant de mémoires, de têtes de réseaux et de capacités d'analyse dans des domaines différents. La note d'information du début devient rapidement une connaissance élaborée, voire une communauté vivante si je dispose d'un délégué général talentueux.

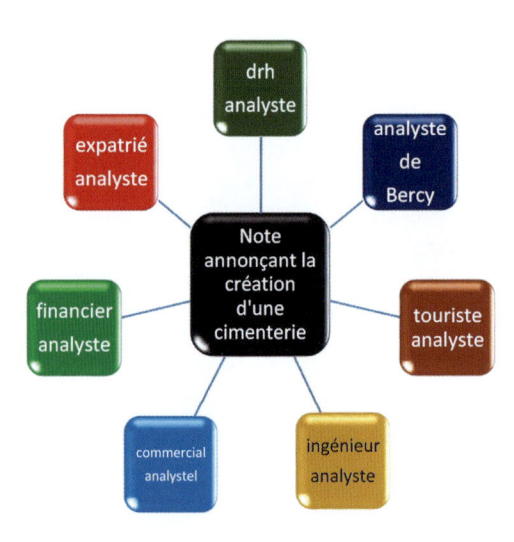

Figure n° 7 Note d'information et intelligence collective des analystes

Les entreprises et les administrations disposent souvent des expertises qu'elles achètent ailleurs au prix fort. Qui plus est, la variété des talents est parfois plus importante dans l'entreprise que chez le cabinet de conseil en stratégie. La gratuité, la simplicité et la transparence du système d'intelligence économique génère cependant des réticences pour des raisons irrationnelles ou inavouables. On préfère payer cher à l'extérieur ce que l'on a chez soi !

Les signaux faibles

Une bonne analyse suppose une détection et une interprétation précoce des signaux faibles. Un signal faible peut être une information écrite ou orale, émergente ou répétée, matérielle comme un objet ou une photo. Ou immatérielle comme un silence au sein d'un discours, une attitude laissant deviner une menace ou une opportunité.

Le signal faible n'est utile que s'il est détecté à temps. Il n'est souvent que la première pièce d'un puzzle. Il peut être perçu par des moteurs ou agents avancés de recherches capables d'isoler ou de comparer des mots, des grappes de mots, des idées nouvelles émises sur des sites, des forums que l'on ne soupçonnait pas. Le signal faible peut être capté par le cerveau humain, puissant logiciel, capable de créer des liens entre détail et ignorance, intuition et connaissance.

Exemple de la palette

Je suis fabricant de palettes en bois de pins des Landes. Je visite mon atelier et découvre avec satisfaction les palettes qui attendent d'être chargées pour partir dans toute l'Europe. Sur l'une des piles mon œil est accroché par un détail. Ces palettes diffèrent des autres parce que les coins, toujours carrés, ont été arrondis.

J'interroge le chef d'atelier en lui demandant la raison de cet arrondissement inhabituel. Il me répond que le client a exigé des coins arrondis. Je lui demande pourquoi. Il me répond qu'il n'en sait rien.

Ce client est danois et nous lui vendons beaucoup de palettes. Je l'appelle. Il m'apprend qu'il souhaite arrondir ses palettes pour homogénéiser ses stocks. Je lui demande pourquoi. Il m'informe que les Allemands chez qui il se fournit également font désormais des palettes en plastique puisque la législation, inspirée des normes environnementales, interdit de couper les arbres.

Je remercie vivement ce Danois. Un nouveau type de palettes émerge. Je prends tout de suite attache avec un spécialiste de la plasturgie car j'envisage déjà certaines possibilités.

Toutes les crises, même sanitaires, mutations scientifiques, ruptures technologiques, renversements de tendance, législations ou catastrophes économiques émettent avant de se produire des signaux plus ou moins perceptibles. Pour Robert Salmon, ancien vice-président de l'Oréal, il ne faut pas se contenter d'une tendance déjà amorcée, « ce qu'il faut déceler, c'est le signal faible, le moment où l'affaiblissement d'une tendance est le prélude à la naissance d'une autre.[46] » Exercice particulièrement difficile où la chance accompagnera l'intelligence artificielle et une organisation méthodique rigoureuse. Sans garantie de succès.

Les tendances lourdes

La détection des signaux faibles ne dispense pas l'entreprise d'une compréhension des tendances lourdes plus faciles d'appréhension. Les taux de natalité, la pyramide des âges, les familles mono parentales, les économies collaboratives, la montée des communautarismes, les programmes sociaux-religieux, les mouvements migratoires, le ratio actifs/non actifs, l'e-business, l'écologie, la fiscalité, les taux d'intérêt négatifs, la dépendance sont autant de réalités qu'il serait dangereux d'ignorer. Car elles structurent le devenir de la société donc de mes produits et services.

L'analyse de l'information doit également déboucher sur une lecture perspicace de la désinformation. L'exemple des brevets-leurres[47] qui aiguillent vers des impasses la veille technologique, n'est pas isolé. Corruption, fraudes et contrefaçons, cybercriminalité, feront l'objet d'investigations précoces.

L'intelligence économique est une religion des faits, elle ignore les tabous, s'intéresse à tout, s'informe sur tout. L'intelligence des risques qui est sa version défensive l'amènera à anticiper des menaces ou des agressions grâce à la mobilisation de ses réseaux et de sa mémoire.

Universalité de la démarche

Les éléments fondamentaux de la figure n°5 structurent toutes les organisations marchandes ou non marchandes, publiques ou privées. La même manière d'agir et de penser permet à toutes les parties prenantes et à tous les acteurs de travailler ensemble. L'individu, isolé au fond de sa campagne, peut participer à une veille, à un réseau, à une analyse à condition d'être sollicité, de comprendre ce qu'on lui demande et de se sentir en confiance. Les entreprises, les associations, les villages sont des intelligences collectives qui obéissent

---

[46] Robert Salmon compte en France au nombre des précurseurs, des pères fondateurs de l'intelligence économique.
[47] Le « brevet leurre » est le dépôt d'un brevet sur une impasse technologique qui permet d'aiguiller la veille technologique d'un concurrent dépourvu d'intelligence économique vers des impasses qui peuvent coûter cher. La technique des brevets leurres, fait partie des armes les plus dangereuses de la guerre économique. Car elle échappe à toute sanction pénale, contrairement à l'espionnage ou à la cyber délinquance qui sont de « moindre qualité ».

aux mêmes modes de fonctionnement dès lors qu'elles souhaitent maîtriser l'information stratégique et assurer leur sécurité économique.

L'analyse de l'information est également un marché où l'intelligence économique d'entreprise peut acheter des expertises à des intelligences collectives spécialisées dont c'est la vocation. Les think tanks, laboratoires d'idées, se comptent par milliers sur la planète et produisent des analyses stratégiques dans tous les domaines de la vie économique et géopolitique.

Pour anticiper les tendances et comprendre leur environnement les entreprises ont besoin d'accéder rapidement à ces connaissances validées par les meilleurs experts.

Mais accéder à la production des think tanks n'est pas toujours aisée notamment pour une PME. Pour faciliter cette approche [48] il conviendra d'observer les think tanks eux-mêmes. La production d'expertises n'est pas toujours détachable de stratégies nationales, financières ou marchandes. Apprécier l'objectivité des think tanks fait partie des objectifs d'une bonne analyse.

Le cycle des questions et des réponses contre le cycle du renseignement

Hérité du monde militaire et policier le « cycle du renseignement » distingue l'expression des besoins, la collecte de l'information, sa validation, sa centralisation, son classement, sa diffusion et son exploitation. Utile au combat ou dans la lutte contre le terrorisme il devient pénalisant dans l'entreprise par manque de spontanéité et lourdeur hiérarchique.

Selon Stepan Dedijer : « Entre le démarrage d'un effort de renseignement et son aboutissement, les structures de pouvoir peuvent changer. Si bien que le système de commandement ayant initialement demandé le renseignement aura changé au moment de la réponse ». Ce défaut s'accroit paradoxalement dans les services de renseignement, pénalisés par leur professionnalisme. C'est la gouvernance politique du pays qui en pâtit. [49] Un autre auteur, Philippe Baumard conteste l'efficacité dans l'entreprise du cycle du renseignement :

« L'accélération des rythmes de la compétition nécessite une décentralisation des processus de formulation des stratégies des entreprises. Une formulation décentralisée de la stratégie d'entreprise nécessite que le mur entre le recueil et l'analyse soit aboli. Il est

---

[48] Gullivern, la plateforme internationale des think tanks https://gullivern.org contact@gulliver.org Voir aussi l'Observatoire des think tanks www.oftt.eu/
[49] Stepan Dedijer, fondateur de l'intelligence économique scandinave à propos des attentats du 11 septembre 2001. Où le cycle du renseignement, segmenté et professionnalisé, avait « vu » en ordre dispersé sans comprendre.

impossible qu'une cellule centralisée puisse cumuler et capitaliser la connaissance nécessaire pour pouvoir animer de tels cycles sans encourir de fortes déformations ».[50]

La remarque est d'autant plus recevable que l'intelligence artificielle, couplée à une culture de partage permet au cycle des questions et des réponses d'être partout à la fois. L'horizontalité des ignorances et des savoirs doit primer sur la verticalité du cycle du renseignement. La spontanéité, la culture orale, la vitesse priment sur la bureaucratie et le secret. Ce dernier, parfois nécessaire, même dans le cadre de l'entreprise, doit demeurer l'exception.

Le cycle des questions et des réponses où tout le monde, à concurrence de ses talents et des circonstances, peut interroger et répondre à tout le monde en temps réel colle aux évolutions de la technologie,[51] aux nécessités du marché, à la vie économique en générale, à la vie tout simplement. Il ne peut y avoir de maîtrise de l'information et de sécurité économique sans prise en compte de la réalité numérique, qui abolit les notions d'intérieur et d'extérieur et rétrécit les pyramides.

De ce point de vue, la startup dispose d'une intelligence économique et collective plus agile que celle d'une multinationale. Il n'est pas surprenant qu'elle soit source d'innovation.

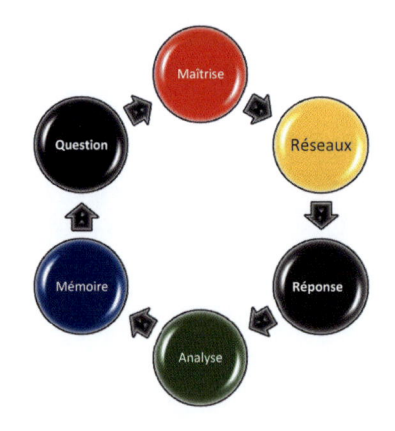

Figure n° 8 Fluidité des questions et des réponses

---

[50] Philippe Baumard ajoute : La plupart des consultants en intelligence économique continuent à vendre tel quel le « cycle du renseignement » aux entreprises, parce qu'il confère une image de rigueur et un semblant méthodologique à la discipline, mettant de côté le fait que ce cycle, inspiré du renseignement militaire, doit impérativement être adapté au monde de l'entreprise.
[51] Toujours en avance sur les modes de management. Les technologies et les outils sont « en avance » car dénués d'émotions et de plans de carrière personnels.

La vitesse de rotation des questions et des réponses entre les quatre éléments fondamentaux se calcule jour après jour, heure par heure ou seconde par seconde grâce aux technologies de l'information et à l'intelligence artificielle.

La pertinence des réponses mesure la satisfaction des consommateurs d'informations qui peuvent être n'importe quel collaborateur associé à une des finalités. L'entreprise devient la plateforme d'un marché interne de l'information et de la connaissance, une bourse d'échange conviviale et gratuite. Mais dont l'animation est héroïque tant les freins sont nombreux.

Les freins

La fluidité se heurte, en France notamment, à des freins puissants. Ces entraves sont d'abord culturelles. La prééminence des sciences exactes dans les parcours scolaires et universitaires prédispose peu les dirigeants à prendre en compte une matière jugée insaisissable, hors de contrôle, inquiétante. Le même phénomène se vérifie au sein de l'Etat où les grands corps et les ministères craignent l'horizontalité de la démarche hors des habitudes de l'Etat profond.

Pour beaucoup de dirigeants, la maîtrise de l'information stratégique demeure un concept vague. Certains n'ont pas intégré le fait qu'elle est un instrument de pouvoir. Mais les choses évoluent. Dans le meilleur des cas on la confiera à une division ou un bureau, une cellule, sans lui accorder la place qu'elle mérite, c'est-à-dire le sommet.

Cette attitude se retrouve autant chez les élites publiques que privées. Lors du lancement par M Jean Pierre Raffarin alors premier ministre de la politique publique en 2004, le ministère de l'éducation nationale faisait valoir, notamment à l'auteur de cette introduction, que l'intelligence économique n'entrait pas dans les canons des fameuses sections universitaires.

Une discipline qui relève à la fois de l'informatique, du traitement de la donnée, du droit, du marketing, de la créativité, du social, du sociétal, du géopolitique, de l'influence, de la prospective, de la psychologie, de la sécurité et de la sûreté n'a sa place nulle part dans le paysage segmenté de l'université.

Un autre biais cognitif s'oppose au développement de l'intelligence économique. Il s'agit du travail en silos que nous avons déjà évoqué. Les métiers se parlent difficilement. Souvent lors d'audits dans des administrations ou des entreprises il nous a été donné de constater que l'on ne se fréquentait pas d'un bureau à l'autre. Des gens passent leur carrière à ignorer ce que fait le voisin d'en face et trouvent cela normal.

Un autre frein plus pernicieux bloque les efforts du ou de la déléguée générale. Un sentiment indu d'appropriation ralentit la transmission immédiate d'informations aussi bien verticalement qu'horizontalement. La paresse n'est pas seule en cause. Ceux qui retiennent, s'imaginent à tort préserver un pouvoir. Or le pouvoir n'appartient pas à celui qui retient l'information mais à celui qui la diffuse.

Tous ces défauts ont tendance cependant à s'estomper sous l'effet des nouvelles technologies et grâce à l'arrivée de générations plus à l'aise avec le pluridisciplinaire et moins arcboutées sur d'anciens prés carrés. Une révolution est en marche.

Chez Uptoo, l'un des tout premiers cabinets de recrutement français, lauréat du prix spécial « Inspirer », on casse les silos.

« Chez nous il n'est pas question de réinventer la poudre. Les salariés s'inspirent les uns des autres. Ils doivent partager et casser les silos…Nous nous appuyons sur une plateforme collaborative, le Mur, ou chacun peut partager son quotidien de travail, bénéficier des réalisations des autres, trouver des encouragements dans les messages de ses collègues. Tous les salariés sont informés en temps réel de l'avancée des projets et des évènements dans l'entreprise. Chacun peut avoir la réponse aux questions qu'il se pose. [52] »

De l'intelligence économique à la startup

Il existe deux façons d'aborder l'intelligence économique. Dans la première nous auditons la performance des éléments fondamentaux (mémoire, réseaux, analyse, maîtrise) dans une organisation déjà existante. Dans la seconde il n'y a pas d'entreprise. Les éléments fondamentaux habitent les fondateurs au service d'une idée, d'un problème, d'une stratégie. L'entreprise viendra ensuite. Ou ne viendra pas. C'est sur ce code génétique que naissent les startups au sein ou en dehors des grands groupes ou incubateurs d'entreprises.

Qu'est-ce qu'une startup ? C'est d'abord un collectif capable d'imaginer une aventure commune et de prendre les bonnes décisions. Le désir est premier. Apporter une solution aux problèmes de futurs clients. Ce collectif s'articule autour de finalités partagées. Il est une tribu, capable de travailler ensemble en partageant les mêmes valeurs. Ces hommes et ces femmes souhaitent innover en créant une entreprise qui n'existe pas. Cette innovation ne peut se concevoir sans une compréhension et une anticipation de l'environnement économique, juridique, technique, sociologique, géopolitique, psychologique, historique, etc.

L'entreprise est d'abord une émotion avant d'être une organisation. Les quatre éléments fondamentaux de l'intelligence économique sont visualisés sur le tableau avant même le business plan. Ils vont servir à le valider et à le modifier brique par brique.

Adrien va s'atteler à un travail de mémoire, c'est-à-dire de veille sur les différentes facettes du projet. Héloïse va l'aider en cartographiant les réseaux qui permettront de financer et de promouvoir la future entreprise. Thibaut recense les compétences et les différents métiers qui devront travailler ensemble. Fang Yi va l'aider dans cette tâche.

Les éléments fondamentaux sont incarnés. Ils sont animés par un petit groupe d'innovateurs. Toutes les aventures naissent de cet ADN fondateur.

---

[52] « *Uptoo partage et casse les silos* » Figaro du 23 mars 2016

Figure n° 8bis L'ADN de la startup

       La figure n°8bis engendre la startup et l'accompagne tout au long de son existence. Elle survivra à sa disparition et ira ailleurs incarner et animer d'autres finalités. Car celles-ci sont première et naissent de l'imagination des fondateurs.[53] Imaginer la résolution d'un problème est l'acte créateur par excellence.

       Chez Amazon à Seattle, l'innovation se fait au pas de course à partir du même schéma. Huit personnes en moyenne constituent la petite équipe. Deux pizzas doivent suffire à nourrir l'innovation ! Ralph Herbrich explique. « Avant de plancher sur une idée nous travaillons à l'envers, nous publions le communiqué de presse que nous éditerons le jour du lancement. »[54] Cette approche qui prend à rebrousse-poil la tradition place le commercial avant l'ingénieur. Plus exactement elle les met tous les deux, avec les autres, autour de la table ronde.

       Commerciaux, ingénieurs, juristes, financiers, communicants, tournent autour de la nappe. Chacun depuis son métier et son histoire regarde le projet à partir des éléments fondamentaux. De quelles données aurai-je besoin ? Quels réseaux devrai-je intégrer ? Quelles expertises nous manquent pour satisfaire le rêve du client ?

       Les entreprises naissent de solutions validées par l'intelligence collective. Des malades souffrant de dépressions et de douleurs chroniques liées à un AVC ou au diabète se

---

[53] « *L'imagination gouverne le monde* » Napoléon Bonaparte
[54] « *Amazon, ou l'art d'innover au pas de course* » Le Figaro, 12 septembre 2017

retrouvent dans une impasse thérapeutique et pharmacologique. Axilum Robotics [55] imagine un robot masseur anti-dépression qui va masser certaines zones du cortex cérébral par application sur le cuir chevelu d'une bobine magnétique contrôlée par le bras du robot. Cette startup alsacienne exporte en Europe, au Canada, en Indonésie.

On imagine le nombre de données mémorisées et partagées, les réseaux de compétences, de financements et d'influence qu'il a fallu maîtriser. On conçoit les savoir-faire et les expertises médicales, informatiques, mécaniques, sociologiques, ergonomiques, esthétiques, assurantielles qu'il a fallu fédérer ! L'aide à la personne est un formidable terreau d'innovations. Des entreprises se créent chaque jour dans les domaines de la télé présence, de l'assistance sous toutes ses formes.

L'industrie n'échappe pas non plus à la collaboration des éléments fondamentaux. Un designer et un astrophysicien renouvellent l'impression en 3D en « court-circuitant toute la chaîne de l'approvisionnement et en achetant directement des granulés ». Avec l'aide du centre d'innovation de l'université de technologie de Compiègne ils sont un exemple parfait de réseaux et de veilles tous azimuts.[56] De camaraderie également.

Dans la banque, la création du compte Nickel nait de la rencontre entre un électronicien et un banquier, auteur d'un livre sur l'affaire Kerviel. Il est le fruit d'un réseau d'alliance entre des buralistes, leurs clients et un système bancaire totalement innovant. [57]

Ailleurs le projet naîtra de l'écoute attentive de clients parfois improbables. « Nous débutons par l'analyse des besoins du client puis nous mettons au point le type de drone qu'il convient de fabriquer ». Ensuite, la veille, l'analyse des données, l'animation des réseaux permettent à Pilgrim Technology de passer du drone terrestre qui inspecte les installations dangereuses à terre au drone océanique qui remplace une frégate dans le domaine de la sécurité maritime. [58]

Dataiku, l'alchimiste du Big data, spécialiste de l'analyse prédictive aide toutes sortes d'entreprises à prédire les comportements de leurs clients.[59] Elle renseigne des groupes comme Axa, Accor, Chronopost ou UGC en conseillant par exemple ce dernier sur le nombre de salles à ouvrir et sur les programmations.

La couverture de cette introduction laisse supposer que l'entreprise n'a pas le monopole de l'intelligence économique. Les territoires ont leur mot à dire à travers notamment l'intelligence territoriale.

Et si la mer éclairait les villes ? Glowee parie sur les organismes marins bioluminescents pour émettre de la lumière naturelle. Passer du gène responsable de la

---

[55] Axilumrobotics.com
[56] Pollen AM. Voir le Point du 13 octobre 2016. Polen.am
[57] compte-nickel.fr Le « compte sans banque » sera finalement racheté par BNP Paribas, voir la Tribune du 04 / 04 / 2017
[58] pilgrim-technology.com
[59] dataiku.com Voir le Point du 13 octobre 2016

bioluminescence chez certaines algues ou calamars à l'éclairage urbain implique une imagination libérée de toute contrainte, une capacité énorme de veille et d'analyse. Et la maîtrise de réseaux innombrables chez différents acteurs économiques et politiques. Jules Verne et Léonard de Vinci sont de retour.

   Toutes ces aventures supposent une complicité et une connivence entre les personnes. Comme dans une équipe de football, la bonne ambiance dépendra de l'accord des caractères et des talents.[60] Cette convivialité enthousiaste repose aussi sur l'éthique et la déontologie. Organiser l'intelligence collective, souder les quatre éléments, ne peut se concevoir sans elles.

---

[60] « *L'accordeur de talents* » Jean Pierre Dolby, Dunod 2013

Ethique et déontologie

La maîtrise de l'information stratégique suppose comme nous venons de le voir des processus simples, compréhensibles par tous. Mais la simplicité et l'opérabilité ne suffisent pas. Pour qu'il y ait adhésion il doit y avoir confiance.

Sans cette confiance les éléments fondamentaux resteront à l'état de projet. Pour les rendre opérables et interactifs, il faut non seulement un vocabulaire commun mais une culture pour agir et penser ensemble. Les recommandations qui suivent, inspirées des réalités humaines dans les organisations, visent à instaurer l'éthique et la déontologie indispensables.

La transparence

Le système doit être transparent. Il doit répondre aux aspirations des citoyens qui plébiscitent les lois de confiance et de moralisation. Il s'inspirera des exigences du consommateur avide de traçabilité et d'authenticité. L'intelligence économique ne peut être une démarche secrète ni même confidentielle. Son affichage est de nature à rassurer des partenaires, notamment financiers. En tant que banquier je préfère placer de l'argent dans une entreprise bien informée inventive et sécurisée. En tant que salarié je souhaite intégrer le même type d'entreprise. La transparence est un facteur d'attractivité. C'est ce que comprennent les startups évoquées plus haut.

Une charte de l'intelligence économique d'entreprise, soumise aux représentants du personnel, aux actionnaires, aux conseils habituels, assurera cette transparence. Les points qui suivent peuvent nourrir cette charte. Ils peuvent faire l'objet de débats, notamment à l'occasion d'un audit ou d'un autodiagnostic. Chacun doit comprendre quel rôle il joue ou peut jouer et quelles sont les finalités. La transparence s'accompagne de séances explicatives où le délégué général répond aux questions des uns et des autres.

La formalisation

Les procédures de recueil, de transcription, de diffusion, de mémorisation et de partage de l'information doivent être claires et limpides. La rédaction, par exemple des notes d'information ou rapports d'étonnement, doit être expliquée et sera la même pour tout le monde. Il n'est pas inutile de donner aux produits de l'intelligence collective des logos, des symboles, des présentations qui marqueront une forme de reconnaissance entre les auteurs et les destinataires. La forme autorise la liberté. Si je sais à quoi ressemble une note d'information, ce qu'elle doit contenir et où elle va, je serai enclin à en produire.

La forme n'est pas seulement graphique. Elle s'accompagne de rites et de calendriers qui sont autant d'étapes qui jalonnent le fonctionnement de l'intelligence collective. Le délégué général publie à l'avance quelles seront les réunions et les thèmes abordés au cours de l'année de manière à ce que chacun apporte sa contribution aux objectifs.

La forme définit l'utilisation des plateformes collaboratives et les droits d'accès aux données sensibles lors de l'embauche et lors du départ de l'entreprise. Chacun doit savoir qu'il laisse des traces de ses consultations et peut être sollicité par les autres à cause de ses compétences ou de circonstances signalées.

L'accès aux réseaux et la mise en commun des contacts professionnels obéiront à la culture de l'entreprise. L'idée est que chacun puisse bénéficier des réseaux des autres. Les analyses et les expertises sont également mutualisées. Chaque collaborateur peut demander l'aide d'un collègue. La transparence qui éclaire cette économie des échanges permet d'évaluer finement la contribution de tous à l'intelligence économique. Le système d'information, après validation par l'entreprise et ses collaborateurs, rend compte de cette activité.

La valorisation

Après la transparence les collaborateurs voient dans la valorisation de leurs efforts un puissant motif d'adhésion. L'écoute et l'empathie dont témoignent le délégué général et le chef d'entreprise à l'égard de ceux qui contribuent à la maîtrise de l'information stratégique sont le socle de cette valorisation.

Toutes les enquêtes placent le respect des personnes, la reconnaissance du travail accompli en première place chez ceux qui « aiment leur boîte ». La participation de chacun à l'intelligence collective doit être valorisée de façon financière ou sociale. L'entretien annuel avec le salarié sera l'occasion d'évaluer et de récompenser le zèle à satisfaire les finalités de l'intelligence économique. Cette contribution peut justifier des augmentations de salaire, des primes, des promotions, des avantages de toutes natures.

Celui qui a participé à la détection d'une opportunité, d'une innovation ou d'une menace doit être remercié selon la culture et les habitudes de la maison.

Le secret

Si la transparence et la rapidité des échanges sont la règle, le secret peut devenir utile dans certaines circonstances liées aux moments stratégiques de la vie des entreprises : signature d'un contrat important, réponse à un appel d'offre, lancement d'un produit ou d'un service, partenariat stratégique, rachat d'un sous-traitant, mise en place d'un nouveau modèle économique, etc.

Chaque collaborateur est prévenu que dans certaines circonstances, l'accès à l'information sera suspendu. Le secret doit être expliqué et son occurrence possible annoncée à l'avance pour ne pas déstabiliser la confiance et la bonne humeur qui président à l'efficacité de la démarche.

En dehors des procédures lourdes et des précautions informatiques que nous étudierons plus loin dans le cadre de la sécurité économique, la discrétion doit suffire au quotidien. La déontologie et l'éthique consistent aussi à ne pas bavarder devant n'importe qui...

La proscription des subterfuges

L'intelligence économique proscrit toute forme de pression morale et interdit tout subterfuge. Il est hors de question d'agir sous une fausse identité ou de pratiquer des filatures. Encore moins de recourir à l'espionnage ou de conduire des enquêtes sur des personnes à l'intérieur comme à l'extérieur de l'entreprise. L'intelligence économique n'est ni une police ni un service de renseignement.

Toute tentative de ce genre transformerait l'entreprise en repaire de pieds nickelés. Par exemple, se présenter face à un interlocuteur sous un faux nom est la dernière des stupidités. Le collaborateur désigné pour aller au contact devra rencontrer à nouveau sa source avec une question complémentaire et aura bonne mine s'il doit annoncer qu'il a changé de nom ou d'entreprise ! Rappelons que le mot intelligence économique n'a jamais été la traduction du vocable anglo saxon d'*economic intelligence* L'imprécision et l'ambiguïté de ce dernier nous éloignent de la *compréhension* et de l'*adaptation* signifiées par le terme français

La sous-traitance de l'intelligence économique

L'entreprise qui sous-traite une partie de ses besoins dans le domaine de l'intelligence économique (renseignement commercial, vérification de C.V. études de marché, opportunités d'affaires etc.) s'entourera de précautions. Elle exigera de ses sous-traitants des chartes d'éthique expliquant comment est recueillie l'information. Ces chartes sont signées par les collaborateurs du sous-traitant. Elles attesteront de la bonne foi de l'entreprise, comme nous le verrons plus loin en matière d'exportation face aux pratiques de certains intermédiaires ou agents commerciaux.

Un certain nombre d'aigrefins ou parfois d'anciens fonctionnaires, peu au fait des réalités et sans formation, s'abritent derrière le vocable « intelligence économique » pour mettre en œuvre des pratiques relevant du Code pénal. Ces personnes qui vendent de futurs ennuis judiciaires à leurs clients doivent être écartées.

La vie privée et la vie professionnelle

L'usage des technologies de l'information favorise le mélange entre vie privée et vie professionnelle. Cette tendance s'est trouvée renforcée par les pratiques liées au télétravail à la suite de la crise sanitaire. Une charte d'usage des technologies de l'information et des réseaux sociaux est conclue entre l'entreprise et ses salariés. Elle définit ce qui relève de la vie professionnelle, accessible à tout moment au chef d'entreprise et de la vie privée, inaccessible au chef d'entreprise. On trouvera en annexe un modèle type inspiré des expériences de l'auteur qui peut servir de base de départ.[61]

La fréquentation des réseaux sociaux par les collaborateurs inquiète certains dirigeants. A tort pensons-nous, car la pérégrination des salariés sur les réseaux est à la fois inévitable et source d'informations avant de devenir plus tard vecteur d'influence et d'innovation.

Une clarification de ce qu'il est convenu de faire ou de ne pas faire au sein de l'entreprise ou de la ville sera un gage de performance à une époque où vie familiale et sociale se mélangent de plus en plus à la vie professionnelle. Il devient en effet difficile de dire si l'on est au travail ou à la maison lorsque l'on est devant son écran.

---

[61] Ce texte ne doit pas rebuter le lecteur par sa densité. Chacun pourra en extraire des versions plus courtes et adaptées. La pratique du télétravail ne change rien quant au fond mais oblige à un surcroît d'information entre employeurs et salariés.

Le droit d'alerte

Il existe au profit de l'entreprise et des salariés un droit d'alerte qui permet à chacun d'alerter une personne compétente sur les dérives de tel ou tel collaborateur. Ce droit d'alerte doit être conforme à la législation et à la jurisprudence. Les salariés qui usent de ce droit d'alerte pour signaler des vols, des escroqueries, des abus de confiance ou des menaces terroristes au détriment de l'organisation sont protégés. La mise en place de ce système de sécurité économique efficace mais éthiquement délicat passera par le conseil avisé de la CNIL[62] très au fait des pratiques et des enjeux de l'intelligence économique.

La mise en place de ce droit d'alerte ne peut se concevoir sans l'information des salariés et des représentants du personnel. Le sujet peut générer des fantasmes dans une culture française où il peut être taxé de délation. En dehors de l'aspect juridique, au demeurant assez simple, la mise en place du droit d'alerte suppose de la part des directions générales et de leur DRH une approche psychologique fine.

La protection des données personnelles

Les données à caractère personnel détenues par l'entreprise sur ses collaborateurs, retraités, fournisseurs, clients, partenaires, prospects ou toute autre personne, seront protégées et sécurisées. Un collaborateur assurera l'interface entre l'entreprise et les autorités chargées de la protection des données (CNIL).

Nous avons déjà vu lors du chapitre consacré à l'audit qu'il est interdit, conformément à la législation de mémoriser des données personnelles à caractère médical, psychologique, ethnique, politique, syndical ou religieux. Il n'est pas inutile de le répéter. Deux fois par an au moins, le délégué général à l'intelligence économique vérifiera l'application de cette règle et « nettoiera » les dossiers et fichiers.

Chaque collaborateur à un accès immédiat et un droit de rectification des données le concernant. Ce droit est d'autant plus fort que les données en question ont été mémorisées avec son accord et complétées par lui lors du recensement des compétences et savoir-faire utiles aux finalités de l'intelligence économique. L'Union européenne a entamé une politique cohérente à ce sujet applicable en France.

Les clauses de remontée d'information

L'entreprise peut obliger un certain nombre de partenaires comme ses fournisseurs, transporteurs ou distributeurs, assureurs, agences de publicité à lui remonter

---

[62] Commission nationale informatique et liberté.

contractuellement, plusieurs fois dans l'année, des informations stratégiques sur l'état de l'art dans leur domaine. Le délégué général veillera au respect de ces clauses.

Il n'est pas interdit de s'informer sur les transformations d'un métier dont les pratiques, les produits finis ou les matières premières entrent dans la production ou les services de l'entreprise. Chaque partenaire doit être perçu comme une extension contractuelle de la mémoire, des réseaux et des capacités d'analyse. Cela signifie concrètement que chaque partenaire est intégré dans les figures du processus.

Cette culture relève en Allemagne ou dans les pays scandinaves d'un art de la conversation et explique beaucoup de succès. En France elle doit être formalisée. Chez nous un assureur n'est pas porté naturellement à appeler une PME qu'il ne voit au mieux qu'une fois par an pour lui signaler une opportunité d'affaire dont il a entendu parler dans un pays étranger lors d'un voyage touristique…

L'association des sous-traitants, chez Boeing mais aussi dans les grands groupes français à travers une plateforme collaborative, fait partie de cette remontée des informations de l'aval ou de l'amont qui est l'une des finalités de l'intelligence économique. Elle se pratique de plus en plus.

L'intégration des nouveaux arrivants

Les nouveaux arrivants apprendront qu'ils ne sont pas embauchés uniquement à cause de leur savoir-faire professionnel ou de leur diplôme. Ils inscriront leurs noms et savoir-faire dans les groupes mémoire, réseaux ou analyse correspondant à leur curiosités autant qu'à leurs compétences.

Ils pourront donc piloter ou servir l'une des finalités de l'intelligence économique. Cette double appartenance, signifiée dès l'intégration, séduira des générations plus à l'aise avec les technologies de l'information et le concept d'intelligence collective. Le séminaire d'intégration consacré sera l'occasion de souder les équipes.

Stratégie et vide stratégique

La maîtrise de l'information stratégique adossée à l'éthique et à la déontologie autorise maintenant toutes les aventures. A condition d'avoir une stratégie.

Si je suis une entreprise laitière et que je m'intéresse au marché australien, je vais examiner les courbes du climat et de la sécheresse dans cette île-continent. En fonction de ma prospective, je vais décider d'implanter ou de ne pas implanter de filiale dans telle ou telle région. La prévision du climat à moyen terme dans l'hémisphère Sud sert ma stratégie.

En Chine, l'implantation de filiales ou la constitution de joint-ventures s'accompagnera d'une veille sociétale tant les Chinois sont sensibles à la qualité déficiente des laitages. Sensibilité renforcée depuis la Covid 19. Je pourrais affiner ma stratégie en recourant à un cabinet spécialisé. [63] Apprendre l'histoire du parti communiste me sera plus utile à long terme que d'avaler des données chiffrées plus ou moins pertinentes. Et ennuyeuses. J'ai une stratégie.

Si je suis le port de Rotterdam je m'intéresse aux industries du container et du transport maritime. Je recueille à Panama aussi bien qu'en Egypte et chez les chantiers navals coréens toutes les connaissances qui me permettront demain d'être encore le premier port européen. Je ne me borne pas à des considérations techniques ou de tonnages. Je m'intéresse aux décideurs industriels, normatifs et politiques. Ainsi qu'à tous ceux qui gravitent autour du transport maritime. Juristes intermédiaires, cabinets conseils spécialisés savent beaucoup de chose. J'ai une stratégie.

La laiterie savoyarde et le port de Rotterdam servent des finalités claires et précises. Malheureusement beaucoup d'entreprises n'ont pas la chance d'avoir des stratégies tournées vers l'avenir à moyen ou long terme. Elles vivent au jour le jour, le nez dans le guidon, allant de la résolution d'un problème à un autre encore plus urgent. Personne ne leur jettera la pierre tant le métier de chef d'entreprise est difficile et harassant ! Cependant se doter d'un système d'intelligence économique sans avoir de stratégie revient à faire la moitié du chemin.

Les pages qui suivent tentent de combler le *vide stratégique*. Elles explorent cinq domaines dans lesquels l'entreprise ou l'État pourront, prendre ou reprendre l'initiative.

---

[63] Energie 7 international Consulting Chine, fondé par Pierre Dhomps membre de la Commission intelligence économique du MEDEF Ile de France, spécialiste de l'intelligence économique chinoise. www.energie7.com/ auteur de « Comment réussir en Chine ». L'Harmattan 2014

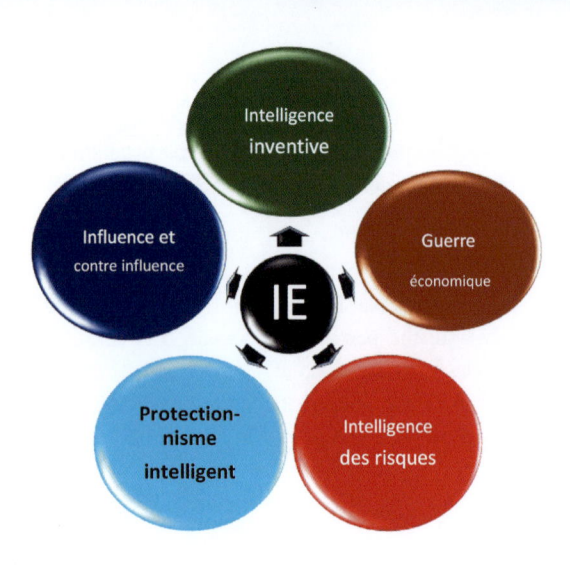

Figure n°9 Les cinq stratégies permanentes de l'intelligence économique

L'intelligence inventive

Découvrir, inventer, innover

Dans sa leçon inaugurale au Collège de France, Didier Roux, titulaire de la chaire d'innovation technologique,[64] explique les interactions entre découvertes fondamentales, inventions et innovations. Le scientifique démontre avec forces exemples qu'il ne s'agit pas d'un enchaînement linéaire partant du *coup de génie* pour déboucher sur une innovation de rupture. Bien au contraire les allers-retours entre innovations, inventions et recherches fondamentales s'étendent dans le temps et l'espace et mettent à contributions des scientifiques, des entrepreneurs, les attentes du public, plus ou moins bien comprises ou anticipées.

Les relations imprévues, par exemple entre les microémulsions et l'industrie pétrolière, la patte artistique des designers d'Apple et l'écoute des autres métiers, sont autant d'ingrédients de cette économie de l'innovation qui relie la machine à calculer de Blaise Pascal à nos ordinateurs en passant par la machine de Turing.[65] L'innovation est un écosystème dont les ramifications drainent des questions venant d'univers différents, de continents parfois éloignés.

---

[64] Didier Roux, directeur de la R&D de Saint Gobain, membre de l'Académie des sciences. Leçon inaugurale du 2 mars 2017. Editions du Collège de France – Arthème Fayard, juin 2017.
[65] Alan Turing mathématicien britannique à l'origine d'un ordinateur ayant permis de percer à jour le code de la machine Enigma utilisée par les Allemands durant la Seconde guerre mondiale.

L'intelligence économique a vocation à éclairer cette économie faîte de diverses manières de penser et d'agir. Elle devient une aide à l'imagination lorsque les solutions à tel ou tel problème paraissent inatteignables. Elle rend possible des produits et services qui n'existaient pas hier. Elle noue des partenariats inattendus ou iconoclastes et propose des solutions stupéfiantes comme nous allons le vérifier. C'est parce que cette stratégie permanente est souvent négligée au profit de la sécurité économique et de l'influence que nous l'abordons en premier.

L'intelligence inventive associe la maîtrise de l'information avec les processus d'innovation. Elle favorise dans l'entreprise un état d'esprit propice à l'émergence de questions nouvelles dans tous les domaines. Sont explorées, comme dans une startup, toutes les directions dans lesquelles produire de l'innovation.

Aucune activité n'est laissée de côté. Des voies inventives ayant fait leur preuve dans d'autres entreprises comme la diversification des services ou la différenciation des produits, sont systématiquement abordées et comparées devant la machine à café. Ou lors de webinaires innovation. Chacun est persuadé que grâce à ses réseaux l'entreprise transformera les inventions en innovations à succès.

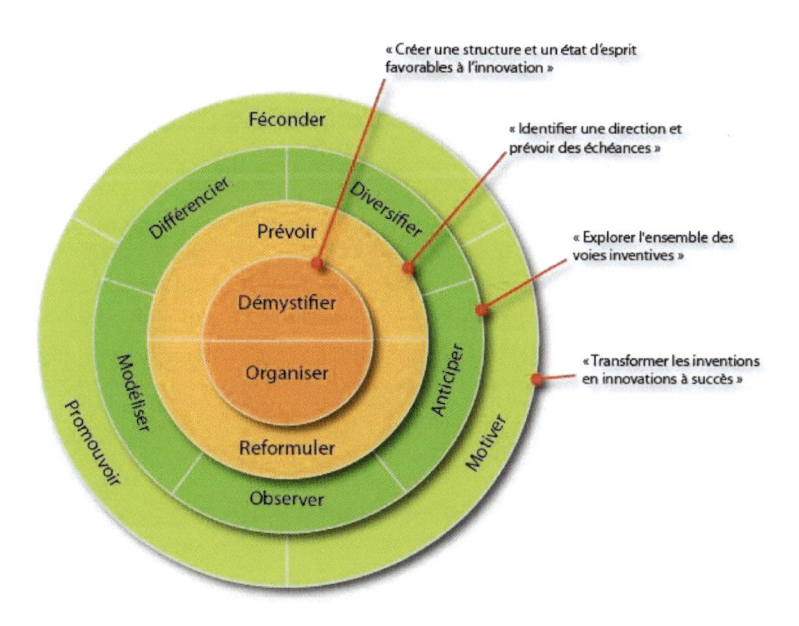

Figure n° 10 les quatre étapes et les douze mots clés de l'innovation

L'intelligence inventive se décline en douze mots clés qui sont autant d'actions : Démystifier l'innovation. Organiser l'entreprise en vue d'inventer, Prévoir l'évolution de l'environnement économique et social, Reformuler les problèmes insolubles, Observer les transformations du marché, Diversifier nos services, Différencier nos produits de ceux de la concurrence, Anticiper le darwinisme technologique, Modéliser à partir de recettes éprouvées dans d'autres secteurs, Féconder l'intelligence collective à partir d'idées venues d'ailleurs, Motiver nos équipes. Promouvoir nos inventions en innovations à succès.

1. Démystifier le processus d'innovation

Le processus commence par l'audit de l'existant, la reconnaissance des innombrables mutations qui ont permis à l'entreprise de s'adapter pour survivre et grandir. L'introduction de nouveaux outils, de nouveaux services rendus à la clientèle furent autant d'innovations dont la mémoire a souvent perdu la trace. Prendre conscience de ce qui a été inventé hier prépare les innovations de demain.

Des innovations majeures ou conjoncturelles apparaîtront possibles dans plusieurs champs. Elles seront managériales ou technologiques, financières ou commerciales, sociales ou juridiques, artistiques ou ludiques. Aucun modèle économique ou municipal n'est figé. La ville invente en permanence de nouveaux paysages, de nouvelles manières de vivre. L'entreprise également. La Covid 19 a obligé les entreprises à inventer de nouvelles manière de travailler et de servir les clients. Toute crise innove.

Inventer n'est pas quelque chose d'extraordinaire. L'invention peut être une clause contractuelle obligeant un fournisseur à un devoir d'information comme nous l'avons vu plus haut. Elle peut être un système de covoiturage concourant à la performance et à la cohésion sociale. Un Wikipédia d'entreprise, l'aménagement des horaires de travail, une architecture d'intérieur originale, un calendrier de rencontres inédites, sont autant d'innovations dont les connexions favorisent une culture d'intelligence inventive.

Les bons réflexes

Ne faites pas de complexe ; l'innovation est à la portée de tout le monde. Consultez les anciens, ils ont innové avant vous surtout dans les périodes difficiles. Interrogez vos partenaires et clients, ils connaissent votre passé, vos talents anciens et oubliés qui sont autant de renaissances possibles. Mettez en valeur vos innovations sur les murs et les écrans. Il est bon d'être fier du chemin parcouru. Savoir d'où l'on vient déclenchera d'utiles conversations. Souvenons-nous des épreuves surmontées. N'abusons pas des reporting incessants qui épuisent rédacteurs et lecteurs et que plus personne ne lit avec attention. Un bouillon de culture vaut mieux qu'une culture du reporting.

Organiser l'entreprise intelligente

L'intelligence collective se renforce par l'invention d'ignorances prometteuses. Le délégué général encourage le plus grand nombre à inventer des questions qui n'existaient pas. Il lance et anime un cycle ininterrompu de questions et de réponses de toutes natures comme indiqué sur les figures. Le nouvel organigramme, mémoire-réseaux-analyse-maîtrise, n'abolit pas l'ancien. Il le complète autour des compétences et permet d'agripper les circonstances favorables.

Réorganiser revient par exemple à inventer une nouvelle logistique de chantier en modifiant des gestes quotidiens lors du stockage de matériaux afin d'épargner du temps et de la fatigue par une prise en compte de l'ergonomie. Ces innovations naîtront de conversations entre différentes personnes et différents métiers.

Exemple

L'entreprise innovante peut s'inspirer de la cité antique. Celle-ci a duré 3 000 ans, c'est-à-dire beaucoup plus que notre société industrielle et post industrielle. A beaucoup d'égard elle était plus jeune, plus fluide et plus horizontale que nos organisations. Dans la cité antique le forum est l'agenda de pierre où chaque citoyen exerce tour à tour des métiers et des fonctions différentes qui parlent les unes aux autres et se reflètent mutuellement.

Tel qui accomplit des activités d'agriculteur venant vendre ses bêtes ou acheter des semences y retournera demain. Il accomplira ses devoirs sacerdotaux de diacre ou de prêtre des différents dieux. L'année suivante, le même citoyen exercera dans l'une des basiliques des activités de magistrat dans l'ordre civil ou commercial. Plus tard il retrouvera ses compatriotes dans des obligations militaires de différentes natures. Il gravira les échelons dans l'armée citoyenne ou servir est un honneur dont on s'acquitte en payant son armement !

Personne n'est figé à vie dans un même rôle ou un même métier, hormis les esclaves. [66] Tout le monde sait et comprend ce que fait l'autre. Tout le monde participe aux mêmes fêtes civiques qui sont autant de séminaires d'intégration. Ne sourions pas. C'est sur ce modèle que se fabriquent les Prix Nobel.

A l'Institut d'études avancées de Princeton, le bâtiment accueille sur un rez-de-chaussée des scientifiques de différentes disciplines. Lorsqu'il sort de son bureau le mathématicien côtoie le physicien qui jouxte le statisticien lequel travaille à côté de l'économiste, etc.

A la même heure tout le monde prend le thé ou joue au baby-foot en parlant de choses et d'autres. Dans les couloirs conduisant aux bureaux les murs sont couverts de tableaux noirs et de craies de différentes couleurs. Des fontaines dans les angles permettent de se désaltérer tout en dessinant sur les murs.

Des PME en France [67] pratiquent le forum comme à Princeton ou dans la cité antique en autorisant les collaborateurs à ouvrir le courrier professionnel adressé aux autres. Chacun sait ce que fait le voisin et peut lui porter conseil. Il existe donc une architecture déambulatoire favorable à l'intelligence collective. Celle-ci organise la vie de ses membres sur un rez-de-chaussée disposant en son centre d'un rond-point où chacun vient se nourrir, réserver des billets de train ou d'avion, rencontrer les chefs de projet, se distraire.

Chez Evaneos, PME de référence du voyage de découverte et d'aventure, le forum à l'image de Medical Group, prend la forme de *squads*. A l'intérieur de la PME chaque équipe pluridisciplinaire fonctionne comme une startup. Ce qui permet des prises de décision rapide car chaque squad est responsable de son projet. La squad organisation est renouvelée tous les trimestres afin de faire évoluer en permanence l'organisation. Un voyage annuel est organisé avec les salariés. Des fêtes réunissent tout le monde lors de chaque évènement. [68]

Les bons réflexes

L'inventivité se programme comme un spectacle. Le délégué général à l'intelligence économique est un metteur en scène. Il prévoit longtemps à l'avance des rencontres fortuites, à l'intérieur comme à l'extérieur entre des problèmes et des talents. Le

---

[66] Dans la cité antique l'esclave est un bien, il peut être vendu ou utilisé en tant que tel. Mais en tant que propriété il bénéficie des bons soins de son maître qui peut s'avérer plus soucieux de sa santé et de celle de ses enfants que le maître de forge du 19ème siècle. Être esclave à Rome ou à Antioche peut être, d'un certain point de vue, plus supportable que d'être mineur ou marin il n'y a pas encore si longtemps.
[67] L'entreprise Drapeau de M Doublet est un exemple d'entreprise innovante et performante.
[68] Le Figaro 23 mars 2016

management des idées consiste à croiser des emplois du temps qui n'avaient aucune raison de se croiser. Il existe une géométrie de la créativité associée à un calendrier. Il faut l'afficher au mur et faire en sorte que le plus grand nombre y inscrive son nom comme dans les quatre éléments fondamentaux, lors du démarrage de l'intelligence collective.

La *cité intelligente* de Montpellier initiée dans les années 90 est la continuité du forum antique. Elle est la démonstration qu'à l'ère digitale les frontières entre entreprises et territoires, intérieur et extérieur, vie privée et professionnelle sont mouvantes.

La mémoire commune des habitants, des techniques et de leur histoire, concourt avec l'aide d'IBM, partenaire historique à répondre aux questions des uns et des autres. Pépinière d'entreprises innovantes la *cité intelligente* est un écosystème reconnu à l'échelle mondial. L'éco cité de Montpellier réinvente les technologies et les organisations qui vont avec.

Elle expérimente des projets dans les domaines de l'eau, de l'énergie, de la mobilité, du commerce et de l'administration. Elle met en place une véritable intelligence des risques au profit des habitants et des entreprises. Son mode de fonctionnement utilise à plein les éléments fondamentaux de l'intelligence économique. Elle favorise toutes les aptitudes et attitudes intellectuelles qui suivent et qui fondent une démarche d'intelligence inventive. [69]

La cité n'est pas exclusive du village. La réorganisation de celui-ci peut s'inspirer de la mémoire commune du monde agricole. A Abreha We Atsbeha dans le nord de l'Ethiopie, 5000 paysans ont inventé un nouveau modèle de culture.[70] « Ici nous n'avons plus besoin d'attendre que l'eau tombe du ciel, nous faisons nos récoltes trois fois par an. » Le village a rompu avec les méthodes de l'agriculture traditionnelles dans cette région. « Notre première décision a été d'interdire aux fermiers de faire brouter leurs bêtes à tort et à travers. Il a fallu creuser des centaines de puits, construire des digues pour retenir l'eau de pluie. Nous avons introduit de nouvelles pratiques, compostage, diversification et rotation des cultures. »

---

[69] « *L'intelligence inventive – Audit Management & Boîte à outil de l'innovation* » Bernard Besson et Renaud Uhl. Lulu.com 2012. Voir aussi le site de l'intelligence inventive et l'autodiagnostic d'intelligence inventive : www.intelligence-inventive.com/ La Cité intelligente de Montpellier 50, place Zeus, 34 000 Montpellier www.montpellier-french-tec.com/innovation/cité-intelligente
[70] Le Monde du 29 juillet 2016

« Nous avons planté des centaines d'arbres. Depuis, les revenus fermiers ont été multipliés par vingt et la production alimentaire par dix. » Dans cette région la réorganisation du paysage agricole et de la végétation entraîne d'innombrables diversifications et différenciations par observation de l'environnement proche ou lointain et par la reformulations des objectifs sous le regard d'autres agriculteurs éthiopiens. D'autres experts... « Les orangers, les avocatiers et les mangiers sont couverts d'ombres par d'immenses acacias *Feidherbia albida*. Ces arbres fixateurs d'azote fournissent des gousses pour alimenter les bêtes. Ils attirent les abeilles et le miel du village est exporté jusqu'en Italie ! »

Face au changement climatique, Abreha We Atsbeha a inventé une agriculure intelligente à partir de sa propre histoire et du regard des paysans vivant à côté dans le même pays. Les idées circulent d'une vallée à l'autre.

3. Reformuler les problèmes en invitant des regards extérieurs

L'innovation suppose la capacité de reformuler des projets par rapport à une problématique initiale. Cet examen suppose un dialogue entre le chef d'entreprise et une compétence extérieure détectée par l'un des réseaux. Ce dialogue favorisera l'émergence des non-dits. L'objectif poursuivi sera atteint par une innovation de nature différente que celle imaginée au début mais tout aussi intéressante.

Une vision d'expert interne aura tendance à biaiser le problème, à en réduire la dimension. Les experts maisons dont personne ne remet en doute la compétence, ont une tendance naturelle et honnête à considérer toute nouveauté avec scepticisme parce que certains de leur savoir. Toute révolution est d'abord ridicule puis dangereuse avant de devenir évidente.

La solution envisagée initialement n'est souvent qu'une réponse partielle à une problématique plus complexe. Elle peut être le symptôme d'une cause inavouée ou partiellement exprimée. L'intelligence inventive éclaire les motivations cachées qui peuvent relever de l'angoisse, d'une menace ou de blocages psychologiques. Elle identifie le client ou l'usager final qui peut être différent de celui envisagé au commencement. La reformulation peut être douloureuse et déstabilisante mais elle permettra d'aller plus vite, de manière plus simple, vers des applications crédibles.

Les bons réflexes

Avant de reformuler vos problèmes reformulez votre veille sociétale et votre veille client afin de correspondre aux attentes du marché. Questionnez toujours le pourquoi du pourquoi. Pourquoi veux-tu aller à Paris ? Pour acheter un livre. Il y a peut-être des solutions plus rapides !

Une bonne stratégie envisage toutes les hypothèses à commencer par les évitements. L'intelligence économique ne sert pas seulement à surmonter des obstacles, elle s'épargne aussi la gestion de difficultés insurmontables. Formalisez la consultation de tous afin de renforcer la pertinence du projet. Des experts inattendus peuvent remettre bien des idées en place. Le mécanicien dira au soudeur qu'il suffit d'emboîter ou de visser les deux pièces de métal qu'il n'arrive pas à souder. Peut-être suffira-t-il de les remplacer par une seule ! Mon problème, reformulé par un autre, devient un faux problème.

Le plus difficile n'est pas la résolution technique mais l'écoute d'un avis étranger, voire d'un non spécialiste ! L'intelligence inventive dédramatise la situation et rend possible la reformulation en la faisant entrer dans une démarche rassurante. L'hyperspécialisation qui accable les métiers et les disciplines est un frein à l'innovation. Or celle-ci rime souvent avec simplification. Reformuler les problèmes sous le regard des mères de familles, astreintes à des vies différentes sera un gage d'innovation. Fort heureusement l'entreprise compte des mamans, obligées de développer des trésors d'imagination pour vivre plusieurs vies.

4. Prévoir à partir des données

La donnée est la matière première de l'économie. Elle se place en tête des enjeux de pouvoir et d'influence. Pour inventer à bon escient et au bon moment, l'entreprise consulte les données chiffrées qui mesurent les tendances à partir des avis, des traces laissés par les consommateurs. L'intelligence artificielle et ses algorithmes y excellent. Les cookies et autres indices recueillis par les géants du traitement de l'information économique et financière alimentent un marché mondial. Par ailleurs, tous les secteurs d'activités produisent des données qui sont autant de sources d'informations. Il convient d'assurer sur le sujet une veille maison ou de sous-traiter ce travail à une structure spécialisée. La prévision à partir de la donnée est à la portée de tout le monde.

La transformation des règles et des normes fera l'objet d'une lecture attentive, d'une prévoyance gratuite ou payante de l'activité des régulateurs publics ou privés.[71] Les modifications à venir permettront à l'entreprise d'apprécier la maturité de ses offres en s'appuyant sur des indicateurs validés. En superposant ces données à des courbes de référence elle prévoira la durée de cycle d'une application. La veille technologique se posera alors les questions pertinentes et mesurera mieux les efforts à fournir.

A court terme, quelles sont les technologies ou les nouveaux entrants qui menacent mon activité ? A long terme quelles sont les constantes dans l'évolution de la marge, de l'activité de dépôt de brevets ou du nombre d'acteurs sur le marché pour une application définie ?

Prévoir l'évolution d'un modèle économique suppose la fréquentation directe ou indirecte des réseaux de pré normalisation qui préparent l'avenir. Une transformation économique est généralement prévisible par simple lecture des publications spécialisées. Elle peut être aussi le résultat d'une lutte d'influence également lisible. L'intelligence inventive s'intéresse aux hommes qui produisent la donnée autant qu'à la donnée elle-même.

Faire les deux en même temps, sera un gage de performance. Car les chiffres et les statistiques ne sont pas neutres. Il peut y avoir surabondance de données dans un secteur et aucune dans un autre. Les données se recopient parfois bêtement. Ici comme ailleurs la prévision commence par une sage interrogation sur la pertinence des chiffres, des courbes que l'on va lire, voire acheter très cher. Et puis quelles sont les sources de toutes ces données ?

Exemple

Une compagnie aérienne se dote d'un système d'intelligence économique. A cette occasion elle s'aperçoit que chaque année l'entreprise expédie au siège mondial de l'association de l'aviation civile des quantités énormes de données. Ces réponses aux questions de l'association concernent tous les aspects du transport aérien. Le délégué à l'intelligence économique interroge sa secrétaire sur l'utilisation par l'association de toutes ces données.

- Nous ne leur avons jamais demandé….

Lors d'une visite au siège de l'association le délégué demande ce que deviennent les informations communiquées.

- Chaque compagnie aérienne peut venir les consulter sur place ou avoir un droit d'accès en ligne. C'est tout simple !

---

[71] Un cabinet conseil en stratégie me fournira des indications sur l'évolution des règles administratives ou législatives dans mon secteur d'activité ou dans d'autres qui jusqu'à présent m'étaient fermés.

Le délégué s'aperçoit que depuis plus de cinquante ans la quasi-totalité des compagnies aériennes de la planète s'instruisent des données fournies par les autres…On sait que la France est l'un des plus grands fournisseurs de données économiques au monde. Mais l'un des moins curieux.

Autre exemple

A l'heure du Big data laissons la veille technologique faire son travail. Au lieu de nous intéresser aux inventions brevetées intéressons-nous aux inventeurs et à leurs nombreuses publications qui sont autant de données. Les « collèges invisibles » contiennent en germe les innovations de demain. Grace à la bibliométrie et à la scientométrie l'intelligence économique va s'intéresser aux parcours des scientifiques et des enseignants-chercheurs.

Elle va reconstituer à partir des citations d'auteurs, des références, des notes de bas de pages, des bibliographies, les groupes de personnes, les « collèges invisibles » qui se reconnaissent comme appartenant à une même école. En ajoutant à cette découverte, les carrières des uns et des autres dans telle entreprise ou université, nous allons, grâce aux données, « pré-voir » des évolutions, des ruptures technologiques. Peut-être pourrons-nous y participer et vendre des solutions que nos futurs partenaires ne voyaient pas encore. L'anticipation des problèmes des autres est une source d'innovation.

Les bons réflexes

Découvrez les technologies ou les nouvelles manières d'agir qui transformeront votre activité. Des constructeurs automobiles deviennent assureurs ou banquiers, des auteurs deviennent éditeurs, des agriculteurs se transforment en hôteliers, des réseaux associatifs, des blockchains ou d'autres modèles modifient les business [72] et les métiers. La crise sanitaire de la Covid 19 n'a fait qu'accélérer les choses.

Fréquentez les congrès et les salons. Mais surtout discutez « hors conférences » avec ceux qui vous ressemblent. Informez-vous des réglementations ou déréglementations prévisibles dans votre secteur d'activité.

Utilisez des logiciels capables de repérer l'apparition de mots nouveaux ou la disparition d'anciens. Des signaux faibles sont à la portée de vos algorithmes ! Dotez vos commerciaux de fiches préétablies afin de recueillir des indices sur des changements de poids, d'ergonomie, de couleur ou sur des comportements inconnus de la clientèle. Un nouveau comportement sera la source d'une innovation.

---

[72] http://equationdelaconfiance.fr

5. Différencier l'offre

La différenciation suppose une lecture méthodique et détaillée, un véritable décorticage des produits et services. Cette dissection permettra d'analyser tous les paramètres communs des produits ou services similaires sur le marché. Le délégué général encourage les équipes à revisiter chaque paramètre en se demandant si la modification de l'un ou de plusieurs d'entre eux ne constitue pas une innovation susceptible de changer le comportement des acheteurs ou la satisfaction des usagers.

Si je fabrique des coques de téléphone portable, la modification du poids, de l'ergonomie ou de la couleur peut induire une différence qui aboutira à une innovation considérée comme majeure par mes clients. [73] Hôpital public, je mets à la disposition de mes patients un système de télésanté [74] qui réduit les coûts sociaux, facilite le travail des médecins, permet le maintien à domicile des patients. Agence régionale de santé je trace une épidémie grâce à une application numérique et rassure les villageois isolés.

Ce qui au départ n'était qu'en tentative de différenciation devient un nouveau modèle économique et intéresse toute la cité. L'entreprise interroge les clients et les futurs clients sur les différences susceptibles d'entraîner leur adhésion. Par ses réseaux elle est à même de tester des projets d'offres différenciées. Le service après-vente écoute la clientèle : trop lourd, trop encombrant, trop lent, pas assez lisible, trop compliqué, sont autant d'innovations qui viennent gratuitement aux oreilles de ceux qui savent écouter. Encore faut-il que le service après-vente soit lui-même écouté.

Prenons garde à ne pas robotiser l'écoute avec des statistiques. C'est souvent à la suite d'une conversation que naissent les bonnes idées. Sachons réinventer les débats qui furent à l'origine de l'entreprise dans laquelle nous vivons. Toutes les occasions de revenir aux origines, même lointaines, du métier font partie de l'intelligence inventive.

Exemple

Les viticulteurs de la région de Murcie en Espagne recherchent dans l'histoire agricole des différenciations réussies. Ils en conversent longuement le soir au coin du feu.

---

[73] A Lyon, une entreprise de peinture sur plastiques a conquis le marché asiatique tout simplement en vendant des couleurs plus chatoyantes. Cette innovation est venue à la suite d'une réorganisation de l'entreprise en entreprise innovante. (« *L'intelligence inventive* » déjà citée)

[74] La télésanté est l'exemple type d'un programme de gouvernance publique. Pour améliorer les soins et le système de sécurité sociale du pays on réunit les malades, les soignants, le village, la ville, l'hôpital, les entreprises de technologie. La gouvernance crée une mémoire commune, des réseaux communs, des expertises partagées, un véritable système d'intelligence économique ad hoc gouverné par un « pilote ». Tout le monde en tire des bénéfices. Le principal obstacle reste culturel et en partie inavoué, pour des raisons qui n'ont rien à voir avec la santé publique. Une expérience conduite en France à la demande du Haut responsable dans ce domaine pour rééquilibrer les comptes de la sécurité sociale et favoriser les PMI du secteur a échoué pour des raisons « irrationnelles ». Cet exemple montre toute l'importance que la gouvernance territoriale doit accorder au « ménagement des susceptibilités » avant de s'attaquer au « management des talents ».

L'invention de la clémentine en Avignon par frère Marie-Clément à partir du mandarinier et du bigaradier leur inspire la création d'un raisin sans pépins.

Autres exemples de différenciation

Pendant longtemps les couturiers japonais ont systématiquement cultivé leur « différence » en s'inspirant des patrons de mode des années 1920 ou 1930 en France. En modifiant les couleurs ou les rubans, en raccourcissant les jupes ou les cols ils ont inventé des modèles qui ont fait leur fortune. L'imitation différenciée est une source d'innovation.

Il en va de même en Allemagne dans le domaine automobile où la société Brabus « différencie » l'intérieur et l'extérieur de votre Mercédès ou de votre Smart à partir de la moquette, des instruments électroniques, des sièges en passant par les accessoires esthétiques comme les jantes ou les échappements.

Les bons réflexes

Achetez les produits de vos concurrents et cherchez la différence. Utilisez leurs services. Visitez leurs sites, lisez leurs brochures. Devenez le client de votre concurrent. Interrogez les autres clients, conversez avec eux. C'est ce que firent les Japonais en Europe, en Afrique et en Amérique, dans l'automobile notamment. Toyota s'est taillé un empire en bavardant longuement, en perdant son temps avec de futures clientes notamment françaises.

Sollicitez vos fournisseurs, découvrez grâce à eux des différences à forte valeur ajoutée dans le conditionnement, le poids, la densité, l'aspect des matières premières. Redessinez vos produits avec un crayon à papier et une gomme. Même si vous n'êtes pas Léonard de Vinci vos doigts découvriront avant vous la différence qui fera fureur.

6. Diversifier l'usage de ses savoir-faire

L'entreprise diversifie les applications de ses compétences et connaissances. Le délégué général analyse de façon systématique toutes les applications inutilisées ou délaissées, les savoir-faire ou les « avoirs » négligés. Avoir une voiture, une bicyclette, un appartement, de la patience avec les enfants, des dons pour la musique, des prédispositions pour la cuisine italienne permet d'échanger des usages contre d'autres dans une économie à la fois marchande et non marchande.

Un avoir s'échange contre un autre à l'autre bout de la planète. La mutualisation des usages s'ajoute à la mutualisation des savoir-faire. Les technologies de l'information bouleversent les paradigmes ordinaires du capitalisme, du marché, du socialisme et de tous les « ismes ». Une nouvelle économie émerge, atomisée, individualisée, plus simple, plus rapide.

L'affichage des égos sur les réseaux est une pub gratuite faîte par le client lui-même sur ses besoins non satisfaits.

L'entreprise repère des diversifications possibles par complémentarité en répondant aux besoins annexes du client ou de l'usager. Elle se pose de nouvelles questions en conversant avec eux de choses jusqu'alors jugées périphériques et sans intérêts.

Quelles sont les finalités d'achat de mes clients ? Quels services pourraient-ils me demander ? Une société d'informatique vendant des logiciels de comptabilité s'aperçoit de besoins complémentaires en matière de câbles, réseaux et moniteurs. Elle propose ses compétences pour satisfaire ce besoin périphérique du client.

La SNCF aux prises avec des difficultés financières importantes « découvre » qu'elle dispose d'un patrimoine immobilier sous utilisé. Elle ouvre des centres commerciaux qui ressemblent à des forums. La différence entre le chemin de fer du 19ème siècle et les gares d'aujourd'hui est flagrante. Les cheminots gèrent des parcs immobiliers. Le temps perdu à attendre le train devient une mine d'or !

Grâce à ses « compétences retrouvées » l'entreprise interviendra sur de nouveaux marchés. Quelles solutions mes applications peuvent-elles apporter sur d'autres problèmes ? Quelles fonctionnalités ont la particularité d'être duales ?

Exemple

Le commercial d'une entreprise performante et innovante (NKM instrumentation) parcourt les ports de la côte atlantique en hiver. Son entreprise est spécialisée, entre autres, dans les systèmes d'information coordonnant le chauffage et le refroidissement à bord des grands navires transportant des matières dangereuses et inflammables.

En cette morte saison il est un des rares clients assis à la table de l'immense salle à manger d'un grand hôtel dans l'une des plus belles stations balnéaires françaises. Il discute avec la patronne et écoute. Celle-ci se plaint des difficultés rencontrées pour chauffer ce grand bâtiment dont beaucoup de chambres sont inoccupées.

Notre commercial réalise lors de cet échange que les technologies utilisées en haute mer peuvent être employées à terre ! Son entreprise va doubler son chiffre d'affaires en se diversifiant.

Un exercice simple pour innover en se diversifiant consistera à écrire sur une colonne de gauche tout ce que je sais faire mais que je ne commercialise pas et sur la colonne de droite les besoins non satisfaits de mes clients. Je me donne les moyens de créer des intelligences économiques entre les deux moitiés du tableau. L'exercice ne coûte pas grand-chose. C'est bien pour cela que l'on hésite à le faire. La paresse et la peur du ridicule nous interdisent souvent les chemins de la croissance.

Mes savoir-faire inutilisés		Les besoins non exprimés de mes clients
....	Transport Maintenance Exportation **Packaging**............ Communication Gestion des risques Investigation Audit Etc.	Je peux vendre ce savoir-faire à mon client et même aux clients de mon client !

Autre exemple

Le 12 octobre 2010 Ludovic Deblois, fondateur de Sunpartner, reçoit le prix de l'innovation pour une diversification de l'industrie photovoltaïque. Il passe de l'alimentation électrique des maisons à celle des téléphones. Il fallait avoir l'audace d'imaginer une telle diversification. Innover est une violence faîte à nos certitudes.

Une entreprise de la métallurgie qui livre à ses clients des tubulures pour les échafaudages reçoit leur plainte après une tempête car les structures se sont effondrées sur un trottoir parisien. L'entreprise se diversifie en ajoutant une formation pour le montage des tubes. Elle installe également des protections contre le vent et la pluie et s'aperçoit qu'elle dispose dans Paris de vastes plans verticaux. Elle devient acteur sur le marché de la publicité.

Aux États-Unis, Uber se diversifie et devient une plateforme de service pour ses clients qu'elle ne considère plus comme de simples passagers allant d'un point à un autre. Par exemple un voyageur peut se voir proposer sur son Smartphone une playlist musicale correspondant à son temps de voyage, ou une liste de restaurant bon marché autour de sa destination. « Ces intégrations facilitent la vie de nos clients.[75] »

En France les Galeries Lafayette se diversifient en s'offrant le site de déstockage de mode en ligne Bazar Chic. Cette diversification [76] fait suite aux attentats islamistes qui en 2016 ont fait fuir un certain nombre de touristes étrangers et ont aggravé la crise de l'habillement.

---

[75] Le Figaro du 14 janvier 2016
[76] Le Figaro Entreprises du 6 septembre 2016

Les bons réflexes

Surmontez le biais réducteur qui commande de choisir entre ceci et cela. Cessez d'être binaire, défaut bien français. Choisir, c'est éliminer un chemin vers l'innovation. Programmez des réunions « découverte de nouveaux marchés » ou « transferts de savoir-faire ». C'est la même chose.

Ne vous épuisez pas à vouloir être le meilleur, soyez le premier. Interrogez vos fournisseurs sur des opportunités de diversification. Ils sont en amont de l'information stratégique et voient des choses que vous ne percevez pas parce que vous êtes en aval et que vous avez le nez sur le guidon.

Interrogez vos partenaires sur la possibilité de prestations complémentaires. A l'export, chassez en meute avec d'autres métiers. Dans l'avion, relisez la liste de tous les savoirs et savoir-faire, surtout les plus insolites, de vos collaborateurs. Laissez mijoter. La vue depuis le ciel permet de voir les choses autrement. Lao Tseu disait « Les choses ne changent pas, change ta manière de les voir, cela suffit. »

7. Observer son environnement proche ou lointain

L'observation attentive de l'environnement est génératrice d'idées. L'intelligence inventive encourage l'exploration de solutions simples. Le brainstorming malgré son utilité reconnue peut se révéler trop intelligent pour déceler des innovations « toutes bêtes ». Le sachant ne sait plus observer avec le regard du néophyte, de l'enfant, de l'autodidacte qu'il fut autrefois.

Une invention est souvent le fruit de la « résolution évidente » d'un problème par un béotien indemne des schémas préétablis. L'entreprise grâce à son observation systématique se posera les questions suivantes : Qu'il y a-t-il de disponible et idéalement peu coûteux dans l'environnement immédiat de mon problème ?

Une ville confrontée à la gestion de ses espaces verts observe que chaque année au début du mois de janvier les sapins de Noël encombrent les trottoirs de la cité. Elle s'aperçoit par simple observation que ces sapins une fois ramassés et découpés peuvent servir de composte aux jardins municipaux.[77]

La fréquentation du calendrier m'amènera à regarder mon environnement de façon plus inventive. Les couleurs de l'équipe de football, les rencontres sportives ou les évènements culturels sont autant d'innovations auxquelles j'aurai l'intelligence de m'associer.

---

[77] En France, la ville de Saint Etienne, imitée aujourd'hui par beaucoup d'autres a été la première à développer cette innovation. D'une manière générale la réutilisation des déchets de toutes natures et la réorientation des gaspillages sont des sources d'innovation. Un véritable programme pour la ville intelligente.

Stepan Dedijer, physicien croate et initiateur de l'intelligence économique suédoise parlait dans ses premiers écrits d'intelligence sociale.

Exemples

Une innovation toute bête : une célèbre entreprise française de casseroles et d'autocuiseurs observe que les cuisines japonaises sont plus petites que les cuisines françaises. L'idée lui vient de créer des modèles plus petits pour le Japon. Le succès est phénoménal.

Dans l'Ouest de la France un garagiste observe que lors des contrôles techniques, les clients oublient fréquemment la date de leur prochaine visite obligatoire. Il décide d'ajouter à ses prestations l'envoi de sms pour prévenir du prochain rendez-vous. L'innovation s'étend à tout le pays.

Lors de la grippe aviaire H1N1, le fabricant de lingette Gojo observe que tout le monde se lave fréquemment les mains. Il profite de la crise pour lancer un nouveau réflexe : se laver les mains avec des lingettes. Geste prémonitoire lorsque l'on songe à la pandémie du Covid 19.

Observez vos environnements sociaux-culturels. Une entreprise est toujours installée quelque part. Etudiez l'attachement des populations à une région. Par vos couleurs, vos slogans, vos produits, intégrez une histoire, une ambiance, une intelligence collective qui englobe la vôtre. Faîtes comme Guy Cotten avec la Bretagne, la mère Poulard avec le Mont Saint Michel.

Les bons réflexes

Inspirez-vous des Japonais et autres asiatiques curieux par nature et qui photographient lors de leurs vacances tout ce qui peut présenter un intérêt.[78]

Créez un calendrier des observations ou chacun pourra s'inscrire et ramener des signaux faibles. C'est ce que fait TSL entreprise performante dans le domaine de la raquette à neige en observant systématiquement à l'aide de carnets techniques, les moindres modifications dans les couleurs, les fixations, le poids, l'ergonomie de ces objets devenus de véritables œuvres d'art.

---

[78] De retour chez eux ces touristes renseigneront une véritable culture d'intelligence économique en trouvant le moyen d'intéresser un acheteur avec leurs souvenirs de vacances.

Il ne suffit pas d'observer des détails sur une raquette à neige ou un ciré breton. Il convient d'observer certaines tendances lourdes. La gratuité et le partage[79] deviennent de plus en plus la règle entre micro producteurs et micro-consommateurs. Cette tendance doit nous amener à introduire des espaces de gratuité dans les services qui accompagnent nos produits. Le payant et le gratuit ne s'excluent pas. Il faut allier l'un à l'autre. Associer au lieu de séparer, est une des voies inventives les plus efficaces. Un magasin come le Monoprix Montparnasse à Paris illustre parfaitement cet heureux mélange des genres.

A l'heure des connexions immédiates, la taille de l'entreprise apparait comme un handicap. C'est la raison pour laquelle les grandes entreprises évoluent vers des galaxies internes de start-up. Elles ont raison. L'observation et la perception de l'environnement s'en trouvent démultipliées.

Croiser les douze mots clés de l'intelligence inventive

Les manières de penser et d'agir des mots clés peuvent se combiner. Observer son environnement peut aller de pair avec une différenciation ou une diversification réussie. Le groupe Accor innove en réinventant les auberges de jeunesse.[80] Cette démarche d'intelligence inventive est conduite par le bien nommé Marketing Innovation Lab de l'entreprise. Forte de 10 personnes cette startup au sein du géant de l'hôtellerie « observe » les nouvelles tendances et « prévoit » l'avenir.

L'équipe imagine une diversification et une différentiation par rapport à la concurrence en inventant de nouveaux concepts avec le concours des étudiants de la Web School Factory. Des chambres originales à coûts réduits sont proposées à de jeunes voyageurs solitaires ou à des bandes de copains prêts à faire leur lit, voire à coucher en dortoir.

Les espaces sont modulables et les meubles amovibles. Les auberges disposent de mini cuisines et de machines à laver et à sécher le linge. Les décors sont spartiates mais

---

[79] Thèse de Jérémy Rifkin économiste américain conseiller de l'Union européenne.
[80] Figaro Entreprise du 27 septembre 2016

originaux. Une chambre peut se retrouver sur le toit ou disposer d'un lit géant ! Des activités sont associées à l'auberge qui propose des tours en villes, des pique-niques, des barbecues…

Différenciation et diversification vont de pair chez Elon Musk le fondateur de la marque de voiture électrique Tesla qui lève l'un des obstacles au développement des toitures photovoltaïques en fabriquant des tuiles solaires qui ressemblent à des tuiles traditionnelles. Le génie de l'électricité est parvenu à développer un système qui permet de revêtir les équipements solaires d'une sorte de camouflage qui ne fait perdre que 2% d'efficacité au système.

Prévision, observation, différenciation et anticipation se conjuguent pour apporter une solution à un immense problème : comment apporter l'électricité et la lumière aux deux milliards de personnes qui en sont dépourvues dans les pays émergents ?

En prévoyant les besoins de ces populations notamment en matière de communication, en observant leurs comportements, en s'inspirant de savoir-faire empruntés à d'autres métiers pour apporter une différence, en anticipant l'évolution des technologies.

C'est ce qu'a fait Thomas Samuel, PDG de Sunna Design en inventant des lampadaires solaires tout-en-un, capables de répondre aux besoins des populations, en fournissant la lumière, l'électricité et Internet. Pour être rentable cet ingénieur ne s'interdit pas de renouveler le système bancaire. Avec ses équipes il met en place un système de prêt qui autorise des particuliers à prêter aux entreprises à des taux de marché.

« Avec un taux de 6% le système revient moins cher que de rembourser une banque commerciale. Il s'inscrit dans une logique de développement gagnant-gagnant. La logique du don rend les populations locales dépendantes. Avec le prêt, nous mettons en place un nouveau contrat entre le citoyen européen qui a les moyens de financer les projets et les clients bénéficiaires qui se voient proposer des solutions durables et économiques. »[81]

Cet exemple montre bien que l'innovation ne se limite pas au renouvellement des produits et services mais qu'elle s'applique de plus en plus à la « fabrication » de solutions globales.

8. Anticiper les évolutions technologiques.

Inventer le premier suppose une analyse fine des applications passées afin de devancer les applications futures. L'invention peut être opportuniste par combinaison des offres anciennes et actuelles. Elle peut être objective par application de tendances darwiniennes, miniaturisation, intégration à l'environnement, cannibalisation des solutions propres aux systèmes techniques.

Un Smartphone « cannibalise » les solutions apportées par le chronomètre, la montre, la photographie, le téléphone, la prise de tension artérielle, les moyens de paiement,

---

[81] « *Thomas Samuel allume des réverbères au milieu de nulle part* » Le Monde, 15 et 16 août 2017.

etc. Cette révolution technologique bénéficie désormais d'une énergie solaire gratuite comme nous venons de le voir dans l'exemple précédent. Elle rend possible partout des milliers de projets d'intelligence collective en reliant des solutions les unes aux autres. La racine latine du mot intelligence, inter ligere, « relier » prend ici tout son sens. Nous sommes au début d'une révolution. Le Moyen Age technologique touche à sa fin. L'investissement le plus productif est bien celui réalisé dans l'intelligence humaine. Voire dans celle des robots. Nous y reviendrons plus loin.

Pour anticiper l'évolution d'une application, l'entreprise ou le village intelligent se poseront de nouvelles questions : Quels sont les avantages de mes applications présentes et passée ? Comment puis-je les combiner pour définir un futur système ? Comment puis-je utiliser mes connaissances actuelles pour répondre à des problématiques anciennes ? Quelles sont les tendances qui ont conduit les applications anciennes à se renouveler ? Comment pourrais-je les réutiliser pour inventer une application innovante ? Quel est le système idéal ? Quel concurrent jusqu'alors absent sur le marché pourrait révolutionner mon activité ?

Les tendances lourdes liées à la démographie, à la santé, à l'insécurité numérique, à l'éthique, au réchauffement climatique, à l'usage des énergies, permettent d'anticiper les valeurs qui conditionnent l'économie globale. Qui sont mes futurs clients ? Comment pourront-ils être satisfaits par mes applications à venir ? Que pensent mes concitoyens qui sont aussi mes électeurs de la manière dont je devance leurs problèmes ?

Un fabricant de cosmétiques interroge en Chine les jeunes filles qui seront les consommatrices de demain sur les « innovations » qu'elles attendent. Il anticipe ce que sera la femme chinoise. Un promoteur immobilier précède l'évolution démographique en modifiant l'architecture d'intérieur et l'ergonomie de ses appartements pour loger des personnes à mobilité réduite.

Exemple

Je suis un fabricant de tondeuses à gazon. Depuis des années ma veille technologique surveille les différents modèles de tondeuses et leur évolution. Au début, les tondeuses fonctionnaient à l'essence puis devinrent électriques. Le darwinisme technologique aidant le fil électrique finit par disparaitre au profit de la batterie. L'intervention de l'homme se fit de plus en plus lointaine. Aujourd'hui la tondeuse à gazon est une intelligence artificielle qui démarre toute seule lorsque le soleil brille et que l'herbe est sèche. Ma veille technologique anticipe toutes les évolutions de ces robots de jardin.

Hélas, vient le jour où ma veille technologique rate l'arrivée d'un nouvel entrant ! Mon concurrent le plus dangereux n'est pas un fabricant de tondeuses-robots japonaises ultra intelligentes mais un laboratoire agricole nivernais qui invente à Dun les Places, un gazon dont la taille ne dépasse pas deux centimètres ! C'est tout mon modèle économique qui s'effondre. Heureusement, ma veille technologique est englobée dans un système d'intelligence inventive qui a senti venir le coup.

Je vais donc m'associer ou racheter ce laboratoire. Je vais me diversifier et me différencier en peignant et en moulant le gazon afin de lui donner des formes qui transformeront en musée végétal les jardins, les stades et les parcs. Je deviens un artiste de la nature. J'expose des plantes adaptées au réchauffement climatique. Ce que la nature avait déjà fait il y a quelques centaines de milliers d'années recommence avec moi ! J'invente de nouveaux métiers, de nouveaux besoins. Ce qui ne m'empêche pas de tondre ce qui reste à tondre.

Les bons réflexes

Retrouvez la mémoire de vos offres passées. Elles vous permettront peut-être d'innover en remettant sur le marché des produits ou prestations appréciées des seniors dont le pouvoir d'achat n'est pas à négliger. Remettez au goût du jour des avantages ou procédés délaissés.

Améliorez votre perception des organismes représentatifs et réseaux d'influence de vos métiers. En faisant de la prévision comme nous l'avons fait plus haut vous avez identifié des collèges invisibles. Il est temps de les intégrer et d'écouter. L'innovation est peut-être au bout de la conversation que vous venez d'entamer.

Maintenant que vous savez anticiper pour vous-même. Mettez-vous dans la peau de vos clients, rêvez à leur place ! Vous allez tôt ou tard trouver des différenciations et des diversifications qui créeront entre eux et vous des complicités. Nous sommes dans le monde des idées, certes. Mais c'est l'imagination qui gouverne le monde, disait Napoléon.

9. Modéliser à partir de recettes vérifiées

Des informations trop tardives en matière logistique font perdre beaucoup d'argent à une entreprise du secteur automobile. La firme réduira ses pertes en « modélisant » son système de reporting et en accélérant le cycle de l'information. C'est ce que fit Toyota aux États-Unis à la fin du 20ème siècle.[82] Elle devint mieux informée sur la manière dont voyageaient les pièces détachées de ses voitures entre le Japon et l'Amérique.

La modélisation des échecs et leur intégration dans le patrimoine immatériel de l'entreprise ou de la ville sont autant de sources d'innovation engrangées pour l'avenir. Un échec est un modèle défaillant. Il est donc une source d'inspiration. Une entreprise, une ville capable de comparer une série d'échecs dans différents domaines se donne les moyens d'innover en s'épargnant la reconduction de procédés obsolètes.

Les défaut de la chaîne logistique française dans la crise de la pandémie permettront d'innover à conditions de figurer au programme de l'Eta stratège.

Tout échec, qu'il soit financier, technique, commercial, social ou autre se lit, comme nous l'apprennent les cindyniques,[83] à travers une maîtrise déficiente de l'information stratégique. Le naufrage du Titanic, l'incendie du tunnel sous le Mont Blanc, la faillite d'Areva, celle de l'industrie horlogère franc-comtoise, s'expliquent parce que des questions n'ont pas été posées, des réponses ont manqué, n'ont pas été vérifiées, ni analysées correctement. Ou ont été mal interprétées. Des réseaux d'alerte et de secours n'ont pas fonctionné. La maîtrise globale qui devait faire le lien entre ces éléments fut absente. Ou n'était pas reliée au sommet de l'entreprise. Qui, peut-être, ne voulait ni voir ni entendre.

Revisité par l'intelligence inventive tout modèle défaillant peut devenir source d'innovation et se transformer en modèle performant. Tout modèle performant peut changer de contexte et résoudre dans un ailleurs inattendu les problèmes qu'il maîtrise bien.

Exemples

A Harare au Zimbabwe, une termitière va inspirer le système de climatisation d'un immeuble de grande hauteur. Le bio mimétisme nous apprend que la nature est un livre ouvert sur d'innombrables modèles. En Chine, l'université de Jilin découvre qu'une certaine espèce de scorpions résiste parfaitement à l'abrasion provoquée par les tempêtes de sable grâce à son modèle de carapace. Cette technique sera reproduite sur les hélicoptères de l'Armée populaire.

---

[82] « *Business intelligence, a managerial approach* » Effraim Turban Ramesh Sharda Jay E. Aronson David King Pearson 2007
[83] Les cindyniques ou sciences du danger étudient toutes les catastrophes afin de dégager des solutions préventives. Voir à ce sujet : Georges-Yves Kervern et Patrick Rubise, L'Archipel du danger : introduction aux cindyniques, Paris, Economica, 1991
Georges-Yves Kervern, Éléments fondamentaux des cindyniques, Paris, Economica, 1995
Georges-Yves Kervern et Philippe Boulenger, Cindyniques : Concepts et modes d'emploi, Paris, Economica, 2007
Guide pour l'estimation des dommages matériels potentiels aux biens des tiers en cas d'accidents majeurs, Ministère de l'écologie et du développement durable.

L'observation des sportifs du dimanche qui négligent de nouer les lacets de leurs baskets amène l'observateur à découvrir dans la nature un modèle simple, le chardon. C'est ce que fit le Suisse Georges de Mistral en inventant la bande Velcro.

De manière plus systématique, une théorie comme la TRIZ établit des passerelles entre les savoirs [84] et les problèmes. Ce type de modélisation repose sur un questionnement systématique selon une procédure définie qui va transformer un problème spécifique en un problème générique.

Par exemple.

Quelle solution générique peut à la fois prévenir un feu de forêt et la crevaison d'un pneu de voiture ? La TRIZ résoudra ce type de problème par des solutions anticipées. L'Office des eaux et forêts va créer des barrières végétales avant l'incendie en aménageant des espaces vides pour arrêter la propagation du feu. Michelin va anticiper la crevaison en dotant ses pneus d'une peau élastique collée à l'intérieur qui résistera à l'échauffement des gommes et qui sous la pression de l'air viendra reboucher les trous.

La maîtrise de la TRIZ, d'origine russe est complexe. Des méthodes opérationnelles plus adaptées aux contraintes de l'entreprise ont été élaborées. [85]

L'observation des modèles et leur comparaison avec d'autres, peut donner des idées et conduire à la création d'entreprises. Deux alpinistes savoyards en vacances à Paris observent longuement une équipe de laveurs de carreaux sur le plan vertical de l'un des gratte-ciels de la Défense. Ils en déduisent qu'avec leur propre modèle ils pourraient faire mieux et plus vite en étant mieux sécurisés. Ils font de leur modèle une entreprise.

Les bons réflexes

Formuler un problème dans une langue étrangère permet de le voir autrement. Chaque langue a son génie, sa manière de lire le monde. Interrogez des personnes compétentes dans un autre métier ayant des relations avec le vôtre. Vous découvrirez des modèles de performance.

Un exercice qui ne coûte rien consiste à réunir une douzaine de collaborateurs autour d'une table et demander à chacun de modéliser en vingt minutes ce qu'il fait d'essentiel dans sa journée de travail. Quels sont les problèmes qu'il doit résoudre ? Lorsque la rédaction est terminée demandez-leur de passer la feuille au voisin.

---

[84] Teorija Reshenija Izobretateliskih Zadatch initiée en 1946 par Genrich Altshuller « Outils de déblocage de l'inertie mentale » En France un des membres éminents de la TRIZ est Renaud Uhl, animateur de l'innovation en Alsace, coauteur de « *L'intelligence inventive* » avec l'auteur de cette introduction générale.
[85] Unified Structured Inventive Thinking » (USIT) E.N. Sikas ISBN 0-96559435-0-X

Vingt minutes plus tard il y aura une ou deux innovations car nous sommes plus doués, surtout en France, pour critiquer, voir et résoudre les problèmes des autres.

10. Féconder l'intelligence collective

L'entreprise innovante provoque des dialogues entre l'intérieur et l'extérieur. Elle encourage ainsi la participation à des salons. Ces visites professionnelles feront l'objet de véritables plans de renseignements[86] que nous aborderons ultérieurement, sous un autre angle, afin de ramener le pollen qui fécondera les cogitations internes.

Le délégué général encouragera les étonnements par l'exploration de sources d'innovations tels les clubs de mutualisation des bonnes pratiques, les pôles de compétitivité et d'innovation, les chambres de commerce, les colloques, les universités, les IUT,[87] etc.

Mieux encore, le délégué s'attachera à débloquer les rétentions d'idées par des paroles encourageantes. Beaucoup de nos collaborateurs ont des idées qu'ils hésitent à faire valoir par manque de confiance en eux, par peur du ridicule. Pour faire sauter cette barrière, n'hésitez pas à afficher les problèmes et les projets près de la machine à café, l'endroit le plus stratégique de l'entreprise, celui où l'on parle vrai.

Les bons réflexes

Créez des parrainages entre les anciens et les nouveaux, multipliez des occasions de contacts entre les commerciaux, techniciens et administratifs. Une méthode consiste à lancer ce que les anglo-saxons appellent les *leads user*, les premiers clients. Reconnus et regroupés, ils auront à cœur de critiquer, de faire des remarques, d'émettre des idées.

Si je suis une compagnie aérienne, j'observe tous les métiers qui vivent autour des aéroports dans les domaines de l'hôtellerie, des transports et du tourisme. Je vais découvrir des diversifications éventuelles. En amont, je m'intéresse à tous les métiers qui entrent dans la composition des services offerts aux passagers comme le conditionnement de la nourriture ou la literie. J'apercevrai des différenciations possibles.

Le dépaysement de mes collaborateurs en dehors des sentiers battus sera un grand moment de fécondation. C'est dans le train ou l'avion, au bord de la piscine que l'on échange de manière décontractée parce que libéré des contraintes et des automatismes qui brident

---

[86] Le plan de renseignement, éthique et déontologique, est l'un des grands chapitres du management de l'intelligence économique d'entreprise. Voir à ce sujet le paragraphe « chasser en meute » dans le chapitre consacré à l'influence.
[87] Les Instituts universitaires de technologie, proches des PME et des réalités du terrain, sont des vecteurs d'implantation et d'expérimentation de l'intelligence économique d'entreprise. Non seulement ils forment des techniciens et de futurs ingénieurs mais ils enseignent la plupart des matières contenues dans l'intelligence économique. Il suffirait de réorienter les programmes pour aboutir à des modules courts et adaptés.

l'imagination. Autoriser les intuitions fait partie de l'innovation. Il n'est pas mauvais de délirer, de raconter des bêtises…

L'innovation ouverte

L'innovation ouverte ou *open innovation* parfois aussi appelée innovation distribuée,[88] est une des sources de l'intelligence inventive dans la mesure où les réseaux sont sollicités. La mémoire interrogée par des questions ayant trait à tel ou tel projet identifiera à l'intérieur ou à l'extérieur de l'entreprise des talents et des compétences que le délégué général interrogera le moment venu. Une nouvelle relation est une innovation.

La constitution de ces communautés passera par les réseaux d'entreprise, les réseaux sociaux style Facebook, LinkedIn, Twitter Instagram et autres afin de favoriser des partenariats comme la cité intelligente de Montpellier. L'intelligence collective est aussi hors les murs et peut féconder l'entreprise de plusieurs manières.

11. Motiver ses équipes

La motivation des équipes sur des objectifs clairs est un puissant facteur d'innovation. Le délégué général crée autour du projet une adhésion, un affect, un sentiment. L'invention ne peut être seulement rationnelle et désincarnée. Au-delà des process, l'engagement des collaborateurs est incontournable. L'entreprise donnera un rythme au management du projet et procédera par étape. Un calendrier offrira une visibilité partagée par toutes les compétences sollicitées. La visibilité affichée est facteur de créativité.

Les équipes sont régulièrement informées et consultées sur les difficultés rencontrées. Les avis et suggestions font l'objet de retours systématiques afin de dégager une vision commune. Celle-ci s'incarnera dans un symbole, un logo. Une image, un dessin, un titre, une formule, valent mieux que de longs discours. Cet emblème partagé permettra à chacun de suggérer des modifications ou des améliorations.

Plus tard, cette adhésion sera un facteur de l'influence car elle génèrera des soutiens dans différentes couches de la société. Le délégué général rassure ceux qui doivent l'être en effaçant les ambigüités et en associant le plus grand nombre à la réussite du projet. Il veille à la transparence et à la juste rétribution des avantages induits par l'innovation. Notamment en termes de salaires, de primes ou d'intéressement au capital.

---

[88] Terme promu par Henry Chesbrough, voire sur Wikipédia, l'article consacré à l'*innovation ouverte*.

Par exemple, au village un nouveau système d'irrigation à basse consommation d'eau devra bénéficier à tous les agriculteurs. Les inventeurs verront leurs noms affichés quelque part. La reconnaissance et l'empathie sont de puissants facteurs de succès.[89]

Les bons réflexes

N'occultez pas les évènements imprévus qui peuvent contrarier le projet. Diffusez régulièrement des comptes rendus de l'avancée des travaux. Analysez les préférences et le caractère de chacun pour constituer vos équipes. L'équipe la plus efficace n'est pas la somme des meilleurs qui auront toutes les chances de ne pas se supporter. Le groupe performant est formé de ceux qui ont plaisir à travailler ensemble.

Si vous en avez les moyens, utilisez un psychologue ou un neuro biologistes pour accorder les personnalités. Ne sacrifiez pas le groupe après un projet mais continuez à le faire vivre par des rendez-vous et de la convivialité. Ne perdez pas de vue qu'une équipe qui a réussi est la plus belle des innovations !

Soutenez cette intelligence collective en l'amenant à parler son propre langage. Imaginez collectivement une phrase qui traduit son état d'esprit, sa manière d'agir et de penser. Même dispersée, cette équipe doit demeurer, par-delà les années, une extension de l'intelligence inventive de l'entreprise ou du village.

12. La promotion des innovations et l'entreprise libérée

La promotion des innovations dépend des capacités d'influence de l'entreprise qui feront l'objet du chapitre suivant. Mais avant de parler de l'influence évoquons la cohérence de l'entreprise elle-même Plus elle sera forte et plus la promotion des innovations sera efficace.

Le concept d'*entreprise libérée* part de l'idée que la direction doit être partagée entre tous les collaborateurs appelés à décider de tout par eux-mêmes[90]. Il s'agit d'une véritable innovation managériale. Tous les salariés discutent de tous les sujets. Chacun doit se sentir heureux au point de ne plus faire la différence entre vie privée et vie professionnelle. Nous avons déjà croisé cette tendance en filigrane de notre propos à plusieurs endroits. L'entreprise libérée propose un système global reposant sur l'émotion et la confiance réciproque. Cet objectif s'accorde, on l'aura deviné, avec le chapitres traitant de l'intelligence collective, de l' éthique et de l'intelligence inventive. Les douze mots clé de cette dernière

---

[89] Le management le plus efficace des entreprises et des organisations peut se résumer en trois lettres : « S.B.M. » Sourire, Bonjour, Merci. En effet les entreprises et les organisations « n'existent pas ». Il n'y a que des hommes et des femmes. L'empathie et la dignité sont de puissants leviers.
[90] *L'entreprise libérée* Jean François Zobrist Etude broché 2020 disponible sur le réseau FNAC
https://www.4tempsdumanagement.com/4-41-Les-entreprises-liberees.

peuvent être considérés comme autant de sujets de conversation et d'écoute réciproques proposés aux collaborateurs de l'entreprise libérée. Et de celles qui ne le sont pas encore...

L'autodiagnostic d'intelligence inventive

Complémentaire de la démarche d'intelligence inventive[91] à l'instar du « Test 1000 Entreprise » de l'intelligence économique évoqué plus haut, l'autodiagnostic d'intelligence inventive [92] peut être téléchargé sur le site de l'intelligence inventive ou demandé gratuitement à Test 1000Entreprise.

---

[91] « *L'Intelligence inventive, audit, management et boîte à outils de l'innovation* » Bernard Besson Renaud Uhl, Lulu.com, 2012 « mention spéciale » de l'Académie de l'intelligence économique en 2012.
[92] www.intelligence-inventive.com/ ou Test1000Entreprise@outlook.com

L'influence et la contre influence

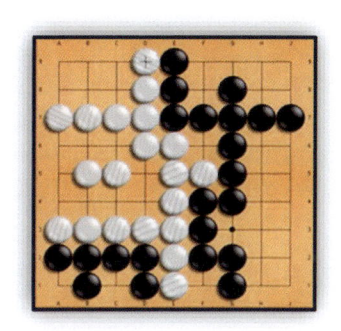

L'influence et la contre influence commencent par l'audit de l'existant. Chaque entreprise ou territoire, chaque être humain, chaque animal, influence son environnement par souci de protection, par désir de conquête, de puissance ou d'intimidation. L'influence est inscrite dans nos gênes. Elle est un mode de survie.

Démystifier le processus d'influence

Chaque organisation fait de l'influence au quotidien de manière inconsciente et en ordre dispersé. Vérifier que l'influence existe déjà est la meilleure façon d'aller plus loin.

L'entreprise et ses membres font de l'influence par amplification des informations et des messages adressés à l'extérieur. Chaque patron ou cadre dirigeant mais aussi chaque collaborateur a tendance à dire de manière naturelle et spontanée que ses produits et services sont les meilleurs sur le marché. Les campagnes de publicité, la présence de l'entreprise dans les salons et colloques sont des amplifications systématisées, souvent achetées à des professionnels de l'influence. La communication, est le premier degré organisé de l'influence.

En témoigne la marketing incitatif qui influence le client ou futur client en jouant sur ses biais cognitifs ses sentiments d'appartenance, ses émotions. Cette influence sur les individus qui nous vient de l'école de Chicago est à l'ère numérique un prolongement des antiques pratiques phéniciennes.

L'entreprise fait aussi de l'influence par rétention des mauvaises nouvelles. Lorsqu'elle ne peut cacher ses échecs elle promeut sa vérité, elle fait de la contre influence. Elle rappelle au service après-vente des produits défectueux afin de sauvegarder son image. Elle influence en avouant ses fautes en réclamant le pardon. Le pécheur repenti du Moyen Age apparaît en filigrane.

L'acquisition par les réseaux ou la veille, d'informations sur les autres acteurs économiques est un acte d'influence. La perturbation des amplifications d'autrui à commencer par celles des concurrents est un acte naturel de contre influence. Un regard global sur toutes ces actions et capacités oubliées sera la première étape du processus. On ne part jamais de rien dans ce domaine comme dans celui de l'intelligence inventive.

Les éléments constitutifs de l'influence

L'influence commence par des questions sur soi-même. Pourquoi mes clients sont-ils encore mes clients ? Où en est mon *e-réputation* ? Ma bonne image tient-elle à la gentillesse et à l'écoute de mes collaborateurs, à leur disponibilité ? Tient-elle au renouvellement de mes produits et services ou au contraire à une forme de stabilité rassurante ?

L'entreprise est-elle influente du fait de son implication dans la cité, de sa prise en compte du développement durable ou de sa responsabilité sociétale ? A ce stade le délégué général se posera la question de savoir si les discours et les actes sont cohérents. Rien n'est plus préjudiciable à l'influence qu'une contradiction entre les valeurs proclamées et les faits.

Promouvoir les innovations

L'entreprise promeut sur le marché les inventions du chapitre précédent. Les équipes motivées lors du processus d'invention seront les premiers acteurs de la démarche d'influence. Convaincues, elles seront convaincantes dans la séduction du client ou de l'usager.

Cette promotion suppose une protection de l'innovation en termes de propriété intellectuelle, de sécurité et de sûreté. Les risques de vols d'information, de vols d'idées, de contrefaçon seront intégrés dès le début du processus. La sécurité économique qui englobe ces aspects est le préalable à toute action d'influence.

L'entreprise mettra en œuvre les moyens dont elle dispose pour conduire sa politique comme n'importe quelle ville ou Etat. Elle identifiera les réseaux susceptibles de promouvoir l'invention et de la valoriser sur le marché en organisant autour d'elle des licences d'exploitation, des alliances, des collaborations, des opérations de séduction. Elle élargira ce que les auteurs américains de la *competitive intelligence* appellent sa sphère d'influence. Comme n'importe quelle autre espèce vivante, elle marque son territoire.

Pour se protéger des critiques elle préparera des dossiers de contre influence afin d'anticiper les oppositions qui pourraient contrecarrer la carrière du nouveau produit. Ou d'un nouveau modèle économique qui heurtera de plein fouet des avantages acquis, des économies de rente, des professions qui se croyaient invulnérables. Cette anticipation et ces observations permettront d'ajuster en temps réel les argumentaires de la force de vente.

Le service après-vente prépare cette contre influence. Les usagers et clients seront associés aux arguments car ils forment autour du service ou du nouveau modèle économique une confrérie reliée et solidaire. Rares sont les prestations ou services déconnectés de leur communauté d'usage.

Exemple

Cosmolys, une entreprise innovante et performante de soins à domicile des Hauts de France, décide par mesure d'hygiène de modifier l'intérieur de ses camionnettes. Désormais une cloison étanche séparera les déchets médicaux des boîtes neuves afin d'éviter toute contamination ou contagion. Elle réalise cet investissement bien avant la crise sanitaire de 2020.

Les concurrents ne font pas cet effort et se dispensent de cet aménagement coûteux. Avant d'être une entreprise, Cosmolys était une association et fonctionnait en réseaux. Elle apprend qu'une réunion doit bientôt se tenir à la préfecture de région car le préfet veut réglementer par arrêté la distribution des médicaments.

Rendez-vous est pris. L'administration territoriale décentralisée accepte qu'un membre de l'entreprise vienne expliquer la réalité de ce métier. Dans l'arrêté figurera la nécessité de mettre une séparation étanche entre les déchets et les boîtes neuves.

Le plan annuel d'influence

L'influence est un programme à moyen et à long terme. Elle se décline en actions à conduire. Celles-ci seront débattues et soumises à la rotation des questions et des réponses entre les éléments fondamentaux de l'intelligence collective. Une entreprise du secteur de la mécanique peut avoir des objectifs à moyen ou long terme qui feront chaque année l'objet d'une réunion associant les représentants des salariés. Voici un exemple concret de plan annuel d'influence :

Susciter une modification du plan de circulation autour de l'atelier. Obtenir une chaussée goudronnée. Faire bâtir une crèche à proximité pour les mamans en s'alliant avec les autres entreprises de la zone. Faire partie du pôle de compétitivité de la mécanique. Figurer au patrimoine des savoir-faire et des métiers du territoire. Valoriser une certification ISO 14001et montrer que l'entreprise prend soin de l'environnement. Mieux connaître les appels d'offre dans les autres pays de l'Union européenne. Faire intégrer notre système de dépollution des bassins dans les recommandations des ministères de l'agriculture et de l'industrie.

Tous ces objectifs ne seront pas atteints à la fin de l'année mais la participation de tous à leur définition suscitera des alliances. L'entreprise ne doit jamais sous-estimer les réseaux et l'influence de ses « petites mains ».

L'exécution des actions d'influence.

Les actions d'influence seront servies par l'usage concomitant des quatre éléments fondamentaux. Le délégué général y veillera. Dans les grosses structures la maîtrise de l'action sera subdéléguée à un membre de l'entreprise à raison de ses compétences ou de circonstances particulières. Il est important que quelqu'un ait une vision globale des actions entamées et soit à même d'en évaluer l'efficacité.

La mémoire du plan d'influence sera animée par un veilleur désigné en fonction de ses capacités. Il rassemblera toutes les données et croisera les informations afin de découvrir des intelligences entre les différents objectifs d'influence.

Les réseaux du plan d'influence seront coordonnés par une tête de réseau, c'est-à-dire un des membres de l'entreprise qui aura une approche globale de « qui connait qui » afin d'aller chercher l'information orale tout en respectant les obligations éthiques et déontologiques évoquées plus haut.

L'analyse des actions d'influence et de leur pertinence sera confiée à un collège d'experts. C'est ce collège qui validera les actions notamment auprès des décideurs extérieurs. Ce schéma s'applique aussi bien dans une PME que dans une organisation plus importante ainsi que nous allons le vérifier. Il peut être aussi celui d'un micro-entrepreneur mettant en œuvre son influence personnelle à partir de ses propres éléments fondamentaux.

Exemple

Markal, entreprise drômoise mondialement connue pour la qualité de ses produits, est à l'origine d'une farine de blé appelée boulgour. L'entreprise, grâce à la chambre de commerce, participe à un réseau territorial d'intelligence économique. Elle apprend qu'à Bruxelles, le lobby des producteurs de maïs du Middle West entend faire entrer le maïs dans la composition du boulgour.

Menacée dans son existence même, l'entreprise drômoise se rend auprès de la Commission européenne et finit par repérer les deux fonctionnaires qui gèrent le dossier. Ceux-ci sont invités à visiter l'atelier. Sous l'œil des caméras de France 3 Rhône Alpes-Auvergne et en présence des distributeurs de la chaîne alimentaire biologique, ils découvrent l'ancienneté et la complexité de ce véritable patrimoine national qu'est la confection du boulgour.

L'Union européenne barre alors la route aux géants américains du maïs. De tels exemples se multiplient dans le cadre des intelligences territoriales et villageoises que nous évoquerons plus loin. L'Europe ayant compris que les autres continents pouvaient avoir des intérêts divergents des siens de tels exemples se multiplient.

La connaissance des décideurs.

L'influence est précédée d'un repérage et d'une étude, la plus intime possible, du parcours de chaque autorité extérieure concernée et visée par le plan annuel. Vient ensuite le choix du moment où l'entreprise prendra rendez-vous avec le décideur, par exemple l'adjoint au maire pour les affaires sociales s'il s'agit de la construction d'une crèche.

Le moment du contact sera calculé en fonction de la date de la décision. Par exemple le prochain conseil municipal ayant à traiter le dossier. La rencontre ne doit être ni trop précoce ni trop tardive. Il faut agir au bon moment et avant d'exposer ses arguments écouter ceux de l'autre. L'écoute attentive du décideur et de son point de vue est déjà un travail d'influence. Il est recommandé de prendre des notes. Lors de la prochaine rencontre un compromis pourra être envisagé au bénéfice des deux parties. Chacun, doit avoir l'impression d'être gagnant.

Il importe aussi que le décideur soit complètement informé. Il est inutile de biaiser. Il faut aller droit au but et dire ce que l'on souhaite. L'entreprise portera à la connaissance de l'autorité des informations qu'elle n'a peut-être pas. Il faut persuader le régulateur-décideur que la « bonne décision » renforcera son image auprès des décideurs dont il dépend lui-même. Par exemple des électeurs dans le cadre d'une crèche municipale.

On aura compris qu'il n'est pas inutile de s'intéresser aux objectifs d'influence du décideur afin de faire coïncider nos finalités avec les siennes. La bonne influence est le rapprochement d'intérêts qui s'ignorent.

Exemple du barrage de Grangent

L'influence, nous l'avons vu, peut déboucher sur une nouvelle réglementation ou le maintien d'une norme comme dans l'affaire du boulgour. Elle peut aussi aboutir à la suspension d'une réglementation.

Nous sommes dans le département de la Loire face au barrage de Grangent. Il y a quelques années la réglementation imposait de vidanger la retenue d'eau pour nettoyer les déchets organiques et les sédiments qui s'accumulent au pied de l'ouvrage.

Cette opération qui dure des semaines entraîne un manque à gagner pour l'exploitant qui ne peut plus utiliser les installations hydro-électriques. Comment éviter un tel problème ?

Un travail de mémoire, c'est-à-dire de veille, est confié à une équipe qui part à la recherche de solutions de remplacement en étudiant des cas semblables à l'échelle de la planète. On découvre qu'en Chine une machine posée sur le sommet du barrage peut à l'aide d'un tuyau descendant le long du mur dissoudre les déchets et sédiments grâce à un produit dissolvant. La même machine peut les aspirer sans qu'il soit nécessaire de vidanger.

Le travail de mémoire se poursuit sur les inconvénients occasionnés par les vidanges de grandes retenues d'eaux. Les ingénieurs et techniciens de l'exploitant recensent tous les dommages collatéraux pour la nature et les habitants de l'aval après de tels écoulements. Les nappes phréatiques peuvent être polluées, les rivières infestées, la faune aquatique et la flore perturbées. Les populations concernées peuvent manifester leur mécontentement. Parfois sauvagement.

Après le travail de mémoire commence celui des réseaux. L'entreprise cartographie ses réseaux internes. Elle s'aperçoit que plusieurs de ses membres vivent dans la vallée où certains exercent même des mandats municipaux et font partie de sociétés de pêcheurs à la ligne ou de chasseurs. D'autres militent dans des associations écologistes et de défense de la nature.

L'action d'influence débute trois mois avant le premier tour d'une élection législative. Le moment n'est pas choisi au hasard. Les maires des villages sont prévenus de la prochaine vidange et avertis car l'entreprise est socialement responsable des effets secondaires d'une telle opération. Des photos et documents sont présentés à l'appui.

L'émotion s'empare de la vallée. Le député sortant est accablé de demandes d'explications. Furieux il demande rendez-vous à la préfecture et est reçu par le préfet. Celui-ci convoque aussitôt le directeur régional de l'entreprise. La conversation dure longtemps jusqu'au moment où le préfet demande au directeur régional d'essayer de trouver une solution.

Cette solution existe mais pour faire sauter la réglementation il faut que l'administration se l'approprie. Quelques semaines se passent puis la révolte embrase à nouveau la vallée. Le directeur est convoqué une fois encore à la préfecture. Heureusement, grâce à « l'idée du préfet » nous avons enfin une solution. Celui-ci monte à Paris pour obtenir la suspension de la réglementation.

Les alliances nécessaires

L'influence ne doit pas se vivre comme un combat isolé de l'entreprise seule contre une foule de décideurs hostiles. Il faut savoir s'adjoindre le concours d'alliés comme les écologistes et les pêcheurs à la ligne dans l'affaire du barrage de Grangent.

Par exemple le bœuf irlandais envahit le marché français en jouant la carte de la qualité et de la traçabilité. L'Irlande conquiert le marché de l'Hexagone pourtant leader européen dans ce domaine, en s'adjoignant le concours d'alliés français « hors normes ».

Le groupe irlandais Bord Bia plutôt que d'affronter directement Charal ou Rozé a ciblé les tables des grands chefs étoilés pour se faire apprécier des consommateurs. « Comme d'autres j'ai été conquis par la qualité, la tendreté et le grain exceptionnel de la viande » commente Christophe Schmitt, chef de cuisine du restaurant le Diane, une étoile au Michelin.[93]

Lobbying et marché de l'influence

Le lobbying est l'art d'influencer les décideurs économiques et politiques en faisant coïncider les intérêts particuliers de l'entreprise ou de l'organisation avec l'intérêt général.

Cet exercice a lieu tous les jours dans le cadre des règles déontologiques qui encadrent la profession de lobbyiste. Il se déroule aussi dans les enceintes internationales lorsqu'une nation ou des entreprises entendent faire prévaloir leurs intérêts dans le cadre d'une diplomatie économique.

Le bon lobbying exclut toute pression morale ou toute corruption des décideurs.[94] Les administrations ou entreprises peuvent agir séparément ou en groupe avec ou sans le soutien de l'État stratège. Dans le cadre d'un protectionnisme intelligent, les ministères, les grandes entreprises, les collectivités territoriales peuvent « chasser en meute » car elles sont en mesure de partager des données stratégiques, des réseaux d'alerte, de compétence et d'influence.

Surtout, elles ont un langage commun que l'on qualifiera selon les latitudes de *competitive intelligence*, diplomatie économique, protectionnisme intelligent, *business intelligence*, patriotisme économique, etc. Peu importe l'étiquette, seule compte l'articulation des savoir-faire.

Les facteurs de succès sont toujours les mêmes : la définition d'objectifs clairs, le partage et la vérification des informations en temps réel, la précocité dans l'action, la répartition des rôles dévolus à chacun. L'habileté et le talent des négociateurs ajoutera un plus non négligeable. Mais un pays qui part en ordre dispersé sur l'échiquier de la compétition internationale part perdant. Mieux encore que le partage de l'information, la bonne chasse en meute partage des projets d'acquisitions d'informations. L'ignorance partagée est fondatrice.

Dans les pays dotés d'une culture solidaire, des entreprises du BTP, des industriels de l'armement, des hôpitaux privés, des villes, des PME, des syndicats, des églises, sont capables de partir ensemble à la conquête de marchés extérieurs. La France fait des progrès dans ce domaine et surmonte de mieux en mieux le lourd handicap hérité d'une culture individualiste et segmentée où chacun se mêle uniquement de ce qui le regarde…

---

[93] Le Figaro du 20 mars 2016, article d'Éric de la Chesnais.
[94] Association française des conseils en lobbying et affaires publiques. 32, rue Notre Dame des Victoires 75002 Paris

La chasse en meute au salon professionnel

L'un des terrains de chasse les plus connus est le salon professionnel ou congrès annuel consacré à un métier ou un thème de recherche. Les économies asiatiques doivent une partie de leurs succès à l'exploitation systématique de ces évènements. Coréens, Chinois, Japonais, Singapouriens, Malaisiens et autres, préparent ces journées un an à l'avance en distribuant les rôles au sein de l'intelligence collective. Il n'est pas inutile de s'inspirer de leur savoir-faire.

La qualité des informations obtenues lors de cet évènement dépendra des questions générales ou particulières que l'entreprise aura été capable d'inventer avant le congrès. Ces questions seront diffusées à tous les métiers afin d'être validées. Nous retrouvons ici les fonctions d'ignorances partagées entre tous les membres de l'entreprise.

Chaque salon professionnel a son histoire, ses rites, ses acteurs historiques. Repérer les animateurs, les secrétariats, les commissaires chargés de la logistique et de l'organisation fait partie de la maitrise anticipée de l'information stratégique. Ces acteurs sont en général très heureux de répondre aux questions des participants.

Il existe au sein de l'entreprise et chez ses retraités des personnes qui participent depuis longtemps à ce genre d'évènements. Les rencontrer ne sera pas inutile. Il conviendra aussi de cibler les experts de tel ou tel sujet et de prendre rendez-vous avec eux avant le congrès ou le salon. Ce sera également le moment de décider sur quels thèmes l'entreprise interviendra dans les ateliers et conférences. Avec quelles finalités ? Le salon professionnel est aussi un théâtre d'influence.

Arrivée à ce stade, il apparaît clairement que telle ou telle personne peut au sein de l'entreprise devenir le « maître d'œuvre » le coordonnateur, l'ensemblier du « Douzième congrès des nanotechnologies de Lyon » à la Cité internationale pour se référer à un exemple concret.

Le maître d'œuvre portera la stratégie de l'entreprise et centralisera toutes les veilles relatives au congrès. Il mettra en ligne une plateforme dédiée, un Wikipédia interne et sécurisé de l'évènement. Chacun pourra faire valoir ses idées, ses suggestions et apporter des réponses aux interrogations des autres comme dans le cadre d'une véritable « cité intelligente ».

La « chasse en meute » se fera en fonction des aptitudes et des goûts. Untel suivra les conférences, tel autre ira discuter et « perdra son temps » à la cafétéria ou dans les activités annexes et les soirées festives. Un autre fera systématiquement tous les stands pour récupérer la documentation et les cartes de visite. Toutes les huit heures, jour et nuit, l'ensemblier tiendra un briefing pour évaluer la moisson, désigner d'autres contacts, poser d'autres questions.

Si le congrès se déroule dans un pays ayant une politique publique d'intelligence économique soutenue par un renseignement d'Etat impliqué, sécurisez vos communications avec de nouveaux appareils cryptés. Codez les noms et les termes techniques les plus récurrents. Remplacez par des noms communs les noms propres de vos collaborateurs les plus stratégiques et par des noms propres les noms communs les plus significatifs. Cela ne coûte rien et se révèle efficace contre les oreilles indiscrètes dans les avions, les hôtels ou les trains. Même les interceptions dont l'exploitation n'est pas toujours optimum, se heurteront à un mur. Des entreprises françaises très connues ont perdu des milliards pour ne pas avoir interverti quelques mots pendant quelques jours...

Lors de chaque débriefing, les informations recueillies seront mémorisées notamment à partir des cartes de visites, de façon à dresser une cartographie des réseaux potentiels par thèmes ou secteurs géographiques. Prévoyez dans la chambre d'hôtel un mur plastifié ou un grand paperboard. Tout ce qui parait intéressant sera remonté immédiatement au siège, de manière à susciter des expertises ou des réactions à chaud. L'intelligence artificielle travaillera à plein sur le recueil des informations manquantes.

Savoir écouter et observer les intervenants lors des conférences et pendant les apartés qui suivent fait partie de la chasse en meute. Derrière chaque innovation de rupture ou transformation du marché il y a une aventure humaine, des egos, des sensibilités, des jalousies. Les percevoir et les utiliser à bon escient au bon moment fait partie de la maîtrise de l'information stratégique donc de l'influence et plus tard de l'innovation. Il existe une carte du tendre au sein et autour de chaque compétiteur. La dresser n'est pas inutile.

Le perception management

Plusieurs entreprises françaises sont devenues des champions internationaux grâce à la qualité de leurs produits et à l'excellence de leurs ingénieurs. Certaines ont malheureusement mordu la poussière parce que mal informées, désinformées ou déstabilisées. Sans en être forcément consciente.

Avec le *perception management* nous arrivons à la limite ultime de l'intelligence économique, légale et éthique. Nous ne sommes pas encore dans la guerre économique mais nous nous en rapprochons. Cette méthode, inusitée en France, mérite un commentaire. Sa détection par l'entreprise mesurera la perspicacité de son intelligence économique. Nous comprendrons mieux certaines stratégies prédatrices, anglo-saxonnes, asiatiques ou autres.

La perception intime du concurrent ou *perception management* tire son origine de la connaissance du client développée dans le monde des casinos de Las Vegas et d'Atlantic City. La méthode est connue sous le nom de *player tracking*. S'y ajoutent les techniques de désinformation mises au point pendant la guerre froide, notamment lors de la crise des missiles de Cuba en octobre 1962. [95]

Le *perception management* est l'ensemble des actions légales destinées à modifier la perception qu'une entreprise a de son environnement afin de lui faire accepter ou réfuter des informations en vue d'obtenir des décisions favorables à l'émetteur desdites informations. (Source Weka [96]).

L'entreprise attaquante va au-delà de la veille concurrentielle traditionnelle en décortiquant le système d'intelligence économique de son adversaire. Cette offensive sera d'autant plus efficace si la victime ignore qu'elle est elle-même un système d'intelligence économique, perfectible en l'occurrence…

L'agresseur va se poser sur la cible un certain nombre de questions. Quelle est l'état de sa coordination des veilles ? Quels sont ses instruments et outils de veilles ? Quel est leur degré d'automatisation ? Où en est son intelligence artificielle ? Quelles sont ses capacités de recoupements, de vérification ? Quelles sont ses sources humaines ? Quelles sont les pratiques dans l'attraction de l'information orale ? Quelle est la déontologie ou l'absence de déontologie de la cible ?

Par exemple commet-elle des actes assimilables à de la corruption de fonctionnaires ou politiciens sur les marchés étrangers ?

---

[95] « *1962* » Bernard Besson, Odile Jacob 2015. Cette fiction met en scène une opération de désinformation conduite par le GRU lors de la crise des missiles de Cuba. La connaissance intime des modèles décisionnels français et américains permit aux Soviétiques de réaliser une de leurs plus belles opérations. Qui ne fut connue du public qu'après la chute de l'URSS en 1990. Par ailleurs l'auteur de la présente introduction fut le patron pendant six ans de la police des Courses et des Jeux, police judiciaire à vocation financière dépendant de la DCPJ. Mais aussi service de renseignement international.

[96] « *Management stratégique de l'information, de la veille stratégique à l'intelligence économique* ». Encyclopédie dédiée, entre autres, à l'intelligence économique et régulièrement mise à jour.

Quelles sont ses méthodes d'analyses ? Quels experts consulte-t-elle régulièrement ? Quels sont ses biais cognitifs ? Dispose-t-elle d'une mono cellule d'intelligence économique ou d'un véritable réseau interne ? L'information est-elle partagée de manière rapide et efficace ? Comment la cible traite-t-elle ses fournisseurs ? Les délais de paiement et les référencements ou déréférencements génèrent-ils satisfaction ou rancœur ?

Chez lequel de ses sous-traitants mécontents pourrait-on trouver des informations gênantes sur les cadres dirigeants ? Les réponses à ces questions seront obtenues grâce à un plan de renseignement basé sur la veille et sur les contacts oraux sans pour autant sombrer dans l'illégalité.

L'attaquant passe maintenant à une seconde étape. Il s'intéresse aux mentalités des dirigeants en faisant appel, le cas échéant, aux auxiliaires de l'intelligence économique et à des psychologues, à des spécialistes du management des organisations. Les dirigeants de la cible sont-ils paranoïaques ? Comment abordent-ils la prise de risque ? Ont-ils des relations de confiance avec les autorités publiques de leur pays ? Quel est leur mode de recrutement ? Il y a-t-il une culture d'entreprise forte, un droit d'alerte organisé clairement ? La culture du secret est-elle un atout ou une faiblesse à la vue de l'attaque qui se prépare ?

L'attaque

Elle sera prudente et progressive et visera dans un premier temps à tester les réactions de l'adversaire en lui mettant sous les yeux des informations que son système de veille ne manquera pas de repérer. Des confidences plus ou moins spontanées arriveront aux oreilles de ses réseaux. L'attaquant marquera son intérêt pour des sujets qui ne manqueront pas de susciter la curiosité de la cible. Il conviendra alors de voir comment celle-ci réagit. Comment décide-t-elle ? Une fois connu le processus décisionnel de l'autre, l'attaque pourra débuter.

La limite de l'exercice tient au fait que l'attaquant doit disposer au sein de la cible d'indicateurs signalant comment les dirigeants réagissent aux modifications de données, aux contenus supprimés, aux confidences savamment distillées. Ces réactions peuvent s'obtenir légalement lors de rencontres sur un salon ou à travers les réseaux sociaux. Les conversations plus ou moins impromptues y pourvoiront également.

Au-delà, le risque est grand de quitter le *perception management* pour rentrer dans l'espionnage et la guerre économique.

Dans le *perception management* deux protagonistes sont face à face. L'un d'eux ignore qu'il est ciblé par l'autre. Celui-là a perdu la bataille. Bien souvent sans le savoir.

Le marché de l'intelligence économique

Arrivée à ce stade l'entreprise perçoit mieux ce qu'elle peut attendre des métiers auxiliaires de l'intelligence économique. Celle-ci est aussi un marché sur lequel agissent différents opérateurs qui pourront aider à la mise en place d'une maîtrise de l'information stratégique et d'une sécurité économique.

Les éditeurs de logiciels

Ils sont nombreux et variés et proposent des plateformes collaboratives, des systèmes d'information, des moteurs de recherche, des cartographies astucieuses qui permettront de visualiser des « intelligences économiques ». Ces outils décupleront l'efficacité de la mémoire et des réseaux. Ils permettront de relier les expertises de manière horizontale et immédiate. Ils établiront des liens entre les contenus des différents chapitres abordés dans cette introduction. Leur intégration est d'autant plus utile que l'entreprise perçoit ce qu'elle veut. Elle s'est enfin dotée d'un *data scientist* qui va lui permettre de faire « parler la donnée » comme le prêtre d'Apollon à Delphes faisait parler la Pythie.

Les formateurs

Appartenant à l'université ou à des écoles privées, des enseignants-chercheurs et des praticiens sont à même de délivrer des formations qui, sous des appellations diverses, relèvent de l'intelligence économique. Entreprises et administrations pourront utilement y envoyer leurs cadres.[97] Armés des considérations qui précèdent ces « élèves » interrogeront

---

[97] Citons parmi d'autres enseignements, le cycle intelligence économique de l'IHEDN l'Ecole européenne d'intelligence économique de Versailles, Les lundi de la Cybersécurité de Gérard Péliks et Béatrice Laurent. L'IAE de Poitiers, l'Ecole des Mines de Paris avec le cycle de M Dominique Musseau. L'École de guerre économique de Paris qui forment ou initient depuis des années des professionnels ou futurs acteurs de l'intelligence économique dans les

les professeurs et intervenants sur des questions précises et solliciteront de leur part des réponses, voire des solutions.

Les auditeurs consultants

L'intelligence économique peut faire l'objet d'un audit spécifique qui sera, comme nous l'avons vu, le préalable à une appropriation de la matière. Les syndicats de professionnels de l'intelligence économique sauront aiguiller les entreprises vers des prestataires susceptibles eux aussi de s'inscrire dans ce qui précède et va suivre.

Les cabinets d'intelligence économique

Venus d'horizons très différents ces prestataires sont des professionnels susceptibles de rendre d'éminents services à leurs clients.[98] Ils doivent être en mesure de leur fournir une charte signée des collaborateurs expliquant comment ils procèdent pour obtenir des informations de manière légale et licite. Au-delà, ces cabinets vont accompagner leurs clients vers les grandes finalités. Ils vont, pour certains, les aider à mettre en place leur propre intelligence économique.

Le renseignement commercial

Les entreprises de renseignement commercial existent depuis près de deux siècles et fournissent à leurs clients des informations légales et licites de toutes natures sur la solvabilité des partenaires. Les géants de la profession scannent sur l'ensemble de la planète des téraoctets et exaoctets de données financières qui une fois moulinées permettent d'anticiper d'éventuelles défaillances. Toutes ces données sont des pots de miel pour les *data scientists* maison.

Ces professionnels renseignent l'entreprise sur certains risques et opportunités, comme le risque client, le risque fournisseur, la sûreté des affaires, la recherche de partenariats, les études de marché, la recherche de croissance externe, etc. L'information obtenue provient de sources légales telles que le registre du commerce et des sociétés, le registre des privilèges du Trésor, de la Sécurité sociale et des régimes complémentaires, le registre des protêts, le registre des nantissements, le registre du crédit-bail, la conservation des hypothèques, la lecture des bilans.

Outre l'analyse de ces données commerciales et civiles qui est un vrai métier, le bon renseignement commercial dispose de réseaux humains spécialisés sur tels ou tels entreprises et les administrations. La Commission intelligence économique du MEDEF Ile de France et celle des ingénieurs et scientifiques de France (IESF) y contribuent à travers des « ateliers virtuels »

[98] Le Syndicat français de l'intelligence économique, déjà cité, regroupe ces professionnels. www.synfie.fr

marchés.[99] Il peut aller au-delà de la donnée écrite et faire un travail « sur mesure ». Ici comme ailleurs l'information orale est plus stratégique que la donnée à laquelle tout le monde peut avoir accès. Lorsque le renseignement commercial arrive au bout de l'exercice il se tourne vers d'autres acteurs de l'influence, notamment les agents privés de recherche. Les deux métiers peuvent travailler séparément ou coexister au sein de mêmes structures.

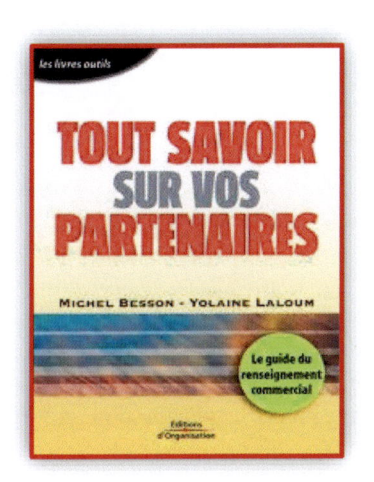

Les agents privés de recherche

Les agents privés de recherche autrement appelés détectives privés, apportent des preuves dans le cadre des articles 1984 à 2010 du code civil. Leurs rapports et leurs témoignages sont recevables devant les tribunaux. A l'instar des acteurs du renseignement commercial, les agents privés de recherche sont signataires d'une charte et d'un code de déontologie signés par leurs collaborateurs. Ils remettent à leur client un compte rendu de mission daté et signé. Ils ont une adresse et un bureau. Ils s'engagent à ne pas travailler pour la concurrence.

Les agents privés de recherche sont tenus au secret professionnel de l'article 226-13 du NCPP. La profession comme les lobbyistes dispose d'un Conseil national supérieur des agents de recherches privées. Des enseignements débouchent sur des certifications, des diplômes, délivrés par l'université.

---

[99] « *Le guide du renseignement commercial, tout savoir sur ses partenaires* » Michel Besson et Yolaine Laloum, Editions d'organisation 2003

Les cabinets de conseil en stratégie.

Ces cabinets généralistes ou spécialisés sont nombreux à l'échelle de la planète. Les Anglosaxons plus à l'aise que les Français sur les notions de *business intelligence* ou de *competitive intelligence* s'y taillent la part du lion. La langue anglaise, réseau mondial majeur, explique aussi le succès de ces cabinets.

Les séniors y recrutent des juniors dans les meilleures écoles de commerce ou d'ingénieurs. Leur notoriété les amène à conseiller les grandes entreprises et les États. Un conseil en stratégie peut tout aussi bien conseiller la politique fiscale d'une nation que plus modestement mais tout aussi efficacement, une PME ou une ETI [100] perdue dans le maquis des textes administratifs.

Dans un pays compliqué, le cabinet conseil rend lisible ce qui est devenu illisible. La simplification, avant d'être une politique publique, plus ou moins efficace est depuis longtemps un marché sur lequel prospèrent des auxiliaires de l'intelligence économique. Le cabinet conseil est d'ailleurs un véritable système d'intelligence économique. Son organigramme est l'exacte reproduction des premières figures de cette introduction.

Sa force tient à la simplicité et à la rapidité de mobilisation de réseaux planétaires capables de répondre à une grande variété de questions générales ou particulières et de convoquer partout dans le monde des analyses et des expertises.

Le véritable patron du cabinet de conseil en stratégie est la question du client. Tout est fait pour servir cet objectif. Rien n'empêche d'ailleurs le client de s'inspirer de son fournisseur en stratégie. C'est bien l'un des objectifs de cette introduction.

L'intelligence décisionnelle

Paradigme indiciaire, l'intelligence économique renseigne les chefs d'entreprise sur les réalités du monde. Ils voient, entendent et perçoivent leur environnement. Pour paraphraser le philosophe on peut dire que le « réel a eu lieu »[101]. Le décideur n'est plus dans les fantasmes. Le monde réel émerge du brouillard. Comme l'iceberg ! Avant que le Titanic ne fonce droit dessus. Car il convient maintenant de décider, de changer de cap, de forcer ou de ralentir l'allure.

Or décider est difficile. Malgré toutes les connaissances accumulées dans les chapitres précédents la décision reste dangereuse. Toute décision importante est une crise. En chinois, les deux termes s'écrivent de la même façon. En grec classique ils disent la même chose.

---

[100] Entreprise de taille intermédiaire.
[101] *Le réel n' a pas eu lieu* Michel Onfray Editions Autrement, 2014.

Les aides à la décision ont toujours existé. Les haruspices modernes parlent de sondage, d'enquête d'opinion, de criticité pondérée, de scénarii, aujourd'hui d'intelligence économique. L'outillage décisionnel n'est ni plus ni moins efficace que celui utilisée par les consuls de Rome ou les suffètes de Carthage.

Chaque décision est une quête de consensus, une émotion, résultant de l'intuition autant que des connaissances. L'observation du vol des oiseaux ou des entrailles du bélier est un itinéraire qui va de soi à soi-même, une prière, adressée à l'Inconnu. Rien n'a changé. Dans l'entreprise la décision d'importance doit faire consensus autant que possible. C'est pour cela entre autres que l'intelligence économique est une intelligence collective.

Grâce aux progrès des neurosciences ce débat interne commence à devenir lisible. Ce processus peut être qualifié d'intelligence décisionnelle[102]. Je décide à partir d'une intelligence cognitive, émotionnelle et intuitive de tous les éléments d'une situation. Les neurosciences distinguent plusieurs formes d'intelligences. Toutes ensembles forment une intelligence décisionnelle globale qui déclenche l'action

La décision est la clé de voûte de toute aventure. Le cerveau humain reste le siège de cette dernière. L'intelligence décisionnelle emprunte aux sciences de l'information, à la sociologie, aux sciences cognitives et aux neurosciences.

L'approche managériale du processus de décision est la transposition du modèle neurobiologique humain en modèle managérial informatisé et automatisé en particulier celui des systèmes experts d'aide à la décision de dernière génération (SEAD) utilisés par les entreprises. Il bénéficie, des progrès récents de l'intelligence artificielle et des algorithmes. La « neuro » tisse un lien entre le moi profond et l'environnement économique ce moi collectif en amont de la décision.

Les trois dimensions de l'intelligence décisionnelle

Citons en premier l'intelligence cognitive, c'est-à-dire, je pense, je connais. Cette intelligence sollicite la mémoire, les réseaux, les facultés d'analyse. C'est elle qui valide les problèmes et fabrique des solutions. Elle est à la base de tous les concepts développés plus haut. Elle comprend les choses mais elle ne les met pas en mouvement. Elle sait mais ne commande point.

Vient ensuite l'intelligence émotionnelle, je sens, je décide. Les neurosciences et Antonio Damasio neurologue américain nous enseignent que toutes nos pensées sont reliées par des émotions. Sans elles il n'y aurait pas de décisions. Dans « L'Erreur de Descartes » et « Spinoza avait raison » l'auteur prouve le rôle des émotions dans le processus décisionnel.

---

[102] *Les cahiers de l'intelligence décisionnelle* Jean Claude Possin, Veille magazine 2019 Voir en annexe l'article des auteurs publié en octobre 2017 par Veille Magazine.

Toute organisation est un théâtre d'émotions plus ou moins bien mis en scène. Ce sont les émotions autant sinon plus que les connaissances qui forcent les entreprises à inventer à innover. L'émotion née de la crise sanitaire est le vrai moteur des transformations durables de nos entreprises dans beaucoup de secteur.

Après l'émotion vient l'intuition, la connaissance immédiate. Elle fut très longtemps occultée car elle nous ramenait à des formes obscures. A des forces inquiétantes. Elle est reconsidérée et s'impose scientifiquement de façon naturelle sur des bases neurobiologiques et chimiques dans nombre de situations, y compris dans les entreprises et les administrations. Notamment lors des recrutements des collaborateurs lorsque la confiance joue un rôle déterminant.

Ces trois formes d'intelligence nourrissent les décisions. Le chef d'entreprise connait le marché grâce à des études, il le « sent » émotionnellement et sait intuitivement quand il faut décider et avec quels partenaires.

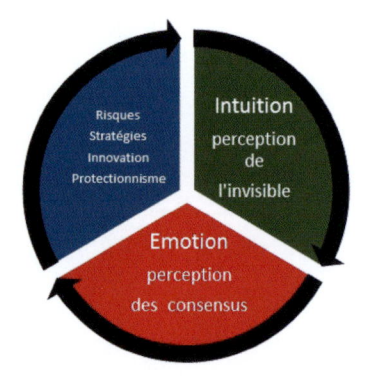

Figure n° 11 Les trois dimensions de l'intelligence décisionnelle

On ne peut parvenir jusqu'ici sans évoquer les intelligences artificielles faibles et fortes dont nous avons déjà parlé. Celles-ci ne sont encore que des prothèses du cerveau humain. Cette intelligence auxiliaire devient néanmoins chaque jour plus indispensable. Car à partir d'un certain seuil la masse ordonnée des connaissances devient qualité et vaut expertise. Auto-apprenante, l'intelligence artificielle est encore balbutiante dans les domaines émotionnels et intuitifs. Lorsque ces deux champs seront investis elle passera de l'état de solution à celui de problème car elle sera devenue décisionnelle.

L'État stratège

Les entreprises sont inséparables de l'environnement politique et législatif dans lequel elles évoluent. Elles forment avec leurs États un écosystème d'échanges d'informations et de flux financiers de toutes natures. Qu'est-ce qu'un Etat stratège du point de vue de l'intelligence économique ?

L'Etat stratège est celui qui supprime les obstacles au partage de l'information entre les acteurs publics et privés. Il ne se laisse pas surprendre.

Il n'apprend pas par les médias les menaces ou les risques qui pèsent sur l'économie, l'image ou la sécurité de la nation. Il se construit par le décloisonnement de ses administrations sous l'impulsion du chef de l'État qui en assume la maîtrise selon les mêmes modalités que dans l'entreprise. Comme dans l'entreprise, chaque fonctionnaire ira s'inscrire dans les quatre éléments fondamentaux pour peu que le gouvernement soit en mesure d'inventer des questions et de les soumettre à ses propres compétences.

La macroéconomie de l'intelligence économique œuvre de la même manière que la microéconomie. Les démarches illustrées par les figures sont toutes reproductibles au niveau de l'État. L'intelligence économique nationale revient à mettre à la disposition des acteurs économiques publics et privés les données, les expertises et les réseaux qui ensemble concourent à la prospérité de la nation. Il va sans dire qu'en France cet objectif parait plus difficile qu'ailleurs.

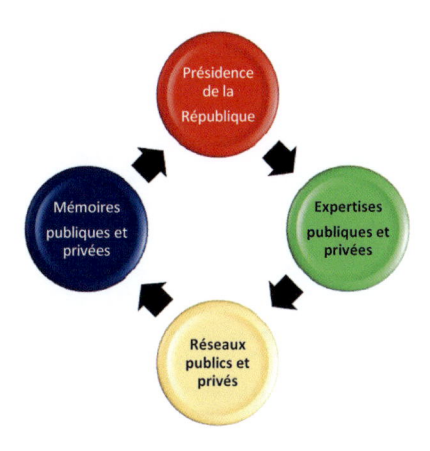

Figure n° 12 Les éléments fondamentaux de l'État stratège

Les politiques publiques d'intelligence économique.

Sous des appellations diverses et de manière plus ou moins coordonnée, les États et les territoires, régions, länder, provinces, partagent des informations stratégiques à des fins d'influence, d'innovation et de conquête économique.

A partir de l'Ere Meiji (1868) le Japon, sidéré par la supériorité navale américaine, inscrit dans sa constitution : « Nous irons dans le monde entier chercher la connaissance pour asseoir le pouvoir impérial ». Alors qu'en 1868 la marine japonaise composée de jonques en bois tenait à peine la mer, en 1905 la flotte nippone écrase la marine russe à Port Arthur.

D'autres pays, comme l'Allemagne peuvent se dispenser d'une politique publique car ils ont dans le partage solidaire de l'information stratégique et de la sécurité économique une très ancienne culture orale.[103] Les acteurs économiques allemands bénéficient d'une

---

[103] Comme le disaient des Allemands à l'auteur de cette introduction lors du lancement de la politique française, « nous n'avons pas besoin chez nous de décrets et d'administrations dévolues à l'intelligence économique car elle coule naturellement ». De fait les territoires, les syndicats, les entreprises, les citoyens, les assurances, les banques, se parlent facilement. Le patriotisme économique et l'intelligence économique ne posent pas sous d'autres cieux les faux

fluidité naturelle dans l'échange spontané d'informations entre structures étatiques, professionnelles, politiques, religieuses et marchandes.

En Europe le premier pays à avoir mis en place un programme d'intelligence compétitive globale fut la Suède qui en confia l'organisation au physicien croate Stepan Dedijer. Ce pays connaissait depuis le 18ème siècle le rôle vital de l'information stratégique, comme d'ailleurs l'Angleterre de la reine Elizabeth 1ère ou la France de Louis XIV et de Colbert. Mais Dedijer fut le premier, grâce à l'université de Lund, à développer une école pluridisciplinaire associant les territoires et les acteurs économiques.

Aux États-Unis la *competitive intelligence* et le patriotisme économique font l'objet d'une volonté interventionniste forte s'appuyant sur des dispositions législatives précises. C'est ainsi qu'en vertu du Buy American Act, régulièrement mis à jour depuis 1933, la société française Alstom a obtenu le marché de la ligne TGV Boston Washington en août 2016 à condition de construire tout le matériel roulant à Hornell dans l'état de New York. Pas un emploi industriel français ne profitera donc de ce marché.[104]

Il en va de même de la Chine où les objectifs politiques et économiques sont clairement identifiés : contrôler les ressources naturelles et les matières premières, contrôler les terres agricoles, les ports et les voies ferrées, mettre au point des technologies de rupture après « imitation » de ce qui se fait de mieux ailleurs, contrôler les réseaux de distribution, posséder des marques. C'est le jeu de Go planétaire dont les routes de la Soie ne sont que l'un des fils conducteurs.

La Chine et les États-Unis sont des constructions politiques agissant, surtout la première, avec des visions à long termes. L'Europe, construction juridique et réglementaire, organise le jeu de la concurrence entre acteurs européens. Faute d'une stratégie offensive claire, elle est moins à même de réagir que ses compétiteurs asiatiques, russes ou anglo-saxons. Cependant depuis quelques mois il semble que l'Union soit plus consciente de ses propres intérêts.

L'extraterritorialité du droit américain, fondée sur le Foreign Corrupt Pratices Act et repris par la convention de l'OCDE de 1997 à la suite d'un lobbying intense, illustre bien l'action d'un État stratège. Les États-Unis grâce à leur politique d'intelligence économique se donnent les moyens de recueillirent les preuves qui leur permettent d'affaiblir des entreprises concurrentes en se fondant sur la convention de l'OCDE.

« Si vous n'êtes pas capables de poursuivre et de punir les corrupteurs chez vous, nous (les Américains) le ferons à votre place comme nous y invite la convention de l'OCDE dont la formulation donne une grande liberté d'action aux états signataires. »

---

problèmes sémantiques dont se régalent les Français depuis des années sur fond de rivalités entre ministères et grand corps de l'Etat.
[104] *Le Monde Economie et Entreprise* du 28 août 2016

Dans ce contexte la question du recueil des preuves notamment pour établir un lien de territorialité est déterminante. S'agissant par exemple d'Alstom, les autorités américaines ont appris qu'une réunion où des actes de corruption auraient été discutés s'était tenue dans le Connecticut. Comment savaient-elles ?

Si l'on observe le montant des amendes, de plus en plus élevées et la nationalité des entreprises ciblées on s'aperçoit que les victimes de l'extraterritorialité américaine, conduites à accepter des transactions très lourdes sont surtout européennes : Siemens, Alstom, BAE, Total, Technip, Daimler, Alcatel[105]...Une société française dénoncée par un lanceur d'alerte ne pourra pas participer à un appel d'offre de marchés publics le temps de l'enquête.

Certains observateurs avancent que les États-Unis profitent de leur puissance et que l'Europe n'a pas les moyens de répliquer. L'argument est faux. Le Royaume-Uni se dote d'une législation identique à celle des américains pour pratiquer le même protectionnisme intelligent sous couvert de morale internationale. Les autres nations européennes ont largement les moyens de faire la même chose. Le problème ne vient pas de l'absence de ressources matérielles mais du vide stratégique, des blocages culturels, juridiques et administratifs.

L'un des exemples les plus frappants de l'État stratège nous vient de Chine. A partir de 1986, sous l'impulsion de Deng Xiaoping, le gouvernement approuve le programme « 863 » d'acquisition des terres rares.[106] Ces 17 métaux interviennent dans la fabrication de composants dont dépendent pratiquement toutes les hautes technologies innovantes : électronique, communication, éclairage basse consommation, lasers, batteries, alliages spéciaux, raffinages des hydrocarbures. Ces métaux ne sont pas rares dans la croûte terrestre mais seules les hautes concentrations dans certains minerais sont exploitables technologiquement et économiquement.

En 1992, le Premier ministre chinois déclarera : « Il y a le pétrole en Arabie Saoudite, il y aura les terres rares en Chine ». Pékin favorise la création de laboratoires de recherche et crée une société d'exploitation des terres rares. En 1995 la production chinoise de terres rare est le double de celle des États-Unis. Pour arriver à cette fin l'État stratège impulse et favorise une multitude de petites actions anodines dont la cohérence d'ensemble a échappé aux Américains et aux Européens.

En réalité la « comparaison des intérêts chinois et américains ou européens » n'entrait pas dans la grille d'analyse de la Maison Blanche ou de la Commission européenne. Ce n'est qu'à partir de 2010 que les États-Unis ont admis qu'il pouvait exister des « intérêts chinois » dans ce domaine. Le succès asiatique sur ce dossier procède d'une vue à long terme et d'une patience dont les acteurs économiques occidentaux sont dépourvus.

---

[105] Compte rendu de la commission des finances de l'Assemblé nationale du 18 mai 2016. Communication de Mme Karine berger et M Pierre Lellouche, députés
[106] *« Intelligence économique »* Alice guillon et Nicolas Moinet. Pearson France 2016. La géo économie des terres rares p 92 à 107

Cette longue patience du gouvernement chinois, ce protectionnisme intelligent et à long terme n'exclut en aucune manière le vol des idées, les transferts indus de technologie, l'espionnage économique et la corruption des élites étrangères.

On voit bien que la gouvernance publique de l'intelligence économique implique sur le long terme une mutualisation des connaissances et des réseaux tant privés que publics à travers des laboratoires, des sociétés spécialisées, des clubs et autres pôles.

L'État stratège peut aussi apparaître en creux lorsqu'il brille par son absence. En 2016 la Direction générale du renseignement intérieur (DGSI) signe un contrat avec l'entreprise américaine Palantir Technologies, spécialisée dans l'analyse des données à grande échelle.

Le choix de cette entreprise est loin d'être anodin. Palantir, fondée en 2004, basée dans la Silicon Valley, est l'une des plus grosses startup non cotées américaines, avec une valorisation estimée à 20 milliards de dollars. Elle compte parmi ses premiers investisseurs In-Q-Tel, un fonds d'investissement lié à la CIA. Ce fonds investit dans de nombreuses entreprises technologiques pour maintenir l'avance de l'agence de renseignement extérieur américaine dans le monde.

« En l'absence d'une solution française et européenne, l'appel d'offres, signé entre le gouvernement français et le prestataire de la CIA vise à équiper les services de la DGSI d'un logiciel capable de traiter le Big Data. »[107] Cet abandon de souveraineté est d'autant plus surprenant qu'il procède d'un gouvernement socialiste au profit d'une société dont la proximité avec M Donald Trump est de notoriété publique. Peter Thiel, l'un des cofondateurs de Palantir Technologies est l'un des investisseurs de la Silicon Valley à avoir publiquement soutenu le président des États-Unis.[108]

Le plus grave réside dans le manque d'anticipation de l'État français qui n'a pas été capable de répondre à des questions stratégiques dans le domaine de la donnée et du Big Data. Alors qu'existent en France et en Europe toutes les ressources humaines, informatiques, mathématiques, d'intelligence artificielle et d'analyse sémantique, personne n'a osé initier une solution locale et souveraine. L'avenir dira peut-être si certains y avaient intérêt. En ce cette année 2021 il semble qu'une solution européenne soit enfin à l'étude.

On voit bien à travers ces exemples que l'indépendance des nations est directement liée aux politiques publiques associant les secteurs marchands et régaliens. L'Organisation des Nations Unies a lancé en 2015 à travers le PNUD, une étude sur la gouvernance publique de l'intelligence économique.[109] L'Afrique à cet égard part à égalité

---

[107] Déclaration à l'Assemblée Nationale de Patrick Calvar, directeur de la DGSI Les Echos du 9 / 12 / 2016
[108] Ariane Beky, Silicon, le 2 / 1 / 2017
[109] L'appel d'offre portait sur une étude pour la gouvernance publique et l'intelligence économique : enjeux, défis, et orientations pour l'Afrique et la Côte d'Ivoire. Dans la plupart de ces pays les réflexions sur l'intelligence économique sont déjà très avancées.

avec l'Europe grâce au concept de village intelligent et à un extraordinaire développement des technologies de l'information.

Pensée stratégique et actions stratégiques

L'entreprise [110] vivant dans un État armé d'une politique ou mieux encore, d'une culture comme l'Allemagne, dispose d'un avantage certain vis-à-vis de ses concurrentes. Faute de partenariat public-privé, rien n'empêche les entreprises de se prendre en main elles-mêmes et de créer des intelligences collectives sans attendre des feux verts. L'intelligence économique n'est le monopole de personne. Elle appartient à ceux qui s'en emparent.

En France, la pensée stratégique dans le domaine économique existe depuis la Monarchie, Colbert et Charles de Gaulle. Le fondateur de la Cinquième République évoquait l'ardente obligation du plan en faisant référence au Commissariat général au plan, supprimé en 2006 pour réapparaître sous le nom de France stratégie. Si la pensée et la prospective sont fécondes et les expertises de grande qualité, les actions offensives butent souvent sur l'immobilisme et la difficulté qu'ont les partenaires économiques à chasser en meute et à passer du théorique au concret.

FRANCE STRATÉGIE
ÉVALUER. ANTICIPER. DÉBATTRE. PROPOSER.

Saluons cependant le travail de France stratégie qui comme l'indique son image a pour mission d'évaluer les politiques publiques, d'anticiper les mutations, de débattre et de croiser les expertises afin de proposer des finalités concrètes aux pouvoirs publics et aux territoires. Remarquons au passage que les cercles ascendants du logo et les quatre finalités sont en plein accord avec les méthodes et objectifs de cette introduction.

Ce constat ne doit pas occulter d'autres initiatives qui pourraient être mieux coordonnées mais vont dans le bon sens. Aux côtés de France stratégie, d'autres acteurs existent et agissent. La Caisse des dépôts, la Compagnie française d'assurance pour le

---

[110] Cet aspect public de l'intelligence économique est développé dans les ouvrages que l'on trouvera en bibliographie, notamment « *Du renseignement à l'intelligence économique* » Bernard Besson, Jean Claude Possin 2ème édition Dunod 2001. Traduit en portugais par l'Institute Piaget sous le titre « *Do servico de informacao à intelligencia economica* » l'ouvrage décrit les liens entre l'entreprise privée et l'état stratège en France et ailleurs.

commerce extérieur (COFACE), la Banque publique d'investissement (BPI), l'Institut national de la propriété industrielle (INPI), Business France, les Agences régionales de développement économique, les missions économiques des Affaires étrangères, les Agences régionales pour l'innovation, le Comité national des conseillers du commerce extérieur, le Centre national des ingénieurs et scientifiques de France et d'autres organismes publics ou para publics réalisent un excellent travail.

Les ressources humaines, intellectuelles et administratives existent. Elles doivent comme le suggère le dernier cercle surélevé du logo, participer à des actions. Celles-ci sont possibles et ont été impulsées dans le cadre de la politique publique d'intelligence économique telle qu'elle fut incarnée par M Alain Juillet et Mme Claude Revel. Ces deux patriotes ont fait bouger les lignes...

Intelligence politique et réforme de l'Etat

Qu'est-ce que l'intelligence politique ? C'est l'anticipation des difficultés qu'une réforme de l'Etat, par exemple, ne manquera pas de provoquer. Depuis longtemps les nouvelles majorités doivent modifier leurs promesses pour ne pas avoir anticipé et prévu certains évènements et la contre influence des lobbys de toutes sortes. Notamment dans les domaines de la santé, de l'éducation de la fiscalité qui relèvent encore en partie de la souveraineté nationale.

L'intelligence politique se situe en amont des élections. Elle a pour finalité de ne pas affaiblir la parole de l'État en retardant ou ajournant les engagements électoraux. Il en va de la stabilité de la démocratie. Qui doit conduire l'intelligence politique ? A l'évidence il s'agira des dirigeants des partis politiques anciens ou nouveaux ayant le désir de gouverner.

L'équivalent du délégué général auprès du ou de la candidate à l'élection présidentielle doit se doter des mêmes éléments fondamentaux décrits plus haut et faire valider des finalités en accord avec le programme de sa formation. A partir de là il s'agira d'innover, d'anticiper les opportunités et les risques du prochain quinquennat sans attendre le soir du deuxième tour.

Une telle intelligence politique démarre plusieurs années avant le premier tour de l'élection présidentielle. En commençant par solliciter tous les think tanks ou innombrables clubs de propositions qui sont déjà dans cette démarche. Peu nombreux en France et dotés de petits moyens ils comptent d'éminents experts qui ne demandent qu'à intégrer l'intelligence politique.

La réforme de l'État

Il ne s'agit pas de créer un monstre bureaucratique regroupant sous une férule de fer tous les organismes mentionnés ci-dessus et plus loin. La tâche serait impossible et catastrophique ! Il s'agit plutôt de lancer et laisser vivre de multiples actions décentralisées à géométries variables, maîtrisant des mémoires pluridisciplinaires, des réseaux interconnectés, des expertises partagées au service d'objectifs approuvés par des communautés d'acteurs. Ce sont quelques-unes de ces actions concrètes que nous allons aborder maintenant. Toutes ont le mérite d'exister ou d'avoir existé, en France et ailleurs.

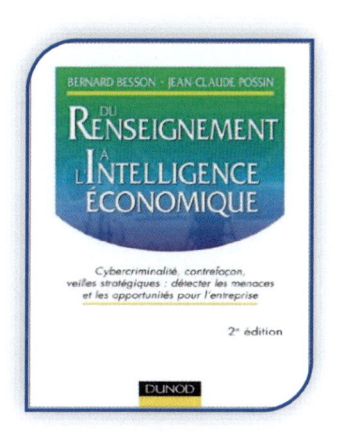

Les clubs d'intelligence économique

L'intelligence économique se conçoit aussi bien au cœur de l'entreprise qu'au sein d'un regroupement d'entreprises. Les éléments fondamentaux restent exactement les mêmes. Ces pratiques collectives peuvent accueillir des organisations de toutes tailles, d'un même secteur ou de secteurs différents. La convivialité et le climat de confiance doivent caractériser ces regroupements. Plusieurs formes peuvent voir le jour mais la suivante a fait plusieurs fois ses preuves.[111] Un MEDEF, une CGPME, ou n'importe quel regroupement d'entreprises peut se constituer en club dédié à la discipline.

Au cours de ces réunions il ne s'agit pas de partager des secrets d'affaire mais des attitudes et des comportements face à la maîtrise de l'information stratégique et à ses différentes applications.

Le club d'intelligence économique regroupe entre 10 et 20 entreprises. Il est présidé par un leader d'opinion reconnu ou le président d'un syndicat professionnel. Cette personnalité a le charisme et l'autorité nécessaire pour dérouler le calendrier qui suit. Ou un

---

[111] Cercle d'intelligence économique du MEDEF de Paris, Cercle d'Intelligence économique des Hauts de Seine et Commission intelligence économique du MEDEF Ile de France. Ces trois instances ont mis en œuvre des pratiques collectives synthétisées notamment par un « *Guide pratique pour les PME* » préfacé par M Alain Juillet en 2006. La Commission du MEDEF Ile de France poursuit les travaux. Les ingénieurs et scientifiques de France IESF ont entamé dans le cadre d'un MOOC dédié à l'intelligence économique d'entreprise une mutualisation importante des savoir-faire à l'œuvre dans les organisations.

autre, plus pertinent car discuté par les intéressés eux-mêmes. Le délégué territorial à l'intelligence économique, s'il existe, inaugure le programme.

La première séance peut être consacrée à la présentation d'un autodiagnostic.[112] Il est important que l'entreprise fasse son propre bilan afin de bénéficier pleinement des retours d'expérience des autres membres. Ces clubs sont dédiés uniquement aux méthodes permettant de s'approprier les éléments fondamentaux et leurs applications. Par simples échanges de vues.

La seconde séance aborde le traitement des sources d'information par les membres du club qui tour à tour expliquent comment ils gèrent, évaluent et diversifient leurs sources d'informations humaines et numériques. Le club s'interroge alors sur les sources des sources, sujet toujours passionnant et sur le marché de la donnée, sur le Big data et les évolutions qui impactent le business. D'un commun accord les membres peuvent faire venir des experts.

La troisième séance est consacrée à la comparaison des outils de veilles, à la coordination des veilleurs et à l'évaluation des résultats. Les membres du club s'aperçoivent que tous leurs collaborateurs sont peu ou prou des veilleurs. Lors des échanges, les entreprises découvrent des solutions partagées et des outils d'intelligence artificielle. Des veilles communes sur certains sujets peuvent être envisagées. Par exemple sur les évolutions de la fiscalité en Europe ou sur les impacts du réchauffement climatique.

La quatrième séance traite du partage de l'information et du management du hasard afin de multiplier les rencontres entre des personnes qui ont de bonnes raisons de ne pas se fréquenter. L'entreprise redécouvre la place du village, le forum de la cité antique. Il existe comme nous l'avons vu une architecture d'intérieur de l'intelligence économique qui va de pair avec un calendrier. Le moment est venu de comparer des solutions. Toutes les méthodes et astuces sont mises sur la table.

La cinquième séance est consacrée à la mémorisation des connaissances à leur classement et aux logiciels capables de créer des intelligences économiques à partir de mots clés afin de déceler des opportunités, des menaces et des collèges invisibles dans tous les domaines. Comment s'intéresser aux futurs inventeurs plutôt qu'aux brevets qui dorment dans les tiroirs ? Cette manière de voir ouvre des discussions profitables pour tous les membres du club.

La sixième séance traite de la cartographie et du management des réseaux humains. Une PME de 20 personnes découvre qu'elle est un système d'intelligence économique de 200 personnes. Encourageante découverte. Les problèmes éthiques et juridiques liés aux réseaux sociaux et à leur impact entre vie privée et professionnelle sont mis

---

[112] Le « Test 1000Entreprise » déjà cité, peut être téléchargé gratuitement. Test1000Entreprise@outlook.com Le club peut inventer d'autres tests à sa main ce qui est encore mieux.

sur la table.[113] L'entreprise, en écoutant ses pairs, apprend que les autres rencontrent les mêmes difficultés qui sont souvent de faux problèmes.

La septième séance est consacrée à la sécurité (*safety*) et à la sûreté (*security*). Les périls communs sont l'occasion de nouer avec la représentation locale de l'État stratège des échanges intéressants. Les membres du club se familiarisent avec les normes internationales qui définissent le contenu et les méthodes de la sécurité économique. En France, ils solliciteront la participation d'un fonctionnaire agréé par le Commissaire à l'information stratégique et à la sécurité économique de Bercy.

La huitième séance traitera des risques environnementaux et managériaux et des liens que les membres du club peuvent tisser avec l'intelligence économique territoriale et les administrations compétentes dans ces domaines. La préservation de la nature devient un avantage concurrentiel, un puissant moteur d'innovation. L'État stratège joue un rôle de premier plan dans ce domaine où l'on peut dire que la France est exemplaire.

La neuvième séance est consacrée à l'intelligence inventive et aux partenariats possibles avec des investisseurs, des apporteurs d'idées et des managers de l'innovation. Qu'elles soient en concurrence ou viennent de secteurs différents les entreprises du club partageront les savoir-faire méthodologiques de l'intelligence inventive. Elles ne trahiront aucun secret de fabrique ou d'affaire mais découvriront en écoutant les autres que l'on peut voir les choses autrement.

La dixième séance dresse le bilan du cycle. Chaque entreprise repart avec sous le bras un programme adapté à ses besoins et ressources. Elle est aussi l'occasion de créer un réseau sur lequel l'État stratège pourra s'appuyer pour convaincre d'autres entreprises de se lancer dans l'aventure.

Les outils communs de diffusion de l'intelligence économique

Les clubs peuvent prendre l'initiative de publier des guides de bonnes pratiques rendant compte de leurs travaux. L'État stratège à travers l'un de ses représentants encourage ces réseaux à publier leur vision. Le bon guide obéit à plusieurs critères.

Il est gratuit et en ligne. Il est lisible et sans jargon. Il restitue l'essentiel des travaux. Il donne de l'intelligence économique une vision validée par les acteurs. Ceux-ci avancent leur propre définition de la matière. Le bon guide donne des conseils et cite des exemples. Il montre des visages et nomme des institutions pouvant aider les entreprises, petites ou moyennes ainsi que les micro- entrepreneurs.

---

[113] Le lecteur intéressé trouvera en annexe de cette introduction une charte type sur l'usage des réseaux sociaux dans l'entreprise. Il pourra en retrancher ce qui lui parait superflu ou au contraire compléter le document avec l'aide d'un juriste.

Il est mis à jour régulièrement et donne le calendrier des évènements à venir liés à l'intelligence économique territoriale. L'appropriation par le territoire ne se conçoit pas sans rencontres lors de colloques ou d'assises en tous genres. L'intelligence économique n'est pas exclusive des mondanités, bien au contraire. Comme la diplomatie ou les affaires, elle supporte les petits fours et les ambiances chaleureuses.

Il n'existe pas de meilleur formateur qu'un chef d'entreprise qui explique à un de ses pairs comment aborder tel ou tel problème. Il faut une histoire humaine, une connivence sur laquelle semer. Trop de projets finissent dans les cartons car ceux qui les portent ne se connaissent pas assez. L'intelligence économique est un humanisme avant d'être un mode de management. Le mot intelligence commande le mot économique. Après avoir lancé les clubs de mutualisation des bonnes pratiques, l'État stratège pourra aller plus loin.

Du village intelligent à la ville intelligente

Comme les clubs, le village intelligent peut s'organiser à travers les figures de cette introduction. Le village n'est-il pas un club, avec ses cancans, son histoire, ses traditions, ses espoirs ? Pour exister l'intelligence économique villageoise n'a pas besoin d'entreprises. Le village est une entreprise sans bureau et sans atelier. Il est un rassemblement d'intelligences individuelles, ce qui est l'essentiel. Celles-ci sont reliées entre elles par une langue, une tradition, des projets et des technologies de l'information universellement répandues. Tout est possible.

Au lieu de se réunir autour de la machine à café on se retrouve à la mairie, sous l'arbre, à l'église, au temple ou à la mosquée et chacun parle de finalités possibles. Il n'est nul besoin pour cela d'être expert. Tout le monde dit ce qu'il a envie de dire avec ses mots. Savoir écouter et oser parler suffit. Avancer n'importe quoi n'est pas inutile. Les meilleures idées naissent d'un éclat de voix ou d'un éclat de rire. La spontanéité des enfants est un des ressorts de l'intelligence économique.

La première étape aborde l'ignorance féconde. C'est l'étape la plus importante mais aussi la plus douloureuse. Car il faut écouter. Ici comme dans l'entreprise il faut une autorité légitime, un médiateur qui ne peut être que le chef du village, en France le maire. Celui que tout le monde respecte. Sans son implication il n'y aura pas de village intelligent.

On dresse ensuite la liste des questions qui ont un sens pour les habitants. Comment obtenir l'électricité ou une couverture numérique ? Comment obtenir une école, une clinique, comment augmenter les rendements agricoles sans abîmer la nature ? Quelles nouvelles plantations ? Quelle forme d'élevage ? Que pourrions-nous vendre à d'autres villages dont nous ne connaissons pas les besoins ? Comment pourrions-nous connaître et évaluer ces besoins ? Comment faire pour attirer des capitaux ou des touristes. Surtout, comment faire pour en garder les profits ? Quelles sont les technologies qui nous manquent ? Etc.

Première découverte fondamentale. Une partie des réponses se trouve déjà au village. Nous sommes plus intelligents que ce que l'on raconte ! Le chef de village désigne alors des chargés de missions mandatés pour obtenir les réponses.

La deuxième étape fait le bilan de toutes les technologies de l'information dont dispose le village ou dont il pourrait disposer. Smartphones, ordinateurs, radio amateurs, téléviseurs, etc. Certaines des questions inventées nécessitent d'interroger le village mondial. Qui va coordonner les interrogations des différents veilleurs ? Quelles familles vont se voir attribuer la quête des réponses ? La chasse à l'information commence. Dans le désordre, ce qui n'est pas grave mais dans l'enthousiasme ce qui est fondamental.

La troisième étape peut être consacrée aux méthodes de partage de l'information entre les villageois. Les réunions physiques et les échanges de mails obéiront à un calendrier et à un espace géographique dont le maire, le chef du village ou son délégué à l'intelligence collective qui peut être un étudiant, épaulé d'un sage, auront la responsabilité.

La quatrième étape sera consacrée à la bibliothèque virtuelle du village. C'est la base de données où figurent les questions inventées et les réponses apportées. Elle peut se situer dans la maison commune. Elle doit être accessible à tous mais aussi protégée. Chaque chargé de mission y déposera les informations obtenues et consultera la liste des experts repérés par lui ou par d'autres. Le village est fier de ses experts.

La cinquième étape dresse le bilan des alliances villageoises à travers le village mondial. On commence par la famille au sens élargi, par le clan, par les attaches politiques, religieuses, philosophiques. L'idée est de cartographier ce trésor relationnel. Il ne s'agit plus ici d'avouer son ignorance, il faut montrer sa parentèle au sens large. Les autres vont découvrir une partie de moi-même. Ce partage des réseaux entre villageois ne se fera pas en un jour. Il ne sera jamais complet. Ce qui est humain. Il faudra sans cesse remettre l'ouvrage sur le métier.

La sixième étape traitera des actions d'influence du village, de sa politique extérieure. Il faut faire coïncider la satisfaction des besoins avec l'intérêt général du territoire auquel on appartient. Fort heureusement les informations obtenues précédemment et les cartographies de réseaux d'influence vont nous être d'un précieux secours. Il y a des parents, des amis, des relations qui vont nous aider à obtenir des conseils, des financements, des autorisations, des adresses, des idées nouvelles.

L'influence villageoise s'appuiera parfois sur des traditions ancestrales. Au Brésil par exemple le village aura recours au Jeitinho personnage roublard et sympathique de la littérature lusophone et devenu « méthode d'influence ».

Le Jeitinho est un mécanisme social typiquement brésilien. C'est une manière pour une personne d'atteindre un objectif en contrevenant à une règle établie et en faisant appel à des arguments émotionnels afin d'obtenir une faveur, un passe-droit. On ne doit pas confondre le Jeitinho avec d'autres pratiques, tel le clientélisme ou la corruption. Il s'agit d'une habileté brésilienne à évoluer dans les arcanes de l'administration ou du pouvoir pour influencer les décideurs. La débrouillardise, la ruse, la mètis des Grecs, font partie de l'intelligence collective et valent bien des processus compliqués.

La ville intelligente est un assemblage de clubs de mutualisation, de villages-quartiers et de village thématiques consacrés à la gestion des ordures, aux soins à domicile, à la création d'incubateurs de startups, à la sécurité civile, à la prévention des risques sanitaires ou climatiques, à la création d'évènements culturels.

Toutes ces communautés sont représentées au sein du conseil municipal par un élu qui est le délégué général à l'intelligence politique du maire, vrai patron de la ville intelligente.

Des modèles économiques innovants

En favorisant l'émergence de villages et de villes intelligentes l'État stratège favorise la naissance de modèles innovants.[114] Il sert les citoyens et les personnes, notamment handicapées ou isolées. Il accompagne la croissance autant que la décroissance et peut faire les deux en même temps. Il sert l'économie marchande mais aussi l'économie non marchande. Il n'a aucun parti pris. Il est pragmatique. Il prévoit des problèmes, anticipe des évolutions, modélise des solutions, promeut les savoir-faire de la nation.

---

[114] Cet avantage est aussi un risque politique qui peut heurter des économies de rentes ou des privilèges. On retrouve ici les mêmes freins que dans les entreprises. Les oppositions peuvent être violentes.

Dans la même journée sur des sujets semblables il peut être interventionniste, patriotique, libéral, capitaliste ou adepte du troc. Libérée de toute doctrine économique ou politique, l'État stratège réinvente le Bonheur National Brut sans écarter ni mépriser le PNB. Il dresse des ponts là où les théories, les partis politiques et les religions distinguent et séparent.

Il sert aussi bien les pays du Nord que ceux du Sud. Dans ses fondamentaux il est aussi vieux que l'humanité commerçante, agricole et manufacturière. Les technologies de l'information ne sont que des outils, des prothèses, comme autrefois les hiéroglyphes, l'alphabet où l'écriture démotique qui furent de formidables innovations, des « intelligences artificielles » avant l'heure.

Des cultures africaines ou asiatiques ayant une longue tradition d'échanges oraux, un sens du réseau et des solidarités familiales fortes peuvent créer des modèles innovants par consensus. L'intelligence économique devient intelligence politique. Elle permet de mieux vivre au pays en pensant mondial et en agissant local. Il y a à l'autre bout de la planète des idées, des astuces qui font partie du patrimoine mondial. Elles appartiennent donc au village.

Au Cameroun par exemple, la réflexion académique sur l'intelligence économique fait preuve d'audace. Elle préconise une amélioration radicale des marchés de Yaoundé en redistribuant de manière rationnelle les espaces d'achalandage. Modernité et archaïsmes peuvent se compléter plus souvent qu'on ne l'imagine. Pourquoi éliminer l'un au profit de l'autre ?

En France aussi l'intelligence économique transforme des professions que l'on croyait gravées dans le marbre. Face à la baisse du courrier, la Poste invente de nouveaux métiers. Le facteur, personnage mythique des campagnes participe maintenant à la surveillance et au confort des personnes âgées. Il fait les courses en même temps que la distribution des lettres.

Les villages intelligents sont innombrables et plus anciens qu'on ne l'imagine. Ils n'ont besoin que de quelques séances méthodologiques et de bon sens. Ils ne doivent nourrir aucun complexe d'infériorité et avancer tout seul sans attendre les décrets, autorisations ou cathédrales toutes faites. L'avenir leur appartient car l'économie politique devient de plus en plus conviviale et collaborative.

L'économie collaborative et l'explosion des possibles.

Parmi les modèles innovants, l'économie collaborative tient une place de choix. Malgré un cadre juridique flou [115] l'économie du partage profite des technologies de l'information dont elle est une des conséquences. Des plateformes comme Leboncoin se multiplient. Uber, Airbnb, Chauffeur- Privé ont dû leur succès à une simplicité d'accès et une compréhension immédiate de leurs modèles par les usagers. Ces réseaux connectés au Big data sont des exemples d'intelligence économique. Celle-ci est par ailleurs la grille de lecture qui permet d'en comprendre le fonctionnement et les évolutions.

Les plateformes de service à la personne se multiplient car le moteur réside moins dans l'organisation que dans la fluidité. Les plateformes mettent en relation tout le monde avec tout le monde afin d'obtenir des solutions à des problèmes relevant de la santé, du bien-être, de l'envie d'immortalité, de la mobilité, de la solitude, de la soif de reconnaissance, de sécurité, de sûreté, de solutions financières, etc.

Le succès du compte-nickel est emblématique de cette économie où des buralistes deviennent prestataires financiers en offrant à leurs clients les services d'une banque de proximité. La simplicité, la rapidité et la confiance partagées, battent en brèche l'autorité qu'avaient de grandes institutions économiques ou politiques qui n'ont pu empêcher les crises et les scandales, le terrorisme ou les problèmes migratoires. Les grandes organisations marchandes ou publiques vont devoir s'adapter.

Ces plateformes sollicitent les intelligences artificielles qui vont chercher dans le Big data des solutions individualisées à chaque histoire humaine. Une économie, centrée sur l'infinie variété des désirs individuels et collectifs est rendue possible grâce aux technologies. L'intelligence collective a un bel avenir dans la détection, la validation et l'animation des réseaux qui répondront à cette explosion des possibles.

Pôles de compétitivité et d'innovation

Après le village et la ville intelligente nous entrons dans une communauté d'acteurs plus professionnalisée. Selon la définition française un pôle de compétitivité est « un rassemblement, sur un territoire bien identifié et sur une thématique ciblée, d'entreprises petites et grandes, de laboratoires de recherche et d'établissements de formation ». Ce type d'objet porte la marque de l'État stratège. Les pôles ont vocation à rendre l'économie plus compétitive, créer des emplois, rapprocher la recherche privée et publique et développer les territoires.

---

[115] Des questions restent entières. Quand faut-il déclarer aux impôts la vente de sa voiture sur le Bon coin, Quand un particulier qui fait de la plomberie devient-il un professionnel ? La loi travail dite loi El Khomri a ajouté un titre dans le Code du travail définissant la responsabilité sociale des plateformes afin que leurs travailleurs bénéficient d'une assurance et d'un droit à la formation professionnelle à la validation des acquis de l'expérience, à la grève et puissent se constituer en syndicat. Le *Figaro Entreprises* du 5 septembre 2016.

Le pôle se distingue des clubs de mutualisation et des villages intelligents en ce qu'il bénéficie de subventions et d'avantages fiscaux octroyés par l'État. Il appartient à chaque gouvernement d'en dresser le catalogue et les conditions. Le pôle peut rassembler des entreprises d'un secteur jugé stratégique pour la nation. En 2021 l'hydrogène devient en France un pôle national comme le furent les terres rares en Chine il y a trente ans.

Plusieurs conditions président à la réussite des pôles en dehors des aspects financiers et fiscaux qui n'entrent pas dans le cadre de cette introduction. Il convient en premier de désigner ou mieux encore, d'élire un président dont le charisme et l'autorité soient reconnus par le plus grand nombre. Un président ou une présidente convaincue que le pôle est une intelligence sociale et collective.

La gouvernance du pôle implique des règles de conduite sur lesquelles il n'est pas inutile de passer beaucoup de temps. La confiance entre les acteurs sera plus difficile à établir que dans les clubs de mutualisation ou les villages intelligents. De grands donneurs d'ordre et leurs fournisseurs cohabitent dans ces pôles.

Les relations entre ces acteurs peuvent être dégradées par des délais de paiement trop longs ou des craintes de déréférencement qui ne prédisposent pas d'emblée à la franchise dans les débats. La finalité d'un pôle de compétitivité étant l'innovation se pose un second problème. Il s'agit du partage équitable des efforts et de l'attribution des résultats, c'est-à-dire des inventions devenues innovations. On voit que les arrière-pensées et les non-dits peuvent faire du pôle une façade présentable devant les media mais en fait une coquille vide.

C'est pour cette raison que le président du pôle fera appel à un tiers de confiance n'appartenant pas à la famille des acteurs locaux mais reconnu pour sa compétence de régulateur et de médiateur. Un ancien directeur de l'institut de la propriété intellectuelle, un ancien président de tribunal de commerce, un ancien ministre de l'agriculture ou de l'industrie peuvent être des figures rassurantes. Ces personnalités locales connaissent bien le terrain. Elles sont chargées de proposer une charte de bonne conduite et d'en assurer le respect. Il existe sur le territoire des seniors de grande qualité qu'il serait dommage de ne pas solliciter.

Bénéficiant d'avantages publics, les pôles doivent être évalués. Le comité d'évaluation national mis en place par l'État stratège prendra en compte le nombre d'entreprises créées et d'innovations mises sur le marché pour justifier la reconduite des avantages. Car la vocation première d'un pôle est bien de créer de la valeur pour ses adhérents et toutes les parties prenantes.

Le partage de l'intelligence inventive

Deux phénomènes concomitants mettent l'innovation et la croissance au cœur des pôles de compétitivité. Tout d'abord les technologies de l'information multiplient la fabrication des idées de manière durable. Ce sont les fameuses connexions évoquées au début de cette introduction.

Ensuite la mondialisation a considérablement augmenté les gains potentiels de toutes les innovations.[116] Dans ces conditions les pôles doivent favoriser la création de structures et l'émergence d'un état d'esprit. Ils doivent amener leurs adhérents à identifier des directions et prévoir des échéances. Ils doivent, comme dans les clubs de mutualisation cités plus haut, explorer ensemble toutes les voies inventives.

Enfin ils doivent aider leurs adhérents à transformer leurs inventions en innovation à succès avec l'aide de l'État stratège lorsqu'elles ont lieu dans des secteurs jugés stratégiques.

On peut codifier la gouvernance d'un pôle mais innover ne se décrète pas. L'innovation est un domaine original et pluriel. La démarche nécessite une structure mais le moteur reste l'homme qui conçoit des idées en dehors des sentiers battus. A la différence des processus formalisés tels que la qualité ou la gestion de projet, l'innovation ne peut être contenue, au risque de scléroser l'inspiration. C'est le couple sensibilité et structure qu'il faut relier pour innover.

Le président du pôle inaugure un cycle de séances inspirées des douze mots-clés de l'intelligence inventive.[117] Rappelons qu'il ne s'agit pas de débattre des recherches en cours dans les laboratoires ou des business plans des entreprises. Ceux-ci restent protégés par le secret des affaires et ne sont pas mis sur la table. Ce cycle est destiné, comme dans les clubs et les villages intelligents, à comparer des attitudes et des aptitudes favorables à l'intelligence inventive. Le nombre d'entreprises doit être comme dans les clubs compris entre 10 et 20.

La première séance, inaugurée par le président du pôle, permet de présenter un ingénieur en management de l'innovation, un doctorant ou un enseignant-chercheur. Cet animateur de l'intelligence inventive commente un système d'auto-évaluation préalable dédié spécifiquement à la démarche d'innovation.[118] Cette auto-évaluation permet à chaque entreprise de participer au cycle avec des questions concrètes. Chacune vient avec son dossier sur l'état de l'art chez elle. Dans le meilleur des cas, chacune repart avec des idées neuves.

Les entreprises ayant suivi les cycles d'intelligence économique et inventive dans les clubs ou les pôles de compétitivité peuvent prétendre à un label. Ces certifications pourront être produites auprès d'institutions financières privées ou publiques pour solliciter des aides. Un investisseur sera toujours intéressé de savoir qu'il aide une entreprise bien informée, mieux protégée, plus influente, créative, socialement responsable, éthique et bien implantée sur son territoire.

---

[116] « *Repenser la croissance économique* » Philippe Aghion, Leçon inaugurale au Collège de France, Collège de France/Fayard 2016
[117] Les douze mots-clés de l'intelligence inventive structurent la démarche : « *L'Intelligence inventive, audit, management et boîte à outils de l'innovation* » Bernard Besson Renaud Uhl, déjà citée, Lulu.com, 2012 « mention spéciale » de l'Académie de l'intelligence économique en 2012
[118] Téléchargeable gratuitement sur le site de l'intelligence inventive. www.intelligence-inventive.com/

D'autres acteurs de l'État stratège

En France il convient de citer en premier lieu l'Agence pour la diffusion de l'information technologique (ADIT) [119] qui avec un chiffre d'affaire de trente millions d'euros et plusieurs représentations à l'étranger est un acteur historique de référence. L'agence assure aux PME françaises un soutien opérationnel pour les affaires, une prévention dans la gestion de nombreux risques liés à l'exportation et dont nous reparlerons dans le chapitre « intelligence des risques ».

Dans le cadre de l'État stratège l'agence dispose d'un pôle « entreprises et territoires » qui aide à la mise en place de plateformes et de réseaux de veilles aussi bien pour les PME que pour les collectivités territoriales dans le cadre des villes et villages intelligents évoqués plus haut. Elle est également devenue un acteur de la sécurité économique à l'instar des géants étrangers de ce secteur en pleine croissance.

D'autres acteurs institutionnels soutenus et conseillés par l'ADIT regroupent des collectivités locales mais aussi des filières industrielles ou agricoles. L'État stratège aide à la perception des jeux concurrentiels, aux stratégies d'innovations technologiques, à la diversification et à la différenciation des produits et services.[120]

Par ailleurs, les ministères de l'industrie et de l'enseignement supérieur et de la recherche diffusent des études prospectives sur les technologies clés qui porteront des innovations de rupture dans les années à venir. Ce ministère cible et commente des technologies clés génériques : nanotechnologies, matériaux avancés, systèmes de production, biotechnologies, usines du futur, bâtiments efficaces sur le plan énergétique, procédés de fabrication durables, hydrogène, déjà citée. Etc.

Commission et intelligence européenne

Dans les domaines de la recherche et de la veille technologique comme dans celui du contrôle des secteurs stratégiques, face à des compétiteurs non européens ou à des prises de participation jugées dangereuses se posent des problèmes de souveraineté. L'harmonisation entre les intelligences économiques des États et l'intelligence économique de l'Union européenne est inéluctable. Les initiatives récentes de la Commission dans plusieurs domaines légitiment une coordination sous son égide des stratégies d'influence et de contre influence des États membres.

Le chapitre suivant consacré au protectionnisme intelligent concerne autant Bruxelles que Paris ou Berlin. La nomination d'un Commissaire à l'intelligence européenne

---

[119] Agence pour la diffusion de l'information technologique créée par l'État français en 1993 pour coordonner les réseaux de conseillers scientifiques dans les ambassades et mettre en œuvre une politique de veille stratégique. « *Intelligence économique* » sous la direction d'Alice Guilhon et de Nicolas Moinet, Pearson France 2016.

[120] On lira avec intérêt l'expérience conduite en Poitou Charentes pages 273 à 278 dans l'ouvrage cité plus haut : « *Intelligence économique* ».

s'inscrit en filigrane dans les directives concernant la finance, l'énergie, la protection des données à caractère personnelle et le début d'extraterritorialité de la réglementation et de la justice européenne que nous aborderons plus loin.

Le protectionnisme intelligent

Celui qui est bien informé voit venir les problèmes avant les autres. Il saisira des occasions et survivra par l'emploi de contre-mesures. La loi du marché n'est pas la même pour tous. Il y a asymétrie dans l'accès à l'information stratégique. La compétition favorise ceux qui ont accès aux données avant leur publication. Elle avantage les entreprises qui bénéficient de la protection discrète de leur État.

Le protectionnisme intelligent ne s'embarrasse ni de taxes, ni de barrières douanières, ou de politique fiscale qui sont le fait des protectionnismes ordinaires pour ne pas dire grossiers. Il est invisible et silencieux et forme le deuxième échelon de l'État stratège. Comme dans le chapitre précédent, il décloisonne les savoirs et les savoir-faire de la Nation de manière à anticiper les agressions et imaginer des solutions voire des ripostes avant d'avoir à gérer des crises.

Il ne coûte rien mais oblige à partager, à écouter, à imaginer, à chasser en meute, à innover ensemble. Cela rend son exercice insupportable aux féodalités et à ceux qui ont de bonnes raisons pour ne rien partager, ne rien réformer. Il est gratuit et donc insaisissable et surprenant, plus difficile à mettre en œuvre que le protectionnisme ordinaire.

Le protectionnisme intelligent ne s'oppose ni au libéralisme ni à l'interventionnisme, il les englobe. Il est inséparable de l'État stratège qui dans une démocratie est seul légitime pour sa mise en œuvre.

La complexité des rapports économiques fait que l'on peut être en concurrence avec un partenaire ou un allié. Il peut être judicieux sur certains sujets d'échanger avec un adversaire déclaré. Dans un monde où les technologies bouleversent les modèles économiques et rebattent les cartes, le protectionnisme intelligent est une grille de lecture prédictive. C'est un radar dédié à la prospective.

Parce qu'il embrasse d'un seul regard le politique, l'économique, le technologique, le financier, le droit, la norme, l'histoire, le social, le religieux, le culturel, le psychologique et l'émotion, il indique où se trouve l'intérêt de la Nation à court et à long terme. Il voit loin. Il rassemble ce qui est séparé entre différents ministères. Son investissement principal est le croisement des compétences et des réseaux d'alerte qui existent déjà. Il ne construit pas de nouvelles administrations, il connecte. Instrument de souveraineté, il est aussi un mode de gouvernement. Des pays comme la Chine ou la Corée du Sud croisent harmonieusement le protectionnisme ordinaire et le protectionnisme intelligent. Sachant parfaitement jouer sur les deux tableaux.

Le comité directeur de l'intelligence nationale

Selon les pays ou les cultures, le monarque, le président de la République ou le premier ministre, instituent lors d'un conseil des ministres le principe d'un comité directeur du protectionnisme intelligent, de l'intelligence économique ou nationale.[121] Ce comité directeur est composé de tous les ministres membres du conseil des ministres. Il siège plusieurs fois par an et valide les grandes orientations de la politique publique.

Le comité directeur propose au chef de l'Etat des arbitrages lors des conflits de compétences qui ne manqueront pas entre des administrations, des personnalités, des grands corps jaloux de leurs prérogatives et peu enthousiastes à l'idée de se faire évaluer…

Comme dans la plus humble des TPE, le protectionnisme intelligent commence par des questions pertinentes. La qualité du programme dépendra plus des curiosités échangées par les ministres entre eux que de l'information ramenée par les veilles robotisées des ministères.

---

[121] Peu importe l'étiquette. L'important est ce qu'il y dessous.

Nomination d'un ministre de l'intelligence nationale [122]

Un élu, une personnalité politique, reconnue pour sa proximité avec le président ou le premier ministre est nommé ministre de l'intelligence économique. Car il faut l'autorité nécessaire pour décloisonner les silos. Ce ministre est placé physiquement à la présidence, au palais du roi ou auprès du premier ministre. Il siège bien évidemment au conseil des ministres.

Plusieurs fois par an il rend compte de son activité devant le comité directeur de l'intelligence économique. Il informe régulièrement le président et le premier ministre des évènements liés à la gouvernance publique.

Le ministre est habilité à saisir chacun de ses collègues de demandes liées à l'exercice de sa fonction. Il propose des mesures et orientations visant au renforcement des capacités nationales dans ce domaine et concourt à la mise en œuvre des décisions du comité directeur.

Il a principalement un rôle d'animation et de coordination, en utilisant le potentiel des structures nationales et locales des administrations et organismes privés et semi-publics, d'associations et de think tanks.

Il préside un groupe interministériel d'intelligence économique qui réunit une fois par semaine les responsables de l'intelligence économique de chaque ministère. Il s'entoure par ailleurs de chargés de mission qui constituent une cellule permanente d'animation et d'évaluation. Ces derniers participent aux réunions du groupe interministériel.

Le secrétariat du ministre fait office de secrétariat du comité directeur, du groupe interministériel et de la cellule permanente, qui sont les trois institutions de la politique publique.

Le secrétariat gère la mémoire de ces trois organismes, établit les ordres du jour du comité directeur et du groupe interministériel auxquels il transmet les comptes rendus et les convocations des prochaines séances.

La cellule nationale permanente d'intelligence économique

Le ministre dispose à ses côtés d'une cellule nationale d'intelligence économique recrutée à partir des différentes administrations sur le mode du volontariat. Chaque chargé de mission se voit attribuer un secteur thématique. Les attributions géographiques sont déconseillées pour ne pas faire double emploi avec les autorités locales et froisser inutilement.

---

[122] Ou de l'information stratégique, ou de la sécurité économique ou du patriotisme économique ou de la protection et de l'innovation ou de la compétitivité économique et culturelle, etc. Là encore peu importe le terme.

Au sein de cette cellule nationale le ministre dispose d'un groupe de chargés de missions-enquêteurs issus de la défense et de l'intérieur capables de mobiliser rapidement les services de renseignement, de police et de gendarmerie car la gouvernance publique aura quotidiennement besoin de s'assurer de la fiabilité, voire de l'honnêteté de solliciteurs qui ne manqueront pas d'arriver.

Il faut également auprès du ministre deux diplomates de carrière, des ambassadeurs ayant exercé dans un pays connu pour sa politique d'intelligence économique ou mieux encore, réputé pour sa culture d'intelligence économique.

Deux universitaires ayant des liens avec l'entreprise prendront en charge le dossier formation diplômante et celui de la formation continue. Ils assureront l'interface avec le ministère de l'éducation nationale, les universités, les instituts universitaires de technologie et de l'innovation, les lycées.

Deux magistrats issus du ministère de la justice traiteront du droit, de l'éthique, de la déontologie, des professions associées, des normes internationales, des droits étrangers et des méthodes d'influence dans les organismes de régulation de l'économie mondiale.

Quatre ou cinq ingénieurs s'occuperont des dossiers scientifiques et d'entreprise. Ils instruiront les demandes d'aides et de subventions qui ne manqueront pas d'affluer auprès du ministre, notamment celles provenant des secteurs stratégiques.

Deux communicants se chargeront de l'animation du site officiel. Ils proposeront au ministre un calendrier de conférences et de prise de parole des autres chargés de missions. Ils seront à la recherche de contributions de chefs d'entreprises ou d'élus locaux ayant des considérations à faire valoir.

Trois ou quatre informaticiens issus de la défense ou de l'intérieur assureront la gestion et la protection de la base de données du ministre. Celle-ci deviendra vite le dépôt le plus sensible du protectionnisme intelligent et sera protégée par le secret d'Etat.

Les chargés de mission sont réunis au moins une fois par semaine car il est important que tous soient au courant des affaires de chacun. Il serait dommage que l'esprit de partage inhérent à l'intelligence économique soit absent au cœur du dispositif !

Des animateurs plus que des fonctionnaires

Les chargés de mission de la cellule nationale sont des animateurs. Osons dire qu'ils doivent être des militants. Leur rôle prioritaire consiste à aller porter la bonne parole dans les territoires, les administrations et les regroupements d'entreprises. Ils ne doivent pas s'enfermer dans la gestion des dossiers qui sont traités par les administrations centrales et territoriales.

Il est important, notamment dans les régions, que les bonnes volontés soient reconnues et encouragées. Elles doivent sentir qu'il y a « un pilote dans l'avion ». Rien ne serait plus détestable qu'un chargé de mission hautain et distant. Le patriotisme souriant est une des armes les plus redoutables de l'intelligence nationale.

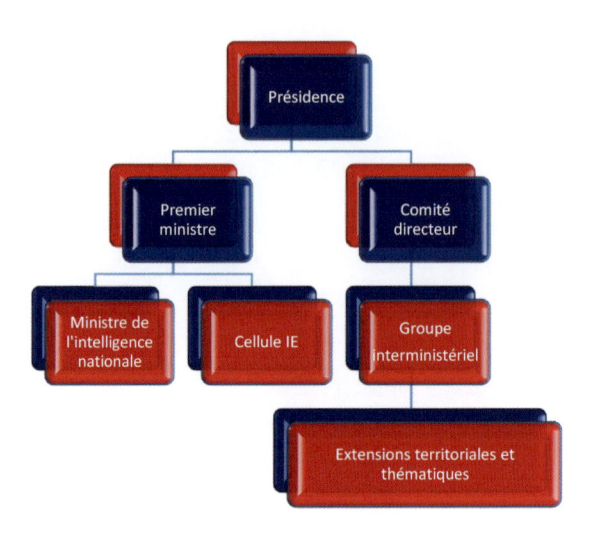

Figure n°13 Organisation de l'intelligence nationale [123]

Le site officiel de l'intelligence nationale

Le ministre dispose des moyens humains et matériels nécessaires à la création et à l'animation d'un site officiel géré par son secrétariat. Des blogs et forums recueillent les avis et critiques. Les chargés de mission répondent aux interrogations du public. Un agenda et un calendrier de l'action gouvernementale sont régulièrement mis à jour avec les dates et lieux des interventions de toutes natures que ce soit au niveau national ou territorial. Il n'est pas indispensable que ce site soit gris et ennuyeux.

La mémoire décisionnelle

La base de données, centralisée et pluridisciplinaire gérée par le secrétariat du ministre est accessible aux seuls acteurs publics proposés ou autorisés par lui. Elle contient toutes les délibérations du comité directeur, du groupe interministériel ainsi que toutes les contributions venant des territoires, des entreprises, des villes et des villages.

---

[123] Le même organigramme peut se concevoir au niveau de la Commission européenne.

Cette base de données n'est pas seulement un dépôt stratégique permettant de cartographier et de tenir à jour les réseaux d'experts et les connaissances liées à la gouvernance. Elle est un laboratoire où l'Etat expérimente les fluidités les plus efficaces en même temps que les mesures de cyber sécurité les plus performantes.

Cette mémoire expérimente les technologies de l'information propres à l'intelligence économique. Elle doit être en mesure, après un an environ, de faire apparaître, par simple interrogation, des intelligences économiques entre les différentes administrations et collectivités locales. On aura compris que sa force vient du décloisonnement des silos étatiques et administratifs à l'instar de ce que nous avons vu dans les chapitres consacrés à l'entreprise. C'est parce que tout est mélangé que tout devient possible.

L'organisation et la forme [124] de l'intelligence nationale, validées et voulues par le chef de l'État ayant été dressées et comprises, la politique publique peut enfin aborder la partie la plus intéressante du programme. Son contenu.

Le contenu des débats du comité directeur

Voici, inspirés des réalités politiques et économiques, les contenus possibles d'une politique d'intelligence nationale. Les réponses aux questions qui suivent s'identifient pour l'État aux finalités évoquées plus haut. Les processus d'acquisition de vérification et d'analyse seront exactement les mêmes qu'au sein de l'entreprise ou du village intelligent. Tout commence par des interrogations :

---

[124] L'organisation que nous proposons ici est largement inspirée des expériences françaises conduites par M Alain Juillet et Mme Claude Revel. D'autres formes, adaptées à d'autres pays ou cultures sont possibles ainsi que nous le verrons plus loin.

Par exemple : En quoi la crise sanitaire du coronavirus a-t-elle changé la donne en matière économique et politique ? Quels sont les défis que nous ne voyons pas venir ? Quels modèles économiques en sortiront renforcés ou affaiblis ? Croissance et décroissance heureuses sont-elles compatibles ? A Quelles conditions ? Qui dans le pays a déjà réfléchi sur le sujet ? Nos alliés d'aujourd'hui sont-ils nos alliés de demain ? Que viennent-ils chercher chez nous ? Quelles sont leurs arrière-pensées ? Quels talents laissons-nous filer ou sont inexploités ? Quels sont les données auxquelles nos entreprises n'ont pas accès ? Notamment dans le domaine sanitaire.

Qui sont les partenaires fiables et quels sont ceux qui pourraient devenir des prédateurs ? Quelles sont les ressources abondantes à notre disposition qui pourraient être utilisée ou réutilisées de manière différente ? Quelle est l'image du pays chez les autres nations et dans les organisations internationales ? Comment vendre dans des pays aux coûts de production moins élevés ? Comment bénéficier des informations et des savoir-faire de nos expatriés à l'étranger ? Comment resserrer les liens avec eux ?

Autres exemples : Quels sont les avantages concurrentiels du pays ? Notre droit du travail est-il pénalisant pour l'économie ? Ce qui est pénalisant pour l'économie est-il pénalisant pour le bonheur brut de la population ? Les critères de productivités et les bilans comptables rendent-ils compte de toute l'économie ? Peut-on inventer et imposer d'autres critères ? L'attractivité de nos territoires est-elle à la hauteur de ce que nous pouvons faire ? Combien d'emplois nouveaux devons-nous à l'action de notre diplomatie économique ? Pourquoi nos inventions sont-elles exploitées par d'autres ? Notamment dans le domaine de la cybersécurité comme nous le verrons plus loin.

En donnant de l'autorité aux questions. En les transformant en finalités de la politique nationale, le comité directeur justifie son existence. S'il n'y a pas ce débat préalable, parfois vif, il n'y aura ni intelligence nationale ni ouverture profitable sur le monde extérieur. La compétition se fera au profit des autres. Un tel programme n'est pas réservé aux seules vieilles nations industrielles. Il est universel. On peut même dire, au regard de l'Histoire, qu'il a toujours existé. Il s'agit simplement de le rendre visible.

Les secteurs protégés

Doit-il y avoir des secteurs protégés et doit-on les nommer ? La réponse n'est pas évidente. Le comité directeur, organe politique, peut décider que tel ou tel secteur de l'économie nationale devienne un secteur dit stratégique car important pour la souveraineté de la nation.

Voici quelques exemples de secteurs stratégiques que l'on pourrait protéger : interface bioélectronique, botanique génétiquement modifiée, piles à combustible, systèmes de paiement, carte à puce, utilisation d'insectes ou de bactéries dans l'agriculture, simulations laser, authentification numérique, télésanté, biomimétisme, etc…

Chaque secteur stratégique donne lieu à la désignation d'un pilote, en général un scientifique qui participera aux réunions du groupe permanent lorsque son secteur figurera à l'ordre du jour. Les secteurs stratégiques doivent-ils rester confidentiels voire secrets ?

Il n'existe pas de réponse évidente à cette question mais seulement des cas de figure particuliers. Si le citoyen ignore ce que veut son pays, l'inventeur, le chercheur, la startup seront moins motivés. Or pour inventer il faut de l'enthousiasme et du sens. Mais si tout est mis sur la place publique, les prédateurs travailleront plus vite. Tout est affaire de circonstances et d'équilibre, c'est-à-dire de politique. Il est inutile à notre avis de se raccrocher à une doctrine ou à des définitions trop rigides à des listes qui ne manqueront pas d'êtres contredites par la réalité. Entre le silence et la transparence le comité directeur choisira ce qui lui paraît utile au pays.

Le groupe interministériel d'intelligence nationale

Ce groupe se réunit une fois par semaine pour assurer la mise en œuvre des orientations du comité directeur. Il est composé d'un représentant de chaque ministère. Il est important que chaque administration écoute attentivement ce que disent les autres. C'est la première fonction de cette institution. Cette attention est un défi, tant les uns et les autres ont pris l'habitude de s'ignorer. Dans le meilleur des cas.

Le ministre veillera à ce que chaque représentant possède une culture générale, historique et économique, doublée d'un parcours professionnel à la hauteur de la mission. Le groupe ne doit pas être composé des meilleurs issus de leurs corps mais de personnes souhaitant travailler ensemble dans l'intérêt du pays. Cet aspect psychologique et humain est fondateur et appelle la création d'un esprit d'équipe.

Pour forger une communauté soudée, le ministre convoquera des réunions déconcentrées dans les régions et organisera diverses activités, informatives et ludiques notamment. Des séjours dans les pays ayant une culture d'intelligence économique sont recommandés. On trouvera ci-après des exemples concrets de finalités stratégiques abordées au sein du groupe interministériel.

Affaires étrangères : Ce ministère élabore un programme de diplomatie économique afin de soutenir les exportations du pays. Il tient compte des demandes des autres ministères. L'étude des systèmes d'intelligence économique des autres nations et de leur éventuel protectionnisme intelligent figure au rang des priorités. Les grands contrats et les traités économiques sont abordés en tenant compte de la stratégie des autres ministères et bien entendu des arrières pensés de nos compétiteurs. La notation des diplomates et leur déroulement de carrière prend en compte leur appétence pour l'intelligence nationale, etc.

Commerce extérieur : Après consultation des syndicats d'entreprises et des chambres de commerce qui œuvrent déjà dans ce domaine, le commerce extérieur centralise et mémorise avant diffusion aux intéressés toutes les opportunités d'affaires et de croissance externe. Il organise en liaison avec les grands comptes et leurs fournisseurs la chasse en meute des PME sur les marchés extérieurs.[125] Le système d'assurance risques pays fait l'objet d'un réexamen. Les conseillers du commerce extérieur, les dirigeants commerciaux de France, sont associés à la gouvernance du protectionnisme intelligent en tant qu'experts et lanceurs d'alerte, etc.

Industrie et technologies : Ce ministère organise la perception anticipée des évolutions technologiques menaçantes ou favorables aux intérêts de la nation. Il étudie les aides visibles et celles moins visibles dédiées à l'innovation dans les autres pays.

Finances et économie : Le ministère labellise les PME et les ETI [126] qui à travers les clubs de mutualisation, les pôles ou autres structures font le bilan de leur intelligence économique et parviennent à l'améliorer. Les économies collaboratives et la prédominance de l'usage sur la propriété transforment la vie des citoyens et bouleversent les jeux concurrentiels. D'autres modèles apparaissent qu'il faut comprendre. Le ministère anticipe les arbitrages sans pour autant éviter les conflits mais imagine des solutions.

Un des aspects les moins spectaculaire mais très efficace du protectionnisme intelligent réside par exemple dans l'instauration de civilités dans le domaine des délais de paiement. La France a longtemps toléré des allongements injustifiés [127] qui ont été à l'origine de nombreuses faillites, notamment de PME innovantes, victimes de donneurs d'ordre et de grands groupes indélicats. Au rang desquels figurent des administrations.

La loi dite Macron, votée en 2015, autorise la direction de la répression des fraudes à mettre à l'amende les mauvais payeurs et à les nommer, reprenant en ce domaine la pratique du *name and shame* en vigueur dans les pays nordiques et anglo-saxons.

Ce genre de protectionnisme s'inscrit dans la politique publique de l'État stratège. Il relève de l'intelligence nationale. Il ne peut être mis en œuvre qu'avec le concours de plusieurs administrations, les représentants des diverses professions et entreprises grandes ou petites. Il maintient des emplois et favorise la création de nouvelles PME ou TPE.

---

[125] Citons à cet égard le travail de BPI France qui emmène des entrepreneurs de la « French Tech à la conquête de la Chine, Figaro 16 novembre 2015.
[126] Entreprises de tailles intermédiaires. Une politique d'intelligence nationale a pour objectif de transformer les PME en ETI.
[127] La loi oblige à payer ses clients et fournisseurs dans les 60 jours à compter de la date de la facture. Désormais les amendes pour délais de paiement exorbitants pourront monter jusqu'à 2 millions d'euros et les commissaires aux comptes auront obligation de signaler les fautifs.

Ce même ministère s'intéressera aussi à de vieilles recettes revenues aujourd'hui à la mode pour limiter les effets du chômage. Le « travail partagé » qui consiste pour une PME en difficulté à prêter des salariés à une autre plutôt que de les licencier peut s'adresser à d'autres secteurs que le BTP ou les sociétés d'informatique. La crise sanitaire a obligé des filières entières notamment dans l'aéronautique à protéger ainsi des compétences et des intelligences. Il s'agit d'un exemple caractérisé de protectionnisme intelligent. Une commission du temps partagé de l'ANDRH [128] travaille sur le sujet avec d'autres organisations.

Les stratégies des fonds de pensions, fonds souverains et autres *hedge funds* qui s'intéressent au pays ne doivent pas rester illisibles ou invisibles. Nous verrons que parfois ces fonds utilisent des mercenaires de la guerre économique. Devancer leurs stratégies fait partie du protectionnisme intelligent.

Agriculture et pêche : Le ministère labellise les techniques agricoles compatibles avec le développement durable. Le changement climatique est à la fois une catastrophe et une opportunité. L'histoire de l'agriculture et de la pêche devient un sujet renouvelé. Dans le passé des innovations naturelles de la flore et de la faune ont déjà répondu à ce genre de défis. La nature et le biomimétisme [129] sont une prodigieuse « mémoire d'innovations » dans tous les domaines. Détection de débouchés à l'étranger par anticipation de la demande, raccourcissement des circuits de distribution et promotion du commerce équitable sont des dossiers pluridisciplinaires-types relevant de l'intelligence nationale, etc. La filière agroalimentaire française sait parfaitement croiser les informations climatiques et sanitaires qui lui permettent de prendre des positions en Asie. Grâce à la qualité de ses produits.

Recherche et innovation : Le ministère s'intéresse prioritairement aux hommes et aux femmes qui partout dans le mode préfigurent les innovations de demain. Une veille humaine complète la veille technologique. Elle détecte et cartographie les collèges invisibles cités plus haut pour anticiper les évolutions du darwinisme technologique. La captation des intelligences devient un projet. Leur retour dans la nation également.[130] L'intégration dans des incubateurs des doctorants, des chercheurs, des capitaux-risqueurs et des séniors, conseillers du commerce extérieur, relève à l'évidence de l'intelligence nationale, etc.

---

[128] Association nationale des directeurs de ressources humaines.
[129] Le biomimétisme désigne un processus d'innovation qui s'inspire du vivant pour tirer parti des solutions et inventions produites par la nature.
[130] Initié par des startups emblématiques de l'écosystème entrepreneurial français : BlaBlaCar, Capitaine Train, Chauffeur Privé, Dataiku, Drivy, iAdvize, La Fourchette, Showroomprive.com et Sigfox, #REVIENSLEON est un véritable programme d'attractivité internationale de l'écosystème français dont l'objectif prioritaire et de valoriser les expériences internationales pour favoriser la circulation des compétences, pour que les Français qui se posent la question du retour en France, trouvent des jobs à leur mesure.

Education nationale : Le ministère encourage et évalue les formations à l'intelligence économique dans l'enseignement supérieur et dans le secondaire. Notamment à travers des MOOC[131]. L'économie politique est de nouveau enseignée. Elle fait le lien entre les chapitres de l'intelligence économique et donne aux élèves une culture générale qui élargit leur regard. Le ministère étudie la faisabilité d'un enseignement de l'intelligence économique au titre de la formation continue pour les personnes sans emploi. Notamment les intelligences « libérées » par le coronavirus qui au-delà du télétravail sont appelés à créer d'autres modèles économiques. La formation des formateurs en intelligence économique à destination des territoires et des administrations devient un programme partagé avec les autres ministères, notamment celui de l'intérieur pour la partie qui relève de l'intelligence territoriale, en particuliers les villages intelligents évoqués plus haut. La crise sanitaire renforce le rôle des territoires obligés à la résilience. Pour certains tentés par la sécession…

Défense : La protection des données publiques ainsi que la sécurisation des systèmes d'information et des télécommunications des secteurs stratégiques et organismes d'intérêt vital est une priorité. Le ministère utilise la réserve citoyenne et mobilise les seniors de la Défense à travers des réseaux dédiés à la prévention des nouvelles menaces cybercriminelles, financières, économiques, terroristes, etc. Sur le plan diplomatique et notamment au sein de l'Union européenne ce ministère avec le soutien de la présidence fait valoir le prix du sang versé par nos soldats sur les champs de bataille contre le terrorisme. La protection militaire française qui incite des investisseurs à prêter de l'argent au Vieux continent est un gage de prospérité dont la visibilité fait partie du protectionnisme intelligent.

Justice : L'homologation des professionnels de l'intelligence économique se fait en concertation avec les représentants de la profession et ceux des métiers auxiliaires. Le secret des affaires est réaffirmé de manière simple et lisible.[132] Le ministère étudie de près les droits, les normes et la *soft law* utilisés par les nations concurrentes. Il s'intéresse à l'extra-territorialité de la justice américaine, à l'emploi abusif des *due diligences* et aux travaux préparatoires des conventions internationales dans les domaines de la lutte anti-terroriste ou anti-corruption. Il s'enquiert de l'instrumentalisation judiciaire dans le cadre des *class actions* ou des fusions-acquisitions et propose des ripostes astucieuses, etc.

Santé : La réduction des dépenses sociales, le soutien aux personnes isolées ou souffrantes par introduction de la télésanté se fait avec le concours des autres ministères dans

---

[131] *Massive open online course* Formation en ligne ouverte à tous.
[132] Exercice difficile dans certains pays comme la France, tétanisés par le vide juridique et friands de querelles sémantiques inutiles…Fort heureusement l'Union européenne est venu au secours de notre difficulté à concevoir des choses simples dans ce domaine comme nous le verrons plus loin.

un vaste programme d'intelligence sociale et humanitaire.[133] Les startups et les PME susceptibles d'apporter des solutions foisonnent dans ce domaine. Les connaître et les entendre fait partie de la démarche. L'économie collaborative et les plateformes dédiées à l'aide à la personne apportent beaucoup de solutions à conditions d'être à la fois libérées et encadrées. Les deux politiques sont parfaitement compatibles. L'anticipation des épidémies et des besoins logistiques des plans de continuité d'activité dans les administrations et les entreprises stratégiques figure au programme du groupe permanent.

Le retour dans les comptes de la Sécurité sociale des 30 milliards de fraude sociale dont elle est victime est un autre exemple de protectionnisme intelligent. Surtout lorsque l'on sait qu'une partie de cet argent finance des activités illégales dont l'éradication grève le budget de la Nation[134].Ce type de dossier pluridisciplinaire est typique du travail réalisé par le groupe permanent lorsque celui-ci était opérationnel à Matignon à l'époque d'Alain Juillet et Claude Revel.

Intérieur : Le ministère, en liaison avec les autres membres du groupe interministériel organise la prévention contre la cyber criminalité, le cyber terrorisme et l'espionnage économique. Il développe des campagnes de sensibilisation face aux menaces de captation des savoir-faire.[135] Il prépare les collectivités locales aux conséquences des changements climatiques, incendies, tempêtes, tornades inondations, sécheresses. L'intérieur met à la disposition des villes et villages des données recueillies sur les risques environnementaux et naturels.

La France est exemplaire dans ce domaine et pourrait mieux exporter son savoir-faire dans le cadre d'une coopération internationale technique. Il s'agit d'un autre exemple de protectionnisme intelligent par dissémination volontaire et valorisation du savoir-faire français. Par ailleurs ce ministère évalue avec le concours de toutes les administrations les pistes de résilience territoriale mise en place depuis la crise sanitaire.

Culture : Sinistrée par la Covid 19 la culture et le monde des Arts ont besoin plus encore que les autres d'un programme de résilience. Les territoires, lieux de mémoire entament une écoute transversale des imaginations. A l'identique de ce qui se fait dans les filières industrielles ou dans la restauration, les clubs d'artistes et de métiers endommagés se constituent en pôle d'innovation culturelle. Ils occupent le champ de ruine laissé par le coronavirus et inventent les questions susceptibles de résoudre leurs problèmes. Le

---

[133] La France, dispose dans ce domaine d'avances technologiques remarquables mais souffre d'un manque de vision globale contrairement à d'autres pays notamment le Chili et la Norvège.
[134] Lefigaro.fr/vox/economie/charles-prats-la-fraude-sociale-c-est-30-milliards-d-euros-par-an-20200430
[135] En France la DGSI, l'ANSSI et le Cigref réalisent dans ce domaine un travail remarquable complété en 2016 par un arsenal législatif complet.

programme d'intelligence inventive devient la méthode partagée et le calendrier des savoir-faire abandonnés.

A l'échelle nationale une organisation comme l'UNESCO doit être sollicitée et peut être mieux traitée par nos politiques. Les artistes, les écrivains, les scénaristes ont un rôle à jouer dans la promotion du pays et dans l'accompagnement des dossiers présentés devant cette organisation qui a encore son siège à Paris. Les traditions locales, la langue française, le patrimoine matériel et immatériel de nos régions sont des facteurs inépuisable de création d'emplois et d'influence.

Les administrateurs de la donnée publique : Après avoir été recensés, ils sont convoqués et chargés d'étudier la mise à disposition des données aux acteurs économiques. Ils sont également invités à établir des intelligences entre les bases de données des ministères et la base de données du ministre de l'intelligence nationale.

Des dossiers ponctuels, des inventions de tous ordres, des savoir-faire menacés, des projets industriels ou agricoles, des dysfonctionnements graves dans des domaines stratégiques, des problèmes de personnes, des projets territoriaux, des demandes de soutien seront également débattus lors des séances de travail du groupe interministériel.

Les services de renseignement : En tant qu'organes de souveraineté, les services de renseignement sont sollicités dans le cadre d'enquêtes liées à des levées de doute. Selon les pays et les cultures, les services sont appelés à jouer un rôle. Dans le cadre de l'intelligence nationale, ils ont une place de choix. Ils permettent de lire la frontière, toujours mouvante qui sépare la compétitivité de la guerre économique.[136] Lanceurs d'alerte, les services sont en amont des problèmes dont ils sont souvent les premiers à signaler l'émergence sans être écoutés. Tout au moins en France. Peuplés de patriotes qui consacrent leur vie à la patrie ils seront associés à tous les chapitres du protectionnisme intelligent.

Les formations à l'intelligence économique : Le groupe permanent associe tous les ministères à l'élaboration d'un programme de formations diplômantes et continues. Tous les contenus sont assemblés dans des référentiels de formations, longues et courtes.[137]

---

[136] « *Le défi de l'intelligence économique pour les services de renseignement* » Bernard Besson. https://www.diploweb.com/services de renseignements. Juin 2017
[137] La France notamment a fait de gros efforts dans ce domaine. Plusieurs référentiels sont disponibles et peuvent être téléchargés gratuitement. L'auteur de cette introduction peut en fournir également gratuitement sur simple demande à des fins de comparaisons. Voire de commentaires.

L'État prospectiviste

L'État vient de s'armer pour découvrir le réel par l'accumulation d'informations de signaux faibles de toutes natures, venant d'horizons différents. C'est le paradigme indiciaire. S'arrêter en chemin et ne pas imaginer l'avenir serait manquer à sa mission première. Prévoir le futur à défaut de l'inventer pour mieux gouverner.

La prévision et l'anticipation que nous avons abordées mais aussi la recherche fondamentale, les découvertes, constituent un écosystème.[138] Toutes ces activités sont liées. Mais c'est depuis le regard de l'État qu'elles offrent la meilleure appréhension des avenirs possibles.

Grâce à l'intelligence nationale l'État est en mesure de renseigner les méthodes et les scénarii de la prospective telle qu'elle existe depuis les années 1950 lorsque Gaston Berger insistait sur la nécessité « de voir loin, voir large, analyser en profondeur, prendre des risques, penser à l'homme. »[139]

Les scénarii sont aussi indispensables à l'intelligence des transformations sociales économiques, religieuses, politiques et technologiques qu'à celle des risques comme nous y invitent les sciences du danger[140] qui fondent la sécurité économique. Encore faut-il s'atteler à la tâche. Ce sera la mission du ministre de l'intelligence nationale. Il existe en France une tradition et une école prospectiviste de grande qualité qui ne demandent qu'à être associées.[141]

---

[138] « *Découvertes, inventions et innovations* » Didier Roux, pages 20 à 23. Leçon inaugurale au Collège de France. Collège de France, Arthème Fayard 2017
[139] « Sciences humaines et prévisions » Gaston Berger, La revue des deux Mondes, 1957 (3) pages 3 à 12.
[140] Autrement appelées les cindyniques depuis 1794 et la création de l'école Polytechnique.
[141] Sur les rapports entre intelligence économique et prospective le lecteur pourra se reporter aux pages 299 à 307 de « *Intelligence économique S'informer, se protéger, influencer* » Pearson France, 2016

Sécurité économique

&

Intelligence des risques

L'État, dont nous venons de voir le rôle perfectible dans la mise en place d'une intelligence nationale, parle depuis longtemps de sécurité économique. Sans toujours savoir de quoi il est question. Les textes et les dispositions en vigueur sont nombreux, parfois pertinents, parfois illisibles et contradictoires car sans vision d'ensemble. La sécurité économique qui bénéficie pourtant d'une côte d'amour supérieure à l'intelligence économique reste insaisissable dans son contenu et ses limites.[142] Le néophyte sent bien qu'il s'agit d'une

---

[142] La défense, parce qu'elle est politiquement correcte, est mieux vue que l'attaque jugée malséante.

affaire d'État avant de se perdre dans la lecture fastidieuse de lois et décrets de circonstances qui tournent autour de la protection au sens large.[143]

Le patron de PME ou le cadre responsable de la gestion de risques perdront beaucoup de temps avant de rencontrer des dispositions concrètes et applicables. D'ailleurs de nombreux risques ou aléas ne sont pas traités par les textes ni même envisagés. Sur le terrain les chefs d'entreprise savent que la « sécurité économique » n'est qu'une partie de leur problème. Comme en matière de prospective il faut voir plus large et plus loin pour comprendre d'où l'on vient et où l'on va. D'où venons-nous ? Quelques éléments fondamentaux permettront au lecteur d'avancer et de mettre de l'ordre dans ses idées.

Depuis 1654, la prévention des risques, grâce à Blaise Pascal et Pierre de Fermat est passée de la fatalité au calcul de probabilité. Les cindyniques, sciences du danger, développées depuis 1794, notamment par l'école Polytechnique [144] et par le travail de standardisation des experts à travers les différentes familles d'ISO [145] ont fait de la sécurité en matière d'accidents (*safety*) une discipline lisible et un marché où depuis 150 ans œuvrent des entreprises de taille mondiale. Ajoutons-y la jurisprudence de la Cour de Cassation, plus concise et pratique que bien des lois.

C'est à partir de ce socle que s'est construit ce que nous appelons aujourd'hui la sécurité économique par l'adjonction de la prévention des malveillances humaines qui relèvent de la sûreté (*security*) Mais ces deux pôles fondateurs n'épuisent pas le sujet. Nous englobons la sécurité économique dans le concept plus large et plus pertinent d'intelligence des risques.

L'intelligence des risques

Elle est la déclinaison défensive de l'intelligence économique proposée dans les premières figures de cette introduction et traite les menaces de la même façon qu'elle traite les opportunités en mettant au service de cette finalité les éléments que nous connaissons désormais : maîtrise, mémoire, réseaux et analyse.

Les quatre familles de l'intelligence des risques

Quatre grandes familles de risques contiennent tous les aléas et dangers qui visent l'entreprise, la nation, le village et les citoyens. Ces quatre familles englobent tout ce qui entre

---

[143] Se reporter par exemple à l'onglet sécurité économique sur economie.gouv.fr
[144] Cindyniques (du grec κίνδυνος / kíndunos, danger) regroupe les sciences qui étudient les risques. On l'appelle aussi « science du danger ». Elle s'intéresse plus particulièrement aux risques industriels et plus spécifiquement aux risques majeurs. (Source Wikipédia).
[145] Organisation internationale de normalisation dont le siège est à Lausanne en Suisse.

dans la mission de protection des entreprises, des territoires, des personnes.[146] Il s'agit de la **sécurité** (*safety*), de la **sûreté** (*security*), des risques **environnementaux** et des risques **managériaux**.

Ils agissent les uns sur les autres et se renforcent mutuellement. Un défaut dans la sécurité peut entraîner une malveillance. Un dysfonctionnement managérial peut entraîner une pollution des eaux qui abîmera l'image de la ville et de l'entreprise. Une malveillance interne ou externe peut endommager le système d'information et compromettre l'efficacité du management. Une gouvernance imprévoyante peut provoquer des accidents du travail. Il n'est plus possible de traiter séparément ces quatre familles. D'autant que les technologies de l'information et l'intelligence artificielle rendent possible l'approche globale d'une menace globale.

Tous ces risques sont appréhendés et anticipés dans le cadre d'une véritable intelligence collective. Celle-ci sera professionnalisée à proportion de l'importance du village ou de l'organisation. Leur prévention et leur réduction appellent une collaboration du plus grand nombre. La maîtrise, c'est à dire la « propriété »[147] d'un risque ou d'une famille de risques sera dévolue à un cadre de l'entreprise.

Les veilleurs, les têtes de réseaux d'alerte et les analystes travailleront dans le domaine des menaces comme ils travaillent dans celui des opportunités d'affaire, de l'innovation et de l'influence.

Il n'y a aucune différence entre la manière de renseigner les intelligences nationales, d'entreprises, inventives ou des risques. Toutes emploient les mêmes outils, les mêmes concepts, la même déontologie et souvent les mêmes collaborateurs pour des finalités qui se rejoignent.

---

[146] « *De l'intelligence des risques à la mission de protection* » Tome 1 : Du concept au système ; Tome 2 : « *Mise en pratique de la mission de protection* » Bernard Besson, Jean Claude Possin, 2ème édition IFIE 2008, préface de Pierre Sonigo. L'intelligence des risques est la continuité de l'intelligence stratégique et de l'intelligence inventive.
[147] Le « propriétaire » d'un risque est celui qui a la responsabilité de sa prévention et de sa réduction en fonction de ses compétences ou de sa position dans l'organisation.

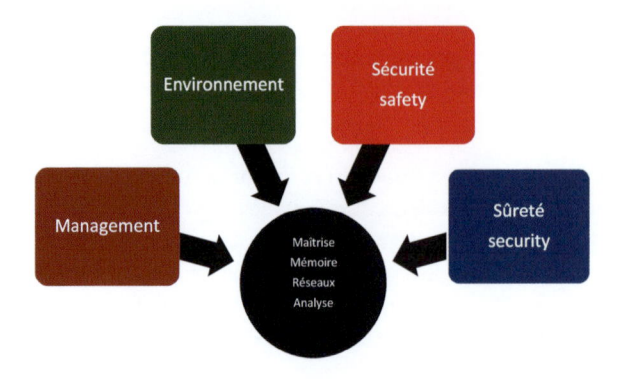

Figure n° 14 Les quatre familles de l'intelligence des risques

L'intelligence des risques n'est pas seulement un programme de réduction des risques, elle est une grille de lecture, une intelligence des catastrophes sanitaires ou naturelles, économiques ou politiques. Lors du tsunami de l'Océan indien de 2012, les nombreuses victimes ont péri pour un ensemble varié de raisons que seule l'intelligence des risques permet de relier, donc de comprendre.

Des hôtels et des maisons ne respectaient pas les normes de construction et d'édification en terrain inondable (risque de sécurité). Ces bâtiments furent construits en raison de passe droits dus à la corruption (risque de sûreté). On sait qu'il existe près de l'île de Sumatra un risque sismique important (risque environnemental). Le réseau d'alerte qui devait prévenir les populations du danger a mal fonctionné. C'est le moins que l'on puisse dire (risque managérial).

On voit donc qu'en amont des grands projets urbains, portuaires, agricoles, industriels le concept d'intelligence des risques permet de lister toutes les menaces et de lire préventivement les interactions d'une famille sur les autres. Comme le coronavirus les risques sont contagieux ! La mission de protection, c'est-à-dire la maîtrise globale des menaces accompagnera toute aventure économique ou territoriale dès le début.

Une fonction religieuse devenue un métier

Le souci de « sécurité » au sens large, accompagne depuis toujours les aventures politiques, militaires ou économiques. Le couple sécurité et information stratégique n'est pas une nouveauté.

Depuis la plus Haute Antiquité les gestionnaires de la prise de risque, les haruspices, oracles et autres devins ont toujours eu recours à l'acquisition et à l'interprétation de signaux faibles ou évidents. Ne sourions pas trop de leurs méthodes et de leurs techniques. Les succès mitigés de nos analyses et sondages politiques ainsi que nos prévisions économiques nous interdisent tout sentiment de supériorité excessif.

Au-delà des méthodes, la matière a toujours été incarnée. Elle fut et demeure une fonction à part dont les origines religieuses et magiques perdurent sous le vernis des langages et dans le décor des nouvelles technologies. Remontons le temps et allons à l'essence de la fonction.

Nous sommes sous la tente du général commandant la légion romaine. Devant nous la forêt de la Gaule chevelue abrite les barbares gaulois. Ils sont indisciplinés, querelleurs et vaniteux. Pour eux rien n'est plus beau que de mourir dans la bataille. Leur bravoure est légendaire. Ils aiment la guerre qu'ils font partout autour d'eux.[148] Par ailleurs ils « bricolent » des armes redoutables.

Avant d'engager le combat, le général prend l'avis du gestionnaire des risques. L'haruspice vient d'ouvrir les entrailles d'un bélier après avoir observé et interprété la manière dont mangent les poulets sacrés sur le damier représentant les 24 lettres de l'alphabet latin. Deux précautions valent mieux qu'une !

Autour du « professionnel » le silence est impressionnant. Le gestionnaire du risque recherche dans le ventre de l'animal les informations dont il a besoin. Les viscères sont exposés sur la table de dissection. La démarche est odorante mais transparente. Les méthodes de calcul figurent sur des tablettes d'argile. Elles viennent pour certaines du Moyen Orient et permettent d'évaluer l'exposition aux risques en fonction des jours fastes et néfastes.

Après son « expertise » l'haruspice se tourne vers le général pour lui indiquer que les dieux sont favorables et qu'il peut engager le combat. L'information est communiquée aux tribuns militaires, aux centurions, aux décurions et aux légionnaires. On dira que la discipline et l'entrainement des cohortes expliquent la victoire. Mais le légionnaire est un être religieux, culturellement immergé dans la cité antique. Il sait que les Gaulois sont dangereux et son moral est le souci majeur du général.

L'homme rationnel sourit mais vingt siècles plus tard les normes internationales parlent de transparence, de reconnaissance des personnes, de démocratie du risque, de management culturel, de « sens ».

---

[148] 21 siècles plus tard les choses ont-elles vraiment changé ? Lorsque l'on voit le nombre de guerres que la France mène sur plusieurs continents on peut se poser la question.

La mission de protection

La mission de protection existe partout, quelle que soit la dimension de l'organisation. Elle a pour premier responsable le patron de l'entreprise obligé par la loi mais qui peut déléguer ses pouvoirs à un gestionnaire des risques appelé généralement Risk manager.[149]

Les PME n'ont pas les moyens de se payer un Risk manager et d'accomplir toutes les actions qui suivent. Nous les évoquerons cependant pour donner une idée de ce que le chef d'entreprise doit avoir en tête lorsqu'il s'agit de protéger ses collaborateurs et ses clients. Une culture générale sur le sujet peut éviter bien des ennuis.

La protection commence par identifier les menaces afin de les évaluer pour les hiérarchiser avant de les réduire. Elle recense et comptabilise les incidents et les accidents. Elle alimente le panorama des risques afin de calculer périodiquement l'exposition aux risques.

La mission de protection établit une synthèse périodique sur tous les risques répertoriés. Elle utilise les réseaux sociaux d'entreprise pour diffuser le plus largement possible les consignes de prévention et de protection. Elle diffuse les calendriers des réunions consacrées aux visites de sites, aux contrôles. Un risque dont on parle est déjà diminué de moitié.

---

[149] Il existe en France une jurisprudence de la Cour de Cassations très élaborée sur la délégation de pouvoir. Cette jurisprudence très claire fonde dans l'entreprise tous les métiers de gestionnaire du risque. Ce que le pouvoir exécutif appelle la « sécurité économique ». « *Le Risk manager et l'intelligence économique* » (ouvrage collectif – coordination Bernard Besson, Paul Vincent Valtat) AMRAE-IFIE 2010

Elle annonce les actions de prévention, de sensibilisation de formation à la sécurité/sûreté. Elle évalue ses propres actions de communication interne, diffusion du schéma directeur, notes de service, consignes écrites, panneaux, affiches, messages intranet, vidéos, supports pédagogiques. Elle établit une synthèse quotidienne lorsque la taille du village[150] ou de l'entreprise l'exige.

La synthèse quotidienne et hebdomadaire

Cette synthèse quotidienne ou hebdomadaire peut être volumineuse ou réduite à quelques mots en fonction de la taille, de l'activité et de l'actualité. La synthèse repose sur le *reporting* de la main courante. Elle est généralement le fait des relais pivot de sécurité[151] (RPS) mais peut être réalisée par tous les « propriétaires des risques »[152] désignés ou volontaires. La synthèse ajoute son lot d'informations à celles provenant des veilleurs affectés à la surveillance de chaque risque.

L'événementiel du jour pourra par exemple concerner une intrusion informatique, un vol d'ordinateur portable, des chèques sans provision, une panne des feux de circulation dans la ville, la campagne publicitaire agressive d'un concurrent, un coup de fil anonyme menaçant l'un des cadres du bureau R&D, l'apparition d'une rumeur sur un composant entrant dans la fabrication de l'un des produits de l'entreprise, l'alitement d'un fournisseur chinois victime d'un nouveau virus etc.

Il peut s'agir aussi de l'ouverture inexpliquée d'une porte dans l'entrepôt où sont stockés des produits pourtant inoffensifs, l'arrivée inattendue d'un « stagiaire », la troisième panne en un mois de l'un des climatiseurs de la salle de réunion des projets, la faillite d'un fournisseur, l'inquiétude du comptable dont le fils n'est pas encore revenu de son voyage en Inde, la rupture du stock des aciers spéciaux utilisés dans la fabrication des outillages, etc.

---

[150] À partir d'un certain seuil le village intelligent devient une « ville intelligente ». Les problèmes changent d'échelle mais le mode de gouvernance de l'intelligence des risques ne change pas. La ville intelligente peut être composée de plusieurs villages intelligents. Elle peut aussi développer un système central d'intelligence des risques reliés à ses villages géographiques ou thématiques. Toutes les options sont possibles.
[151] On appelle relais pivot de (RPS) une personne chargée de la surveillance d'un risque à raison de sa proximité géographique.
[152] Le propriétaire d'un risque est l'homme ou la femme chargé de surveiller un risque en fonction de ses compétences, de son lieu de résidence ou de travail. Un villageois isolé peut être propriétaire du risque d'incendie de forêt ou de contamination de la flore ou de la faune par un parasite. En ville un habitant peut avoir la charge de la sécurité routière devant une école.

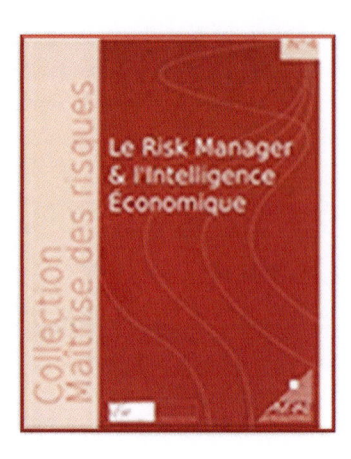

L'exposition aux risques

Le document d'exposition aux risques est le produit majeur de toute mission de protection. Il est directement lié aux capacités d'écoute et de proximité révélées par les synthèses périodiques ou quotidiennes que nous venons d'évoquer.[153]

Grâce au panorama actualisé des risques, la gouvernance, notamment territoriale, pourra visualiser et consulter l'état de la menace en temps réel. Chaque jour, la synthèse renseignera l'indicateur d'alerte de chaque risque. La pollution de l'air, l'état des réserves d'eaux potables, le taux de scolarité des enfants dans les écoles peuvent également nourrir l'exposition aux risques de la ville intelligente.[154]

Le traitement et la centralisation de l'information ne servent pas seulement à rassurer les personnels ou les habitants. Ils servent à alimenter la mémoire de la mission de protection. Cette mémoire appartient au patrimoine immatériel et intellectuel de la commune ou de l'entreprise. Chaque propriétaire de risque y a accès.

Les bénéficiaires de ces accès pourront aussi accéder à l'historicité de chaque menace, à ses origines, à ses causes émergeantes et récurrentes, à son évolution. La ville intelligente comme l'entreprise imagineront des répliques.

---

[153] Dans une « ville intelligente » cette synthèse peut être celle de la police municipale ou d'un service de protection civile rattaché au maire. Une mémoire sécurité/sûreté permet au bout d'un an ou deux à la ville intelligente de faire de l'analyse prédictive en matière de délinquance et de criminalité. L'intelligence criminelle et délictuelle est une des branches de l'intelligence des risques. La mémoire de la ville intelligente comparée à d'autres informations puisées dans le Big data permet d'améliorer le sentiment de sécurité des citoyens et procède de l'attractivité du territoire. L'intelligence des risques devient alors un facteur d'influence.

[154] « Le Risk manager et l'intelligence économique » Ouvrage collectif, déjà cité, des experts en management du risque coordonné par Bernard Besson et Paul-Vincent Valtat. IFIE-AMRAE 2010, collection maîtrise des risques.

De la loi à la démocratie du risque

Chaque pays dispose en matière de risque technologique et naturel d'une législation propre qui dans le domaine de l'intelligence des risques reprend les grandes normes internationales et s'inspire de la jurisprudence locale.

Ces textes obligent la gouvernance des territoires et les entreprises à imaginer ensemble des scénarii d'accident ou de catastrophe, à en évaluer les conséquences et à pratiquer des exercices communs afin d'en réduire les effets néfastes. La prévention des risques industriels ne vise pas seulement les installations polluantes ou dangereuses.

Les normes internationales, la jurisprudence et surtout l'opinion, obligent les États et les territoires à une prise en compte des risques technologiques majeurs. Dans ce nouveau cadre la gouvernance du risque s'étend au voisinage, à la population. Dans la ville intelligente la construction d'une usine ou d'un nouveau bâtiment fait l'objet d'un débat avant la mise en chantier.

Les gouvernances publiques et privées se confondent dans une même intelligence des risques au service des habitants. On peut légitimement parler d'une démocratie du risque. L'État peut tirer de cette politique de prévention des avantages politiques et moraux tout aussi réels que les avantages concurrentiels dont bénéficieront les entreprises.

Après cet aperçu général, nous allons entrer dans l'examen plus détaillé de chaque famille de risques. Nous examinerons ensuite des méthodes d'évaluation et de prévention plus élaborées. Les personnes intéressées par une formation diplômante au métier du management des risques peuvent utilement prendre contact avec l'Amrae qui offre des prestations dans ce domaine[155] ou le Centre des hautes études du cyberspace.[156] D'autres formations existent délivrées par le Cigref, le Clusif, le Cnpp, l'Eeie, l'Ege, le Cdse, Forum Atena, Institut Léonard de Vinci.[157]

Toutes ces organisations publient des périodiques consacrés à la prévention des risques et animent des conférences sur les thèmes les plus brûlants. Notamment les plans de continuité en cas de pandémie.

---

[155] AMRAE formations diplômantes sur le site de l'association 01 42 89 32 72
[156] Checy https://checy.org
[157] Club informatique des grandes entreprises françaises ; Club de la sécurité de l'information français ; Centre national de prévention et de protection ; Ecole européenne d'intelligence économique ; Ecole de guerre économique ; Club des directeurs de la sécurité.

Les risques managériaux

Toute création d'entreprise s'accompagne d'une prévention des risques inhérents à la conduite des affaires et au management des compétences. Ces risques que l'on peut qualifier de risques managériaux parce qu'ils ne relèvent ni de la sécurité, ni de la sûreté, ni de l'environnement menacent les entreprises autant que les territoires. Où on peut les qualifier de risques politiques. Il convient d'en citer les plus fréquents. Ils relèvent tous d'une mauvaise gestion de l'information stratégique. En les prévenant, l'entreprise améliore sa sécurité économique et augmente ses capacités d'influence.

Affaiblissement du processus de décision

Les entreprises comme les administrations ou les villes n'utilisent que partiellement les données acquises par le système d'intelligence économique. Les décisions sont prises sans consultation préalable des connaissances orales ou écrites disponibles. Avant de recourir à des conseils extérieurs ou à des consultants, il serait peut-être sage et moins dispendieux de commencer par la relecture de ses propres connaissances et l'écoute des experts maisons. Chaque projet est un ensemble de mot clé qui ouvre dans la mémoire unique et centralisée de nombreuses aides à la décision comme nous l'avons vu dans l'exemple de la PME francilienne qui construit des piscines au Maroc ou chez Boeing. La simple réminiscence des erreurs passées permet de prendre de bonnes décisions.

Amnésie des savoir-faire

Beaucoup d'organisations n'ont pas conscience des savoir-faire qui quittent l'entreprise ou le village. Celui ou celle qui s'en va pour une raison ou pour une autre doit rester dans la mémoire, les réseaux et les capacités d'analyse de l'intelligence collective. La gestion des départs anticipe les sorties pour en faire des avantages concurrentiels, augmenter l'attractivité et l'influence de la ville ou de l'organisation. Rester en relation avec ceux qui ont quitté l'organigramme élargit la perception des menaces comme des opportunités. Ici aussi, voir loin et large augmente l'entreprise. Certaines PME qui n'avaient pas anticipé les départs de savoir-faire non formalisés ont failli disparaître. D'autres ont disparu. La transmissions des connaissances entre les générations ne fait l'objet d'aucun texte, d'aucune norme. La négliger entraîne cependant des faillites et du chômage.

Cécité technologique et commerciale

Un des risques les plus pernicieux car invisible est celui de ne plus imaginer le futur, ne plus avoir envie d'innover. C'est le risque majeur qui guette le territoire comme l'organisation. L'évolution des technologies et des comportements échappent à ceux qui ne savent plus voir et observer. Ce sont pourtant ces désirs et ces envies qui renouvellent les technologies autant que la recherche pure et dure.

L'usage des réseaux sociaux et les connivences avec les consommateurs et usagers permettent d'orienter la veille technologique vers des besoins qui préludent la demande comme nous l'avons vu dans le cadre de l'intelligence inventive. C'est en favorisant un bouillon de culture que l'on aiguise les curiosités et les questions créatrices d' innovations.

Le risque client

Les commerciaux disposent dans ce domaine d'informations stratégiques qui ne sont pas toujours exploitées. La solvabilité des clients ou autres partenaires fera l'objet d'une veille particulière. Nous savons que le renseignement commercial est un métier ancien et auxiliaire de l'intelligence économique. Mais cela ne dispense pas l'entreprise de réaliser sa propre veille afin d'éviter les mauvaises surprises. Les signaux faibles avant-coureur de la faillite d'un client ou d'un fournisseur sont nombreux et variés. Les percevoir n'est pas difficile. Encore faut-il anticiper et poser des questions. Avec habileté, avec doigté. A l'exportation la PME sollicitera sur ce sujet l'aide de la COFACE[158] ou d'assureurs crédits réputés comme Euler Hermes. A l'heure de la pandémie ce risque devient majeur.

Externalisation des données

Pour des raisons de coûts et de facilités les entreprises confient le management de leurs données à des tiers. Cette pratique appelle deux remarques. Le prestataire peut dans l'avenir être racheté par un autre auquel personne n'avait pensé. En confiant à autrui le management de notre mémoire nous perdons l'habitude de jouer avec nos données. Or ce jeu, ce sport, qui consiste à découvrir des connexions au sein du cerveau collectif est une démarche qui peut rapporter gros comme nous l'avons vu dans les premiers chapitres.

Nous savons que le regard sur la donnée est plus important que la donnée elle-même. Qui mieux que le cimentier ou le manufacturier sait les liens parfois inattendus qui peuvent faire rater une affaire ou gagner un marché ? Ne plus être capable d'agir comme la PME francilienne du BTP dans l'exemple des piscines marocaines est un risque managérial invisible. Et d'autant plus pernicieux.

Face à ce risque de mieux en mieux perçu, les entreprises font appel aux artistes de la donnée mentionnés plus haut, aux *data scientists*. Cette profession est bien au cœur du sujet, au carrefour entre l'information externe et la donnée interne, entre les métiers.

Dans le cadre de l'État stratège la Direction générale du renseignement intérieur (DGSI) alerte régulièrement ses correspondants à travers des fiches « Ingérence Economique » dont plusieurs sont consacrées au risque d'externalisation des données.[159]

La DGSI, acteur majeur de la sécurité économique, prévient les entreprises sur les interceptions possibles des données confiées à des tiers lors de leur acheminement sur Internet ou lors de leur transfert d'un centre de données à un autre. Par ailleurs, les serveurs à l'étranger sont soumis à leur législation qui peut autoriser des services de renseignement sous couvert de lutte antiterroriste à regarder des données économiques confidentielles.

La DGSI donnent les conseils suivants : interdire au prestataire étranger d'exporter les données ; choisir si possibles des prestataires français ou membres de l'Union européenne ; ne pas contracter avec des cloud gratuits ; ne pas donner d'informations couvertes par le secret des affaires tel que défini par l'Union européenne. (Voir plus loin)

---

[158] Compagnie française d'assurance pour le commerce extérieur
[159] Voir le site consacré à la sécurité économique. Securite-economique@interieur.gou.fr

Risque d'image

La valeur d'une entreprise comme l'attractivité d'un territoire dépendent pour l'essentiel de leur image, de la confiance qu'ils inspirent, du climat de sécurité-sûreté qu'ils génèrent. Cette image et cette confiance sont de véritables programmes d'intelligence économique. L'action engagée doit être compréhensible par tous et évaluée périodiquement. Pourquoi mes clients restent-ils mes clients ? En France une région comme l'Alsace et au Royaume Uni une nation comme l'Ecosse ont su jouer sur une image collective forte. La dématérialisation progressive de l'économie rend cette menace de plus en plus prégnante. L'e-réputation de l'entreprise fait partie de ce risque.

Risques psychosociaux

L'organisation prévient les risques d'épuisement professionnel, le harcèlement moral ou le harcèlement sexuel qui menacent l'intégrité physique et mentale des collaborateurs.[160] La meilleure façon de prévenir ces risques est d'en parler. Nous savons qu'un risque débattu est réduit. La prévention des risques psychosociaux revient à désigner une personne, un propriétaire de risque. Le DRH semble tout indiqué, pour recevoir les confidences de ceux qui se sentent victimes. La soif de reconnaissance des collaborateurs confrontés aux difficultés des transports et au stress, parfois à la peur n'est pas toujours exprimée. Par pudeur. Mais ne pas l'entendre est un risque. Il convient donc d'organiser l'écoute, de l'encourager.

Le développement du télétravail consécutif à la pandémie accroît les risques de désocialisation et le sentiment de solitude. Au point de transformer cet avantage en menace redoutable Le temps perdu par la suppression des transports est contrebalancé par la perte de sens et de chaleur humaine qui donnait de l'écoute à chacun et l'envie d'aller travailler. L'intelligence collective est une victime du télétravail. Car les plateformes et autres Zoom réduisent les perceptions sensorielles les intuitions, la lecture des ambiances. Ils interdisent de voir ce que disent les choses matérielles de la vie courante, les bureaux, les menus à la cantines, le temps qu'il fait et d'entendre le dernier potin. Les téléconférences vont à l'essentiel. Or l'essentiel n'est pas le sel de la vie. Il n'est pas ce qui rend agréable le séjour dans l'entreprise. Beaucoup de dépressions et de mal être sont en germes derrière les écrans.

---

[160] Le lecteur intéressé consultera utilement le site de l'institut national de recherche et de sécurité www.inrs.frrisques/psychosociaux.html

Risque pays

Avant d'acheter sur le marché de l'intelligence économique des analyses de risques-pays [161] l'entreprise recensera au sein de ses réseaux internes et externes toutes les compétences qui lui permettraient de les évaluer à moindre frais. Dans le cadre d'un État stratège elle doit accéder, grâce au représentant de la politique d'intelligence nationale, aux institutions bancaires et d'assurance qui lui permettront d'être aussi bien informée que ses concurrentes étrangères. Cela n'exclue nullement une veille maison rassemblée autour des compétences linguistiques et culturelles. Chaque entreprise est polyglotte et possède des liens dans le monde entier. Mais elle ne prend pas toujours la peine de les voir. Elle court ainsi le risque de passer à côté d'opportunités ou de menaces.

Risque produit et risque service

Un produit défectueux signale non seulement un défaut de qualité mais peut entrainer la responsabilité civile ou pénale du dirigeant. Cette responsabilité affecte aussi les personnes morales. Par exemple, un hôpital peut être condamné pénalement pour une succession de services défaillants dont l'accumulation entraine le décès d'un patient. Une compagnie de chemin de fer peu subir la même condamnation pour les mêmes raisons à la suite d'un déraillement.

La qualité participe de l'image. C'est à partir de ce risque maîtrisé que l'État stratège protège et promeut les produits nationaux par des labels et certificats qui consistent à vendre l'image de la Suisse, de la Côte d'Ivoire ou de la Finlande en même temps que les produits locaux. Dans un univers de plus en plus transparent l'origine, le local, le terroir sont devenus des signes de confiance et de qualité.

Les constructeurs automobiles ou des banques dont l'image est parfois ternie par des manquements à l'éthique résistent grâce à la qualité de leurs produits. La fiabilité industrielle rattrape la défiance sur l'autre plateau de la balance.

Rupture d'approvisionnement

Ce risque concerne aussi bien les matières premières, l'énergie que les pièces détachées. Dans le cadre de l'intelligence des risques il doit faire l'objet de scénarii avec l'aide des pouvoirs publics car le risque d'approvisionnement peut toucher toute une région

---

[161] Le lecteur intéressé consultera avec profit le site très bien renseigné de l'assureur crédit Euler Hermes www.eulerhermes.fr/

ou toute une filière. Le risque de rupture d'énergie électrique concerne l'État stratège, toutes les entreprises et tous les citoyens.

Que se passe-t-il si les centrales électriques tombent en panne pour des raisons climatiques, accidentelles, terroristes ou tout simplement par incapacité à faire face à un surcroît de consommation ? On devine qu'un tel cas de figure, évoqué au sein du comité directeur de l'intelligence nationale entraîne les travaux d'une commission spéciale composée de tous les représentants des acteurs économiques de la Nation.

Il en ira de même des ruptures d'approvisionnement alimentaire, en eaux ou en liquidité financière. Le « manque de quelque chose » est un exercice incontournable de l'intelligence des risques. Trouver des solutions, découvrir des astuces, inventer de nouveaux modèles de survie ou d'adaptation aux circonstances sera une des voies inventives les plus efficace. Tout le monde remarque que c'est pendant les guerres et les périodes de pénuries que les innovations foisonnent. Pourquoi attendre la catastrophe alors qu'il suffit d'imaginer avant ?

Imaginer l'effondrement généralisé d'Internet dont on sait les fragilités de conception sera un exercice effrayant. Mais également une source inégalé d'innovations tant nous sommes devenus dépendants du réseaux. Aussi grand est le revers d'un risque aussi grande est la face des innovations indispensables nous dit la philosophie du yin et du yang.

Risques religieux et sectaires

Les études sur le sujet démontrent une augmentation de ce risque.[162] Les DRH sont de plus en plus sollicités à propos de ports d'insignes religieux, de demandes d'absence pour raison de jeune ou de pèlerinage, d'aménagement du temps de travail ou de salles de prière. Des situations conflictuelles naissent du refus de la part d'hommes musulmans de travailler avec des femmes, de les regarder dans les yeux ou de leur serrer la main. Face à ces difficultés des chefs d'entreprise courent le risque d'être accusés de racisme ou de discriminations religieuses.

Ce risque survient lorsque le prosélytisme d'une secte ou d'une religion se heurte à d'autres convictions ou absence de convictions[163] et lorsqu'il perturbe la cohésion sociale. Il n'existe pas de délit de croyance ou de non-croyance. L'appartenance à une confession ou la non-appartenance n'est pas répréhensible. L'employeur ne peut pas non plus interdire toute discussion religieuse entre les salariés.

---

[162] Etude de l'Observatoire du fait religieux en entreprise (OFFRE) et de l'Institut Randstad ; Grouperanstad.fr/etude-le-travail-lentreprise-et-la-question-religieuse
[163] Le lecteur intéressé consultera le site officiel du gouvernement consacré à ce risque www.drives-sectes.gouv.fr ou celui du Centre français de recherche sur le renseignement cf2r.org/fr

Il ne peut interdire les prières pendant le temps de pause mais le salarié ne peut abandonner son poste pour aller prier. S'il doit y avoir des sanctions elles ne peuvent venir que du droit pénal, du droit du travail, du droit social, de contraventions aux mesures d'hygiène et de sécurité. L'État stratège doit définir dans ce domaine qui dépasse l'entreprise, des règles simples et lisibles. Il doit veiller à leur application. Compte tenu des flux migratoires et de la démographie, il y a urgence à clarifier les rapports entre religion et économie. La situation n'est pas nouvelle. Le Bas Empire romain fut confronté à ce type de défis entre le culte civique officiel et les différents monothéismes issus des religions orientales.[164]

Face à cette situation il convient de rappeler quelques règles. L'entreprise ne peut interdire de manière générale dans son règlement intérieur toute appartenance religieuse. Cependant le chef d'entreprise peut insérer dans le règlement intérieur des dispositions interdisant l'exercice d'une pratique religieuse sur certains postes. Notamment lorsqu'il y a atteinte à l'organisation de l'entreprise, à son image auprès des clients, à ses intérêts commerciaux ou atteinte à la liberté de conscience des autres salariés.

C'est ce que dit la Cour de justice de l'Union européenne le 14 mars 2017 lors de deux décisions qui confirment qu'une entreprise peut interdire à ses salariées le port du voile. L'interdiction de porter un foulard islamique sur le lieu de travail ne constitue pas une discrimination directe fondée sur la religion ou les convictions dit la Cour. Cela signifie que la liberté religieuse n'est pas absolue et doit céder le pas en entreprise, à la liberté d'entreprendre. Ces deux décisions mettent fin à de longs débats sur le port du foulard islamique.[165]

En tout état de cause, le risque religieux se gère comme les autres en le « nommant » et en discutant avec les intéressés à tête reposée. Plutôt que dans l'urgence ou dans le cadre de situations conflictuelles.[166]

Risque social

Il se prévient en dialoguant avec les représentants du personnel à travers une veille sociale. Il concerne aussi l'intelligence économique territoriale car le risque social d'une entreprise ou d'une administration peut impacter toute une région ou une industrie. Et réciproquement. Les représentants légaux du personnel sont informés du programme

---

[164] Le christianisme dans ses différentes acceptions refusait de sacrifier aux cultes civiques de la cité et s'opposait à certaines pratiques citoyennes festives. Comparaison n'est pas raison mais il est intéressant de noter que dix-huit siècles plus tard les polémiques sur le sujet emploient le même vocabulaire pour traiter des mêmes problèmes. Nihil novi sub sole.
[165] Dans la pratique, le juge français devra vérifier si l'employeur a bien édicté une règle interdisant le port de tout insigne politique, philosophique ou religieux. Dans ce cas il analysera la pertinence du règlement en question. La volonté d'un employeur d'afficher une image de neutralité vis-à-vis de ses clients tant publics que privés est légitime.
[166] MEDEF Guide manager les singularités. Convictions religieuses en entreprise. Document régulièrement mis à jour et téléchargeable sur le site de l'organisation.

d'intelligence économique, de celui de l'intelligence des risques et des actions d'influence évoquées plus haut. Ils sont associés car ils font partie des quatre éléments fondamentaux comme l'ensemble des salariés. Cette association doublée d'une écoute sera de nature à prévenir l'émergence du risque.

Risque sociétal

C'est le risque que court l'entreprise ou l'administration de ne plus être comprise par la société en ignorant les aspirations, parfois contradictoires, de celle-ci. Ces valeurs sont sujettes à des variations qui ne portent pas uniquement sur la qualité des services et des biens mais sur la préservation de l'environnement dans le cadre d'une planète habitable par nos enfants. Difficile à saisir, ce risque s'appréhende à travers la lecture de tendances lourdes comme l'évolution climatique, les changements religieux ou la démographie. Ces évolutions quantifiables nourrissent d'innombrables études plus ou moins spécialisées. Chaque métier dispose des siennes qu'il faut connaître.

Le risque sociétal s'anticipe également par la perception de signaux faibles avant-coureurs, plus difficiles d'accès. L'art de la conversation qui assura au dix-huitième siècle la suprématie en Europe de la langue et de la culture française agira comme un radar. L'écoute et l'empathie permettent de mieux comprendre les évolutions de la société. La palabre africaine crée du lien et du sens tout en permettant aux interlocuteurs de capter l'état des mentalités, le moral du groupe. Malheureusement l'entreprise, rationnelle et techniciste, n'a pas de temps à consacrer aux « bavardages ». Cela est bien dommage et rend d'autant plus nécessaire le développement de rites festifs destinés à compenser la sécheresse souvent conformiste des réunions de travail.

Risque pénal

« Plusieurs dirigeants d'entreprise sont placés en garde à vue chaque jour en France. Par ailleurs nos tribunaux rendent annuellement des milliers de condamnations pour infractions au droit du travail, délits économiques et financiers.[167] Le risque pénal est une préoccupation grandissante. Les dirigeants sont de plus en plus exposés aux risques et les domaines de leur responsabilité pénale s'accroissent au gré des lois et des règlements. Les chefs d'entreprise s'assurent avant de subir un sinistre. De même, ils devraient se former pour connaître et anticiper le risque pénal car un jour ou l'autre, toutes les organisations y sont confrontées.

---

[167] L'article « risque pénal » est traité ici à partir d'un texte rédigé par M Jean Michel Berscheid, expert en droit pénal et procédure pénal, praticien de ce risque en entreprise. M Berscheid intervient dans le master 2 « Risk managers » de Paris Dauphine. Formateur des cadres dirigeants il dispose d'une structure adaptée : jeanmichel.berscheid@yahoo.fr Formancile Tél : 06 95 01 28 52

Le risque pénal n'atteint pas toutes les entreprises de la même manière. Celles du bâtiment, du transport ou de l'industrie sont plus exposées à un accident du travail qu'un prestataire intellectuel. Pour bien cerner ces différents risques, il convient donc d'effectuer une cartographie en rapport avec l'activité de l'entreprise.

Dans les grandes sociétés, cette identification est généralement effectuée par les personnes en charge de chaque domaine spécifique. Dans les petites structures démunies de ces services intégrés, l'exposition au risque pénal sera évaluée par le chef d'entreprise. Il peut cependant avoir recours à des « sachants » externes. Une implication de tous les échelons de la hiérarchie permet d'être plus efficace et de motiver l'ensemble des salariés. Lutter contre le risque pénal fait partie de l'intelligence des risques.

Les occurrences de responsabilités pénales cernent littéralement le chef d'entreprise : accident du travail, non-respect des règles de sécurité, machines et installations défaillantes, non-respect de modes opératoires, négligences diverses, formations inexistantes ou insuffisantes, délits informatiques, droit à l'image, atteintes à l'environnement, pots de départ alcoolisé qui finit mal, gestion d'un salarié alcoolisé ou sous l'emprise de drogue, non-respect du droit du consommateur, harcèlement moral et sexuel, discrimination, faute de gestion, abus de bien social, fraude fiscale, infractions sur les marchés publics, suicide d'un salarié, etc...

La liste est longue mais non exhaustive, loin de là. Elle pourrait encore être longuement complétée et détaillée tant les sources de problèmes sont nombreuses. Il faut dire que les codes et règlements en tous genres, complexes et variés, ne facilitent vraiment pas la tâche des dirigeants. D'autant plus que ces textes changent et évoluent régulièrement sous l'impulsion du législateur ou de l'administration nationale ou européenne.

Après avoir localisé les éléments générateurs de risque, les dirigeants pourront ensuite les évaluer afin d'estimer leur portée et leurs conséquences éventuelles : amendes pénales et dommages et intérêts déséquilibrant l'équilibre financier de la société, image négative projetée sur les clients et le public. Les responsables pourront également mettre en place des mécanismes de prévention tels que des protocoles de tâches, des chartes éthiques, des codes de bonnes conduites, des délégations de pouvoir mais aussi des formations adaptées. Toutes ces mesures sont à même de diminuer efficacement le risque pénal et donneront des arguments de poids à la défense devant un tribunal. »

Bien sûr, il est impossible de tout prévoir et de tout anticiper. Cependant, avoir identifié les sources principales du risque pénal, avoir stipulé les moyens de s'en prémunir dans le « document unique » que nous aborderons plus loin, mettra l'entreprise sur la bonne voie.

Les risques environnementaux

Environnement climatique

Par risques environnementaux, nous entendons tous les risques que l'entreprise peut faire subir à la nature et ceux que la nature peut faire subir à l'entreprise. Comme les risques managériaux, ils sont souvent la résultante d'une maîtrise défectueuse de l'information. Le management environnemental qui doit y remédier peut faire l'objet d'une certification dans le cadre de la famille ISO 14 000[168]. L'entreprise certifiée pourra faire valoir cet avantage concurrentiel auprès de ses partenaires.

B En France l'État stratège a beaucoup fait dans ce domaine. Il peut être cité en exemple. Il existe dans chaque département un dossier départemental des risques majeurs

---

[168] Les normes internationales jouent un rôle central an matière d'intelligence économique et plus particulièrement dans le domaine de la sécurité économique comme nous le verrons ultérieurement.

(DDRM) illustré par des cartes d'aléas climatiques ou géologiques. Ce dossier a pour finalité de décrire et de porter à la connaissance du public et des gestionnaires de risques l'ensemble des menaces recensées dans les communes concernées.

Ce dossier mentionne aussi les mesures de sauvegarde prévues pour en limiter les effets. Par exemple, la première édition du DDRM de la Gironde a été réalisée en 1995. Compte-tenu de l'évolution des connaissances et des mesures de prévention, il est apparu nécessaire d'actualiser ce dossier comme dans les autres collectivités territoriales.

De versions en versions, les phénomènes sont mieux appréhendés que par le passé comme la sécheresse, le risque lié au transport de matières dangereuses, le risque de tempête, le risque de rupture de barrage, qui sont autant de risques naturels et technologiques majeurs. La loi n°2003-699 du 30 juillet 2003 relative à la prévention des risques technologiques et naturels et à la réparation des dommages prévoit l'élaboration de plans de prévention des risques technologiques (PPRT).

Leur objectif est de résoudre les situations difficiles en matière d'urbanisme héritées du passé et de mieux encadrer l'urbanisation future. Les PPRT concernent les établissements SEVESO dits à « hauts risques ».

Dans le cadre de la veille environnementale l'intelligence des risques ira chercher l'information stratégique sur les sites publics et auprès de l'inspection des installations classées qui tient à jour une abondante documentation.[169]

En dehors de cette veille, le management environnemental quotidien oblige l'entreprise à prévenir un certain nombre de menaces dont la principale concerne la gestion des déchets. Elle veillera à leur stockage dans les ateliers, les cours intérieures ou les parties communes des bâtiments, afin d'éviter les apparences désagréables pour le voisinage.

Certaines activités peuvent être à l'origine de pollutions liées aux effluents. D'un point de vue sanitaire, les effluents graisseux des activités alimentaires peuvent être à l'origine de la présence de blattes et de rats dans les habitats, notamment anciens. Le bruit, générateur de stress relève à l'évidence de cette démocratie du risque qui oblige la ville et l'entreprise à travailler ensemble.

Environnement géopolitique

Au-delà du changement climatique qui ne sera pas sans conséquences politiques et financières, notamment dans les domaines de l'assurance et de la réassurance, un autre environnement concerne à la fois l'État stratège et les entreprises. Il s'agit de l'environnement géopolitique. La crise nord-coréenne, les flux de migrants en Europe, la crise ukrainienne, le Brexit, le terrorisme de proximité, les velléités d'indépendance ou de sécession de certaines

---

[169] www.installationsclassées.developpement-durable.gouv.fr

régions sont autant de faits majeurs qui peuvent avoir une influence sur la conduite des affaires et l'investissement.

Par l'ampleur de ses conséquences, la crise de la Covid 19 modifie cet environnement géopolitique. Elle accélère la prédominance de l'Asie sur un Occident politiquement moins expérimenté.

Sécurité (*safety*) et Sûreté (*security*)

La **sécurité** qui prévient les accidents et la **sûreté** qui prévient les malveillances comme le terrorisme, constituent le troisième et le quatrième socle de l'intelligence des risques. Elles font l'objet depuis plusieurs décennies d'une normalisation internationale complétée en France par la jurisprudence de la Cour de Cassation et d'innombrables textes législatifs et réglementaires tels que la loi de 2003 évoquée plus haut.

Quelques grandes normes contiennent l'essentiel de ce que l'entreprise doit mettre en œuvre pour assurer une sécurité économique efficace et obtenir une certification à faire valoir auprès des partenaires.[170] L'ISO 28 000 traite de la sécurité économique globale. Il a été lancé par la communauté internationale des managers du risque après les attentats du 11 septembre 2001 à New York et Washington.

---

[170] Les ISO 28 000 dans le domaine de la sécurité économique, 27 000 dans celui de la cybersécurité, 31 000 dans le management global des risques, 26 000 dans celui de la responsabilité sociétale et 14 000 dans celui du management environnemental sont les sources principales de l'intelligence des risques. D'autres normes et plusieurs textes de loi dispersés dans différents codes traitent également du sujet.

Cet évènement tragique a introduit une révolution intellectuelle majeure. Il n'est plus possible après lui d'aborder sécurité et sûreté séparément. La norme internationale associe les deux et pose à la fois les bases de la bonne gouvernance d'entreprise et celle du marché de la sécurité économique en tant que concept. Comme disent nos amis américains, rien de plus pratique qu'une bonne théorie !

La norme internationale n'est pas la seule source de la sécurité économique puisque dès 1794 le législateur français se préoccupe du sujet après l'explosion de la grande poudrière de Paris. Mais la construction de cet ISO, les stratégies et les réflexions qui l'entourent en font un texte universel et emblématique. Lisible et pragmatique il est une véritable doctrine.

L'ISO 28 000 englobe les aspects de sécurité et de sûreté tant les comportements humains sont inséparables des accidents de nos machines qu'elles soient mécaniques ou numériques.

Les réflexions débutent en 2001 sous l'égide de l'ANSI[171] et de la communauté internationale des gestionnaires de risques. L'ANSI, équivalent de l'AFNOR française, crée un comité doté d'un budget de 600 millions de dollars et fort de 200 experts venus du monde entier.

Ce comité met en place une politique de certification et d'accréditation des professionnels de la gestion des risques dans les domaines de la protection des sites sensibles, de la sécurité informatique et de la santé publique.

Sept workshops sont créés sur des thèmes où les États-Unis entendent prendre l'avantage dans un secteur économique d'avenir, celui de la sécurité économique globale. Sont concernés l'ensemble des transporteurs, intermédiaires, producteurs, distributeurs, pouvoirs publics et toutes les modalités de transport air, fer, mer, terre. L'objectif est de permettre aux entreprises d'exiger de leurs partenaires qu'ils se conforment tant aux exigences gouvernementales qu'aux principes énoncés dans l'ISO.

La norme internationale aborde la sécurité économique selon trois grands chapitres : le traitement des menaces, les actions préventives, les actions proactives.

L'ISO 28 001, préconise l'évaluation de la sécurité économique à l'aide d'une check-list opérationnelle et d'une méthodologie contenant des répliques.

- Une liste à minima de scénarii de menaces à envisager.

- Une classification des conséquences.

- Une évaluation de la probabilité des incidents à envisager.

---

[171] ANSI : American National Standards Institute

- Un *scoring* des incidents de sûreté.

- Une mise en œuvre et une évaluation des contre-mesures.

- Un bouclage du process.

- Un guide pour l'obtention de la certification.[172]

Comment obtenir un niveau de sécurité économique acceptable face à des menaces ou des risques procédant de contextes juridiques, politiques et sociaux radicalement différents ? La norme prend en compte les particularités géographiques, politiques et sociologiques. La sécurité économique n'obéit pas aux mêmes critères en Irak qu'en Suisse.

L'ISO 28 000 et la maîtrise de l'information stratégique

Pour la norme internationale l'entreprise souhaitant être certifiée doit être capable de se renseigner, de maîtriser l'information stratégique dans son environnement géopolitique. Les activités suivantes doivent être renseignées :

Les actes de piraterie, y compris en col blanc sont présentés comme une atteinte stratégique à la sécurité économique mondiale. L'utilisation de l'infrastructure de la *supply chain* à des fins illicites fait partie de ces objectifs. L'entreprise doit être en mesure de détecter les détournements de procédures aux frontières par des terroristes ou des trafiquants de drogue ou les filières d'immigration illégales. On mesurera l'aspect concret et prédictif de ce travail normatif qui a mobilisé les meilleurs experts.

La capacité d'identification de ces différentes menaces sera examinée par les enquêteurs / auditeurs dès lors que l'entreprise voudra se faire certifier sur la base de cette norme. Ces mêmes enquêteurs/auditeurs vérifieront la confidentialité de l'information détenue par l'entreprise, la fiabilité des sociétés de certification auxquelles elle fait appel, la confidentialité des informations détenues par ces mêmes sociétés, la sélection et le management des auditeurs venant des sociétés de certification.[173]

Dans un monde globalisé, la sécurité économique est largement préemptée par des acteurs anglo-saxons, germaniques, scandinaves ou asiatiques plus à l'aise que d'autres dans la maîtrise de l'information stratégique.

---

[172] En France le système de certification et d'accréditation est supervisé et contrôlé par une Association loi 1901, le Cofrac qui est à but non lucratif. Il rassemble les organismes accrédités, les groupements professionnels, les consommateur-acheteurs, les pouvoirs publics. Le Cofrac est en relation avec les accréditeurs des autres pays à l'échelon européen et mondial. L'accréditation des organismes d'évaluation et la conformité des « organismes certificateurs » est la raison d'être du Comité français d'accréditation (COFRAC) 2000 laboratoires ou organismes de certification ou d'inspection sont accrédités par le COFRAC

[173] Il est arrivé que des banques, des sociétés pétrolières ou maritimes aient fait appel à des cabinets de certification par exemple dans le domaine de transports de matières dangereuses qui n'étaient pas fiables.

L'ISO 27 000 et la cyber sécurité

La cyber criminalité est devenue le risque majeur d'une économie largement dématérialisée et globalisée. Elle affecte l'ensemble des organisations et tous les citoyens. Elle nécessite, comme les autres risques, une approche globale au sens de l'intelligence des risques. C'est ce que préconise l'ISO 27 000. La menace est protéiforme et pluridisciplinaire. La réponse doit être de même nature et ne saurait être segmentée.

Les conséquences de plus en plus graves de cette criminalité qui vire au terrorisme ne concernent pas seulement les entreprises comme les banques ou les sociétés de service. Elle vise les PME et les TPE qui peuvent être soumises à chantage pour récupérer par exemple des données volées. Les simples possesseurs de Smartphones sont eux aussi rançonnés. Les objets connectés deviennent autant de portes d'entrées pour les voyous.

Le cyber terrorisme s'attaque aussi aux automates industriels et peut provoquer des déraillements de train par sabotage des aiguillages, des pannes d'électricité géantes, couper l'eau des systèmes d'adduction, infecter des avions ou navires, s'en prendre aux câbles sous-marins transporteurs de données, etc.

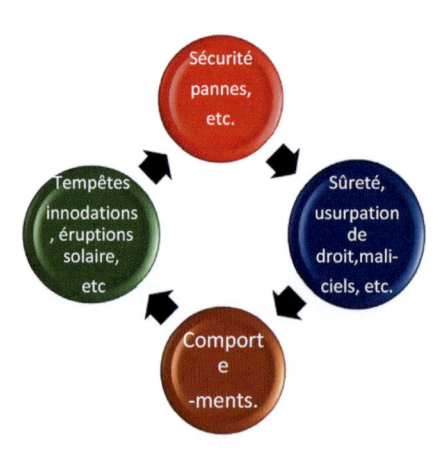

Figure n° 15 L'ISO 27 000 et la cybersécurité

Ces agressions ou ces accidents sont facilités par des négligences ou des comportements inadéquats qui relèvent des risques managériaux. À ceux-ci s'ajoutent des phénomènes naturels qui peuvent aboutir à des ruptures d'approvisionnements en énergie ou à des perturbations du signal comme des éruptions solaires ou des cyclones.

La norme internationale reprend à son compte les multiples recommandations et réglementations étatiques.[174] Elle donne aux entreprises une lisibilité globale sur les mesures à prendre. Ce que ne font pas ou font mal les réglementations nationales, segmentées par ministères ou par des politiques législatives de circonstances.

Dans ce domaine l'ISO 27 000, d'inspiration anglo-saxonne, mérite le détour car il dresse un programme réaliste. La norme, dans sa sagesse, recommande d'abord l'élaboration d'un calendrier de rencontres entre les acteurs internes et externes de la sécurité/sûreté informatique.

Des actions de sensibilisation permettront de faire la promotion de la démarche en montrant par exemple à un commercial que ses fichiers peuvent partir en fumée. Des services comme la DGSI[175] ou la DCPJ peuvent être sollicités en France pour organiser des conférences de sensibilisation. Leurs équivalents font la même chose dans de nombreux pays.

L'entreprise identifiera et hiérarchisera les risques relevant de la cyber sécurité. Il s'en suivra une réorganisation coordonnée et globale des process de réduction de risque avec le concours du RSSI[176] s'il existe.

La criticité pondérée (voir plus loin) des risques de cyber sécurité figurera dans le panorama général d'exposition aux risques de l'entreprise. Le responsable de la sécurité des systèmes d'information commanditera des tests d'intrusions à des professionnels externes.[177]

Selon la norme, l'entreprise identifiera les comportements à risques de ses membres comme la transmission involontaire des mots de passe, le non-verrouillage de session, l'importation inconsciente de virus par introduction de clés USB, les connexions privées, l'utilisation de disques durs externes, etc.

Elle consultera le site du Centre d'expertise gouvernemental de réponse et de traitement des attaques informatiques (CERTA) afin de mettre à jour la liste des vulnérabilités et des comportements à risques. Elle établira un inventaire des réflexes susceptibles de limiter les risques liés à l'usage des technologies de l'information. En cas de doute tous les messages suspects seront authentifiés.

---

[174] Il convient une fois encore de citer le travail de l'ANSI (Agence nationale de la sécurité informatique) du Cigref (Club informatique des grandes entreprises françaises) du CDSE (Club des directeurs de la sécurité d'entreprise) de l'AMRAE (Association des managers du risque et de l'assurance en entreprise) de l'ADBS (Association des professionnels de l'information et de la documentation) de la CNIL (Commission nationale informatique et liberté) qui traitent de ce chapitre. Nous y ajoutons tous les sites de sécurité informatique des entreprises du secteur qui contiennent de judicieux conseils. Signalons aussi le travail réalisé par l'association Forum Atena partenaire de la Commission intelligence économique du MEDEF Ile de France et co-organisatrice des « *Lundi de la cyber sécurité* ».
[175] Direction générale de la sécurité intérieure ; Direction centrale de la police judiciaire.
[176] Responsable de la sécurité des systèmes d'information.
[177] Il existe sur le marché de la sécurité économique beaucoup de cabinets spécialisés qui seront à même d'éclairer l'entreprise sur les menaces spécifiques qui la concerne.

Pour ne pas être victime de filoutage et de *phishing*, les collaborateurs demanderont à leurs correspondants de confirmer leur demande lorsqu'ils solliciteront des mots de passe, des codes PIN ou coordonnées bancaires.

L'entreprise doit savoir que des escrocs dans le but d'obtenir des informations confidentielles imitent des sites bancaires ou administratifs. Une escroquerie classique consiste à imiter la voix du président directeur général en fin d'après-midi, le vendredi de préférence, pour exiger du comptable un transfert discret d'argent sur un compte bancaire situé à l'étranger dans le cadre d'un contrat à l'exportation.

Plusieurs PME ont été ruinées par ce genre de filouterie.[178] Les messages du type chaîne de lettres, porte-bonheur, appel à solidarité, alerte virale ou autres peuvent cacher des tentatives d'escroquerie ou d'infection.

L'entreprise prendra l'habitude de consulter la fiche « des canulars par messagerie » sur le portail gouvernemental de la sécurité informatique Certa, de Microsoft, de Hoaxbuster, etc. Bien entendu elle établira un plan de sauvegarde immédiate, quotidienne, mensuelle et annuelle des données. Pour une cyber sécurité complète l'organisation mettra en place une protection biométrique pour l'accès physique aux portables.

Les données et transmissions stratégiques seront chiffrées notamment sur les supports CD et les clés USB. En cas de vol de données sensibles l'entreprise déposera immédiatement des titres de propriété intellectuelle.

L'Union européenne et le RGPD

La réponse judiciaire ne suffit plus à elle seule pour combattre les risques liés à la cyber sécurité. Malgré les efforts du parquet dans toutes les cours d'Appel, la spécialisation de certaines communautés comme les cybers gendarmes,[179] le travail de l'Office central de lutte contre la criminalité liée aux technologies de l'information et de la communication (OCLCTIC),[180] de la Brigade d'enquête sur les fraudes aux technologies de l'information (BEFTI),[181] la répression nationale ne suffit plus.

Les délinquants et les criminels se jouent des frontières. Les services spécialisés sont en relations constantes avec Interpol et Europol qui disposent d'équivalents internationaux. Mais devant l'ampleur de la menace sur l'économie mondiale l'Union européenne entend impliquer les fabricants et les acteurs économiques. Depuis 2018 un Règlement relatif à la protection des personnes physiques à l'égard du traitement des données à caractère personnel et à la libre circulation des données (RGPD) est applicable en Europe.

---

[178] En 2016 ce phénomène prend une dimension inquiétante à en juger par la dernière étude de l'assureur crédit Euler Hermès. www.eulerhermes.fr/
[179] www.gendarmerie.interieur.gouv.fr
[180] www.pointdecontact.net/partenaires/oclctic
[181] www.prefecturedepolice.interieur.gouv.fr

Ce règlement oblige les entreprises à protéger les données personnelles en amont en se conformant au règlement, ce qui les dispense d'une déclaration à la CNIL à condition de nommer un correspondant à la protection des données. La cyber sécurité devient l'affaire de tout le monde. Les entreprises devront également notifier à leurs clients toute disparition ou altération de leurs données dans un délai de 72 heures.

Les clients sont désormais en droit de demander l'accès à leurs données et bénéficient également d'un droit à l'oubli en exigeant la suppression de certaines informations. Le règlement s'applique à toutes les entreprises du monde traitant des données de citoyens européens. Pour la première fois dans le droit des technologies de l'information et même de la sécurité économique en général, les sanctions sont à la hauteur des enjeux puisque les entreprises coupables d'une non-application du RGPD peuvent se voir infliger des amendes équivalentes à 4% de leur chiffre d'affaire. En fait plusieurs milliards de dollars ou d'euros !

Avec ces nouvelles dispositions communautaires la cyber sécurité se hisse au rang de risque majeur. Mais le calcul et la réduction de cette menace ne peuvent se résumer à des procédures informatiques ou à l'achat de nouveaux logiciels. L'observation de la réalité démontre que sécurité (*safety*) des systèmes d'information et sûreté (*security*) vont de pair. Les malveillances humaines concernent la cyber sécurité à plusieurs titres. C'est donc l'intelligence des risques dans son ensemble qu'il faut prendre en compte. La cyber sécurité sortira renforcée des relations qu'elle entretiendra avec les dispositions qui suivent.

Document unique et postes à risques

Depuis le 7 novembre 2002, l'employeur ayant un ou des salariés doit établir un document unique d'évaluation des risques professionnels.[182] Le fait de ne pas transcrire ou de ne pas mettre à jour les résultats de cette évaluation des risques est puni de 1 500 euros et de 3 000 euros d'amende en cas de récidive. Aucune forme n'est imposée par la réglementation pour la constitution de ce document (DU). Pour chaque unité de travail le DU établit un inventaire et un classement des risques.

L'inventaire peut être réalisé à partir de l'historique des incidents ayant eu lieu, blessures, chutes, accidents, maladies, etc. Il peut s'inspirer de la consultation de rapports de vérification (installations électriques, extincteurs), de fiches de données de sécurité chimique, d'observations de l'inspection du travail ou de la médecine du travail. Il tient compte de la fréquence des incidents, de la fréquence des mises en danger, des risques climatiques, des infections, de la gravité des accidents.

Le DU décrit les actions de prévention pour réduire ou éliminer les risques. Ces actions s'ajoutent aux autres dans le schéma directeur de la sécurité d'entreprise : aération,

---

[182] Décret n° 2001 – 1016 du 5 novembre 2001 – article R.230-1 et suivants du code du travail.

ventilation, éclairage, remplacement de produits dangereux, réduction des manutentions, optimisation des flux de circulation de l'information, sécurité des véhicules, formation des salariés, souliers anti-chutes, etc.

Peuvent aider à l'élaboration, la médecine du travail, l'inspection du travail, l'Aract,[183] la Cram, les syndicats professionnels, les centres techniques, les organismes de contrôle, les consultants spécialisé, les CCI et CRCI.

Le DU doit être adressé aux salariés, à la médecine du travail, à l'inspection du travail, aux agents des services de prévention des organismes de sécurité sociale de la Cram. Il prévoit des évaluations, un calendrier d'actions et une main courante des incidents.

Le marché de la sécurité économique

Toutes les normes qui posent les fondements de la sécurité économique visent également à satisfaire un marché. La sécurité économique est depuis le 19ème siècle un business qui ne fait que croître compte tenu de la variété des menaces et de leur croissance. Les acteurs économiques achètent la protection dont ils ont besoin aux grands opérateurs internationaux.

Lorsque le port du Havre se fait certifier ISO 28 000 en 2011 pour rester compétitif il s'adresse à Det Norske Veritas (DNV-GL) une société norvégienne de certification crée en 1864.

DNV- GL compte 9 000 employés répartis sur 300 bureaux dans 100 pays. Le slogan de Det Norske Veritas est depuis longtemps en phase avec les impératifs de la norme : Préserver la vie, les biens et l'environnement. Il est significatif de constater que derrière ces

---

[183] Association régionale pour l'amélioration des conditions et de la qualité de vie des salariés au travail.

normes et les philosophies qu'elles induisent se trouvent des géants mondiaux pourvus d'une stratégie à long terme.

DNV ne s'intéresse pas qu'au marché de l'ISO 28 000 mais à d'autres secteurs en amont et en aval comme la certification et l'évaluation des systèmes de management (ISO 9001), la responsabilité sociétale des entreprises (ISO 26 000), la sécurité environnementale (ISO 14 000), la sécurité des aliments (ISO 22 000), le management de l'énergie (ISO 50 001), la santé et la sécurité au travail (OHSAS 18 001, ISRS, MASE) et bien entendu la cyber sécurité (ISO 27 000).

Autre géant de la sécurité économique, Dekra, fondée en 1925 à Berlin emploie 24 000 personnes et certifie aussi bien dans les domaines de la sécurité produits que la sécurité des immeubles ou des modes de management.

En France, Afnor certification, née d'une fusion en 2004 avec l'AFAQ, fondée elle-même en 1988, offre un service de proximité grâce à ses 27 implantations sur les 5 continents et à ses 13 délégations régionales françaises. Elle mobilise 1500 auditeurs qualifiés pour répondre aux besoins de ses clients répartis sur plus de 60 000 sites dans le monde.

La sûreté d'entreprise

La sûreté d'entreprise est l'ensemble des actions, attitudes et aptitudes mises en œuvre légalement par les acteurs économiques pour se protéger contre la malveillance humaine d'origine interne ou externe : vol, vols de données, vols des idées, vols des secrets d'affaires, diffamation, déstabilisation, désinformation, abus de confiance, escroqueries, fraudes, corruptions, concurrence déloyale, espionnage économique, atteintes aux données du système d'information, terrorisme, dégradation, chantage, sabotage, contrefaçon, boycottage, etc.

Si la sécurité économique, largement privatisée et professionnalisée offre un large éventail de solutions dans le cadre d'un marché mondial, il n'en va pas de même de la sûreté d'un abord plus difficile pour les entreprises, notamment les PME. Cela n'empêche pas d'ailleurs les grands groupes de défrayer de temps en temps la chronique pour avoir négligé tel ou tel aspect de la sûreté.

Comme la sécurité (*safety*), la sûreté (*security*) est une fonction quotidienne. Elle repose, elle aussi, sur une maîtrise de l'information stratégique qui utilisera les mêmes fondamentaux que les autres applications du système d'intelligence économique.

La sûreté d'entreprise est une déclinaison de la sûreté publique, telle qu'elle est appliquée dans le cadre des lois par les professionnels de la police administrative que sont les policiers et les gendarmes ainsi que les agents des polices municipale et privées. La sûreté d'entreprise comme la police en générale ne s'exerce pas contre mais avec les personnes. Elle commence par ne pas commettre d'imprudence.

Les bonnes pratiques de la sûreté d'entreprise

Un vrai professionnel de la sûreté n'est pas enfermé dans son bureau à comparer des statistiques ou des *reporting* de mains courantes. Il existe pour cela des logiciels parfaitement adaptés et des intelligences artificielles prédictive. Le vrai professionnel de la sûreté est souriant, « perd son temps » à bavarder avec les uns et les autres. Il se promène dans l'entreprise et aux abords. Il se met en état de recevoir les confidences, les alertes orales, souvent plus « parlantes » que les relevés d'incidents.

Il évite les erreurs de débutant : Il ne fait pas d'enquête sur les personnes mais des vérifications de C.V. Pas d'interception des mails et des communications sans une charte Internet spécifiant que les courriers et les données marqués « personnel » ou « privé » sont inaccessibles à la direction de l'entreprise. Pas de surveillance, enregistrements, films ou photos sans autorisation écrite des intéressés.

Le droit à l'image doit être respecté. Evidemment aucune filature, fouille à corps ou perquisition n'est autorisée. La sûreté d'entreprise n'est pas une police judiciaire. Une discussion avec les représentants du personnel précédera la mise en place de la vidéo protection si cela est nécessaire. Pas de questions ou d'interrogatoires sur la vie privée des collaborateurs. Mais une écoute et une attention doublées d'une mémoire humaine des soucis de chacun.

La sûreté d'entreprise est une fonction et dans les grandes entreprises un métier doublé d'une culture et d'un état d'esprit. Elle est centralisée mais n'est pas le monopole de la mission de protection. Elle est l'affaire de chacun car tous peuvent alerter sur telle ou telle dérive.

L'alerte professionnelle

L'alerte professionnelle est une clause contractuelle figurant au contrat de travail. Elle autorise un salarié à prévenir l'entreprise d'une dérive d'un autre salarié par rapport à la loi, au règlement intérieur et à la charte d'éthique.

Cette alerte a un caractère subsidiaire par rapport à la mission de protection et au pouvoir hiérarchique. L'alerte professionnelle n'est pas une obligation. Elle est facultative et le salarié ne doit subir aucune contrainte.

Le responsable de la sûreté déconseillera les alertes sous forme de lettre anonyme. En revanche il assurera la protection de l'utilisateur de l'alerte professionnelle. La catégorie des salariés susceptibles de faire l'objet d'une alerte sera clairement défini. Sont visés tous ceux qui ont à connaître des domaines suivants : finances, comptabilité, corruption, secrets de fabrique, droit de la concurrence.

La gestion des alertes professionnelles doit être confiée à une personne spécifiquement désignée pour traiter ces questions. Les collaborateurs chargés de recevoir les alertes doivent être en nombre limité. Ils sont formés et soumis à une obligation renforcée de confidentialité qui doit être définie dans leur contrat.

La CNIL a adopté une autorisation unique (AU-004) le 8 décembre 2005 modifiée le 14 octobre 2010 afin d'encadrer la mise en place d'un dispositif d'alerte professionnelle et de simplifier les formalités administratives. Le 19 juillet 2019 cette autorisation est devenue le référentiel relatif au traitement des données du dispositif d'alertes professionnelles.

Les entreprises qui respectent en tout point le cadre défini dans cette autorisation doivent adresser à cette institution qui connait bien l'intelligence économique une déclaration de conformité qui est disponible sur le site de la CNIL.

Le cadre juridique de la sûreté d'entreprise

La prévention des malveillances obéit à des règles de droit et s'inspire d'une jurisprudence qu'il est bon de garder à l'esprit dans les situations difficiles.

Les responsables et agents de la sûreté d'entreprise ne sont dotés d'aucun pouvoir particulier. Leur visibilité et leur tenue ne leur confèrent aucun droit exorbitant du droit commun. Les brassards, badges, caméras, appareils radio, véhicules, chiens, insignes ne leur donnent aucune prérogative. Il en va de même des armes dont les vigiles pourraient être dotés dans le cadre de la lutte antiterroriste.

Sur ce point, l'ouverture des sacs et manteaux demandée par des vigiles à l'entrée des lieux publics n'est pas une obligation. Je peux refuser d'ouvrir mon sac ou d'ouvrir mon manteau, je ne serai pas sanctionné mais le responsable de ce lieu peut m'en interdire l'accès pour des raisons de sûreté.

Il en va de même des fouilles superficielles pratiquées avec des appareils détecteurs d'engins explosifs. Elles sont encadrées par la loi et motivées par des raisons de sûreté nationale dans le cadre de la lutte anti-terroriste. Une évolution de la situation générale pour cause de terrorisme islamique[184] pourrait faire évoluer la donne et donner aux agents des sociétés de surveillance des pouvoirs exorbitants.

Depuis le 1er janvier 2018 ceux-ci ont le droit d'être armés dans certaines conditions. Cette évolution radicale méritera une attention soutenue afin de ne pas remettre en cause les libertés individuelles.

Pour les situations plus ordinaires, les responsables de la sûreté d'entreprises disposent des mêmes droits que les simples citoyens. Ces droits, plus importants qu'on ne le pense généralement, sont amplement suffisants pour l'exercice de leur mission.

Le droit d'arrestation en flagrant délit

L'article 73 du code de procédure pénale stipule qu'en cas de crime flagrant ou de délit flagrant puni d'une peine d'emprisonnement toute personne a qualité pour en appréhender l'auteur et le conduire devant l'officier de police judiciaire le plus proche.

En cas d'arrestation en flagrant délit, la sûreté d'entreprise s'abstiendra de toute rétention des personnes, de toute vérification d'identité, de toute palpation, fouille à corps, perquisition ou saisie d'objets personnels ainsi que de toute interception de communication. Ces actes de procédure sont réservés aux officiers de police judiciaire.

La légitime défense de soi-même et d'autrui

L'article 125-5 du code pénal stipule que n'est pas pénalement responsable la personne qui devant une atteinte injustifiée envers elle-même ou autrui, accomplit dans le même temps, un acte commandé par la nécessité de la légitime défense d'elle-même ou d'autrui.[185]

La mise en danger d'autrui :

---

[184] Sur le terrorisme islamique et l'entreprise : « *L'Imam bleu* » Bernard Besson, édition du Seuil, 2006 traduit en russe en 2008 aux éditions Inostranka et publié la même année au Seuil en livre de poche. Existe au Seuil en version numérique. Il va de soi que toutes les mesures préconisées dans cette introduction ne suffiront pas à contrer le fanatisme religieux. L'État stratège emploiera d'autres moyens, abordés à la fin de cette introduction.

[185] Par exemple, un vigile ou un citoyen armé d'un pistolet peut abattre un assaillant se jetant avec un couteau sur une personne dans un lieu public ou privé.

Les articles 121-3, 223-1 et 223-2 du code pénal punissent d'un an de prison le fait d'exposer autrui à un risque immédiat de mort ou blessure par violation des règles de sécurité ou de prudence.[186] Une ville, un village, même intelligent, peuvent par exemple être poursuivis pour ne pas avoir balisé un terrain dangereux. Cette mise en danger participe de la sûreté en donnant aux particuliers et aux entreprises le droit d'informer les autorités administratives et judiciaires. Elle fonde les actions engagées par les victimes de la pandémie.

La non-assistance à personne en danger

L'article 223-6 code pénal indique que sera puni de cinq ans de prison et de 75 000 euros d'amende quiconque s'abstient volontairement de porter à une personne en péril l'assistance que sans risque pour lui et les tiers il pouvait porter soit par son action soit en provoquant un secours.

Le marché de la sûreté d'entreprise

Les prestataires de service en matière de sûreté disposent des mêmes droits et obligations que ceux et celles qui viennent d'être évoqués plus haut.

Le choix d'un sous-traitant nécessite une veille sur le marché de la sûreté[187] qui s'inscrira parfaitement dans les veilles de l'intelligence des risques. Comme dans le domaine de la sécurité économique, le marché de la sûreté privée est un business mondial où opèrent des entreprises françaises et étrangères de qualité.

Le choix d'un prestataire est une pratique courante et s'effectue par appel d'offre. La veille aura au préalable recensé les sociétés les plus sérieuses et les plus performantes. Le

---

[186] Par exemple une municipalité ou une entreprise de BTP peuvent se voir poursuivies et condamnées en tant que personne morale pour des négligences fautives ayant entrainé la mort ou des blessures.
[187] Sites pouvant aider à démarrer une veille sur les prestataires en matière de sûreté d'entreprise : http://dpsa-securite.fr - securite.forum.org - fr.groupegeos.com etc.

cahier des charges contiendra tous les risques dont l'entreprise souhaite transférer la charge au prestataire. Des clauses de confidentialité et de secret couvriront les aspects les plus sensibles.

Comme dans le domaine de la sécurité où certaines sociétés de certification peuvent se révéler inefficaces ou peu crédibles, des entreprises de sûreté peuvent être défaillantes. Mais le client doit se convaincre qu'une bonne prestation a un prix. Une sûreté au rabais est source de déconvenues et peut utiliser des agents moralement et professionnellement déficients.

Le cahier des charges déclinera les obligations contractuelles du client et du prestataire. Le client fait connaître sa stratégie de sûreté en incluant la déontologie et la culture d'entreprise dans ses objectifs.

Le cahier énumère les consignes générales et particulières. Il prévoit le contrôle de la mission sous traitée. Le client se réserve des droits de réajustement. Le prestataire désigne un chef de site et met en œuvre les moyens humains, procéduraux et matériels prévus au contrat. Le prestataire assure la formation des personnels mis à disposition. Le cahier des charges prévoit une durée de trois ans maximum suivie d'un éventuel appel d'offre.

Il est inutile et il serait imprudent de se lier les mains *ad vitam aeternam* avec un prestataire unique en sûreté privée. L'entreprise se tournera utilement vers les syndicats professionnels de la sûreté tels que l'Unions des entreprises de sécurité privée (USP) ou le Syndicat national des entreprises de sécurité (SNES) à défaut de traiter directement avec des opérateurs reconnus comme Brinks ou Securitas pour ne citer que ceux-là.

La Délégation aux coopérations de sécurité du ministère de l'intérieur et la Mission de sécurité privée de ce même ministère publient des mises à jour de la réglementation et seront de bons conseils. Elles seront sollicitées via notamment le site du ministère. Il convient également de mentionner l'incontournable salon professionnel de la sécurité et de la sûreté qui depuis plus de vingt ans se tient chaque année à Villepinte au mois de novembre. Milipol est devenu un évènement mondial[188].

Le responsable de la sécurité et de la sûreté en entreprise, mais aussi les services publics, y trouveront les matériels les plus récents et les pratiques les plus innovantes venues du monde entier. Ils mesureront combien l'intelligence des risques est devenue un marché planétaire en parcourant les stands et en discutant avec les professionnels.

Les matériels de surveillance de la sûreté privée

Les matériels destinés à prévenir les malveillances doivent être aussi bien maîtrisés que les normes, les concepts et les textes. Passons en revues les situations les plus fréquentes.

---

[188] https://www.milipol.com

Les clôtures seront bien éclairées et équipées d'un système d'alerte. Les portes des espaces sensibles seront dotées de systèmes d'alarme. Les fenêtres, vitrines, verrières et soupiraux seront dotés de rideaux métalliques, verres blindés et barreaudages conformes aux prescriptions des assurances.

Les gaines de ventilation seront conçues avec des chicanes empêchant le cheminement d'intrus. Les sas de protection seront composés de deux portes successives en verre anti-agression. S'il existe un poste sécurité/sûreté celui-ci doit pouvoir travailler en immersion. Les armoires fortes, les armoires anti-feu et les coffres-forts, doivent répondre aux normes de l'APSAD.[189]

Les systèmes de détection d'intrusions se composent de détecteurs capteurs qui enregistrent les phénomènes physiques. Par exemple des étiquettes RFID.[190] Des réseaux de câblages ou liaisons radio transportent les informations recueillies par les détecteurs vers des centrales d'alarmes qui transforment les signaux en sons et images. Une boîte noire mémorise les flux et les transforme en moyens de dissuasions (sirènes, alarmes reliées, etc.) L'ensemble dispose d'un système de secours d'alimentation électrique.

En cas de vol et après dépôt de plainte, les enregistrements sont saisis par les officiers de police judiciaire. Il en ira de même des images du système de vidéo protection. Il convient donc de les garder en état afin de les mettre à la disposition des enquêteurs.

La vidéo protection est utilisée pour la surveillance des parkings, des accès, des aires de stockage, des magasins et boutiques, des salles de coffre, des guichets, des flux de circulation des visiteurs, des livraisons.

Avant d'installer un système de vidéo protection l'entreprise effectuera une demande auprès de la commission départementale. Cette démarche est obligatoire. Si une caméra filme une zone ouverte au public (par exemple le guichet d'une mairie ou un commerce), qu'il y ait enregistrement d'images ou non, il faut déposer une demande d'autorisation en préfecture.

Si une caméra filme une zone privée (par exemple : une réserve, un atelier, le parking du personnel), et que les images sont enregistrées, le dispositif doit faire l'objet d'une déclaration auprès de la CNIL.

---

[189] L'Assemblée plénière des sociétés d'assurance dommage délivre des certifications dans le domaine des matériels et assure des formations de qualité en matière de sécurité économique à travers notamment le Centre nationale de prévention et de protection (CNPP) www. Cnpp.com
[190] Radio Frequency Identification. Ce système a été mis au point après la cuisante défaite de Pearl Harbor pour permettre au système de surveillance radar de faire la différence entre une « escadrille amie » et une autre.

Les contrôles d'accès

Les contrôles d'accès à un local ou à un système d'information se font par identification d'un objet : un badge, une puce, une étiquette ou, de plus en plus souvent et de façon plus efficace, par identification biométrique d'une personne. Ce que l'on appelle la biométrie est un progrès considérable dans la reconnaissance des individus puisque l'on passe de l'identification d'un matériel à celle d'une personne. Ce fut une des conséquences des attentats de New York et le début d'une véritable industrie dans le cadre de l'ISO 28 000.

Les empreintes digitales, les formes de la main et du visage, l'iris ou la rétine de l'œil, la voix sont les supports les plus répandus de l'identification des personnes. D'autres systèmes d'identification font l'objet d'études comme la forme de l'oreille, la dentition, l'odeur, les battements de cœur, l'irrigation sanguine du visage, la démarche et l'ADN.

Il est certain que ces contrôles et ces tests sur la personne, associés à la discipline, facilitent dans les pays asiatique à forte culture de nationaliste le maintien de la sûreté et de la santé publique.

La production de documents infalsifiables par combinaison de puces sécurisées contenant des identifiants biométriques a ouvert la voie à un nouveau business. L'identification et l'authentification des objets connectés ouvrent un champ considérable de la cyber sécurité. Où les technologies françaises sont bien placées.

La démocratie du risque évolue aussi vers des protocoles collectifs comme les « blockchains » [191] qui sont une technologie de stockage et de transmission d'informations transparentes, sécurisées, et fonctionnant sans organe central de contrôle.

Par extension, une blockchain constitue une base de données qui contient l'historique de tous les échanges effectués entre ses utilisateurs depuis sa création. Cette base de données est sécurisée et distribuée. Nous passons de la démocratie du risque à la démocratie de l'authentification, chacun devenant le tiers de confiance de l'autre. Cette technologie nous renvoie au chapitre de l'intelligence inventive car de nombreux métiers du chiffre et de l'authentification comme la banque ou le notariat vont se trouver impactés.

Mais attention. Il est inutile de disposer d'un système de protection ultra moderne si à 100 mètres de l'entrée principale un mur est percé ou n'est pas protégé ! Ou si le vigile dort devant son écran. Pire, s'il est complice d'une intrusion ou tétanisé par la peur il ne sait pas quoi faire. Le maillon le plus faible disloque la protection la plus élaborée. L'auteur de cette introduction a eu l'occasion de le vérifier à maintes reprises.

---

[191] Voir Centre des hautes études du Cyberespace, 7 rue des réservoirs 78 000 Versailles.

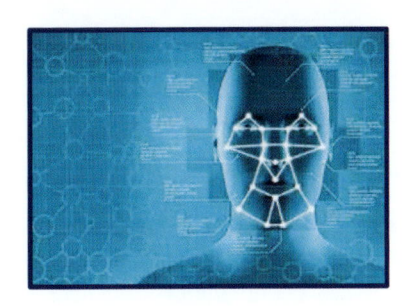

L'ISO 31 000 et le management des risques

Avant d'aborder le management de la sécurité économique dans l'entreprise il est utile de voir ce que préconise la norme internationale dans le management des risques. L'ISO 31 000, définit les cadres organisationnels, managériaux et méthodiques validés par la communauté mondiale des experts.

Crée en 2009, ce standard n'a pas vocation, contrairement au 28 000, à certification mais il inspire tout un pan de la sécurité économique, ainsi que plusieurs législations nationales et jurisprudences. Car il arrive toujours un moment où le juge, face aux expertises contradictoires, regarde ce que dit la norme. Celle-ci entre donc dans le droit français ou européen par les contentieux autant que par la loi et les règlements de l'Union européenne. À Bruxelles les commissaires et fonctionnaires, avant d'écrire regardent toujours ce que dit la norme. Elle leur sert de langage commun.

L'ISO 31 000 résume clairement tout ce qui vient d'être exposé. Il consacre une véritable culture de la sécurité économique. Il nous confirme que le management des risques doit s'appuyer sur la meilleure information disponible. Il suppose que l'entreprise dispose en amont d'une véritable maîtrise de l'information stratégique afin d'aider les gestionnaires à anticiper et à réduire les risques, aléas et menaces de toutes natures.

La gestion des risques doit être transparente nous dit la norme. Elle ne peut demeurer confidentielle ou secrète hormis certaines circonstances particulières et transitoires. En impliquant les parties prenantes, internes et externes, l'organisation reconnaît l'importance de la communication et de la consultation lors des étapes d'identification, d'évaluation et de réduction des risques.

Le management des risques est dynamique, itératif et réactif au changement. Il doit demeurer flexible. L'environnement concurrentiel oblige l'organisation à s'adapter au contexte interne et externe, spécialement lorsque de nouveaux risques apparaissent, lorsque certains risques sont modifiés, tandis que d'autres disparaissent.

Le management des risques facilite l'amélioration continue de l'organisation. Les entreprises ou les territoires possédant une maturité en matière de management des risques sont ceux qui investissent à long terme et qui évaluent la réalisation régulière de leurs objectifs.

La gestion des risques intègre les facteurs humains et culturels. Elle doit reconnaitre la contribution des personnes à la réalisation des objectifs de l'organisation.

La prévention des risques est intégrée aux processus organisationnels. Elle se situe tant au niveau stratégique, en amont des décisions, qu'au niveau opérationnel. Elle est une aide à la décision pour faire des choix argumentés, pour définir des priorités et pour sélectionner les actions les plus appropriées.

La mission de protection crée de la valeur et la préserve. Elle contribue de façon tangible à l'atteinte des objectifs et à l'amélioration des performances à travers la révision de son système de management et de ses processus. Il résulte de cette norme internationale que le management des risques doit posséder les moyens humains, les formations et le budget à la hauteur des enjeux.

Le Risk manager et la délégation de pouvoir

La théorie de la délégation de pouvoir n'a jamais été consacrée par la loi mais repose sur une construction jurisprudentielle ayant fait l'objet d'un important aménagement à l'occasion de cinq arrêts de la chambre criminelle de la Cour de cassation du 11 mars 1993. Le lecteur attentif remarquera que la Cour inspire elle aussi la norme internationale. Cela est dû à l'excellence des juristes et des ingénieurs français dont les travaux suscitent l'intérêt de la communauté mondiale des gestionnaires de risque.

La Cour nous dit que sauf si la loi en dispose autrement, le chef d'entreprise qui n'a pas personnellement pris part à la réalisation de l'infraction peut s'exonérer de sa responsabilité pénale s'il apporte la preuve qu'il a délégué ses pouvoirs à une personne détentrice de la compétence, de l'autorité et des moyens nécessaires.

L'autorité déléguée doit revêtir un caractère exclusif, c'est-à-dire être concentrée sur une seule tête pour un même secteur de l'entreprise. Il s'agit du Risk manager ou gestionnaire de risques.

« Le chef d'entreprise ne peut déléguer ses pouvoirs à plusieurs personnes pour l'exécution d'un même travail, un tel cumul étant de nature à restreindre l'autorité et à entraver les initiatives de chacun des prétendus délégataires » (Cass. Crime 15 janvier 1985).

Pour être valable devant les tribunaux la délégation de pouvoir doit faire l'objet d'un mandat explicite et écrit. Elle ne peut résulter d'une pratique, serait-elle quotidienne. Une simple note de service n'est pas suffisante.

Le mandat doit être officiel. Il ne doit pas être confidentiel, ni même officieux. Il est indispensable que les salariés qui travaillent sous les ordres du délégué aient pleinement conscience de cette délégation de pouvoir. Le mandat doit avoir un objet précis et contenir toutes les attributions détaillées du délégataire.

Le mandat doit être permanent. En effet il doit être possible au délégataire de veiller à tout moment à la prévention et à la gestion des risques. La délégation de pouvoir doit être certaine et s'inscrire dans un contrat de travail mentionnant cette disposition et faisant référence à une convention collective.

Il paraît judicieux qu'il puisse être délivré après une délibération du conseil des risques. Il doit entraîner un salaire de cadre dirigeant. Dans les grandes entreprises le Risk manager sera amené à subdéléguer certaines de ses attributions (risques informatiques, risque incendie, risques environnementaux, etc.) Ces subdélégations obéiront aux mêmes obligations de clarté et de précision que la délégation dont elles procèdent.

La jurisprudence de la Cour de cassation et la norme internationale vont à leur tour inspirer le législateur et faire entrer la sécurité économique chez les actionnaires et dirigeants d'entreprise comme nous allons le découvrir maintenant.

Le conseil des risques et le rapport d'exposition aux risques

Inspiré de la norme ISO 31 000, le code de commerce dans son article L 225-37 oblige le gestionnaire des risques à rendre au président du conseil d'administration un rapport annuel sur l'exposition de l'entreprise.

Exemple

L'entreprise Trigano,[192] innovante et soucieuse de son image, publie régulièrement ses rapports sur son exposition aux risques et sur les mesures prises pour en

---

[192] www.trigano-finance.com/ag/rapport-president.pdf

réduire les effets. Voici quelques-uns des chapitres qui illustrent par des exemples concrets les quatre familles de l'intelligence des risques.

Les évolutions législatives en Europe sur les camping-cars

Nous sommes ici dans l'une des veilles classiques de l'intelligence économique. Pour une entreprise qui produit des habitations mobiles, l'évolution de la législation est une donnée stratégique permettant de saisir des opportunités ou d'écarter des menaces. Cette veille réglementaire peut être réalisée en interne pour l'essentiel lorsqu'il s'agit de recenser les textes. Elle peut être sous traitée auprès de conseils en stratégie lorsqu'il s'agit d'anticiper des évolutions législatives auprès des parlements européens. Anticiper les règles vaut mieux que les découvrir une fois publiées.

Les évolutions climatiques

Le climat et les intempéries impactent directement la construction des caravanes et des mobiles homes qui doivent s'adapter aux vagues de froid et de chaleur. Comme dans l'exemple de la laiterie intéressée par l'évolution de la sécheresse en Australie, les variations du climat et leurs prises en compte sont autant d'arguments de vente et de renforts pour l'image de la société. Le risque environnemental et sanitaire de plus en plus contraignant dans l'industrie du tourisme devient prioritaire.

Risque de rupture de production aux usines de Tournon et de Peniscola

Les unités de fabrication de France et d'Espagne sont sujettes à des risques techniques qu'il convient d'anticiper. Les incidents répétés dans ces deux unités permettent, une fois centralisés dans la mémoire unique et pluridisciplinaire, d'imaginer des solutions. Nous transformons des menaces ou des dysfonctionnements de la *supply chain* en innovation par comparaison des modèles de production.

Risque d'incendie en liaison avec le CNPP et les assureurs

Les experts de l'APSAD et du CNPP, déjà cités, sont sollicités pour minimiser les risques d'incendies inhérents à la fabrication de véhicules utilisant beaucoup de bois et transportant des matières inflammables sur de longues distances. On sait que les normes anti-incendie évoluent beaucoup et l'on sera attentif à tous les problèmes rencontrés ici ou là par nos concurrents. Car leurs soucis sont aussi les nôtres.

Vérification des installations dangereuses

Il existe à Tournon et à Peniscola des installations dangereuses devant être signalées aux équivalents français et espagnols de l'inspection des installations classées. Ces vérifications sont des gages de cohérence sociale et bénéficieront dans les deux pays des conseils de l'inspection du travail et de la médecine du travail.

Risques de distribution non maîtrisée et de concurrence déloyale

Comme toutes les entreprises dont les produits sont appréciés notre fabricant est confronté à des tentatives de concurrence déloyale, voire de contrefaçon, et aux agressions des réseaux de distribution clandestins. Le traitement de ce risque appelle une collaboration entre les réseaux de l'intelligence économique, les agents privés de recherche, des cabinets de conseil en stratégie afin d'obtenir des informations à caractère pénal. Il implique des relations avec les structures d'intelligence territoriale aussi bien en France qu'en Espagne afin de lancer, le cas échéant, des actions publiques.

Gestion du risque client

Ce risque, particulièrement présent en période de faible croissance économique et de pandémie, appelle l'intervention des professionnels du renseignement commercial qui sont les auxiliaires naturels de l'entreprise. Comme nous l'avons vu plus haut, la consultation et l'interprétation des données légales, fiscales et financières est une spécialité reconnue depuis près de deux siècles sur le marché de la sécurité économique.

Risque de stockage des produits chimiques

Chez notre fabricant de mobiles homes et de caravanes, le stockage en usine ou à bord des véhicules de poussières de bois ou de liquides dangereux pose des problèmes de conditionnement qui appelleront les expertises des spécialistes reconnus (CNPP).

Risques informatiques

C'est ici le domaine de la sécurité économique « pure et dure ». Nous sommes dans l'ISO 27 000 et tout ce qui tourne autour de la cyber sécurité. C'est le domaine des pannes et malveillances dont les entreprises pâtissent de plus en plus tant l'imagination des agresseurs et des escrocs est féconde.

Ces agressions sont facilitées par les failles des systèmes d'information. Nous y reviendrons lorsque nous traiterons de la guerre économique et de l'espionnage du même nom. L'entreprise veillera à la sécurité de ses automates industriels, de ses robots dans les unités de production et à la protection des données personnelles de ses collaborateurs, fournisseurs et clients. L'Union européenne, nous l'avons vu, lui fait désormais obligation de prévenir ces personnes en cas de vol de leurs données par exemple par un *rançon ware*.

Risques juridiques et fiscaux

Pour une entreprise de taille intermédiaire (ETI), l'instabilité juridique et fiscale à l'étranger et même en France est une menace. Elle se prévient par anticipation des problèmes grâce à l'acquisition d'informations et le concours de conseils spécialisés. Les meilleurs cabinets anticiperont les modifications à venir et renforceront l'intelligence décisionnelle de leurs clients. L'évolution de la fiscalité sur les emprises immobilières, les actions ou obligations peut entraîner de graves conséquences.

Risques fournisseurs

La dépendance de l'entreprise auprès d'un fournisseur en position de monopole fait encourir à celle-ci un véritable risque de sécurité économique. On prévient celui-ci en imaginant ce qui arriverait en cas de disparition du fournisseur. Cet exercice relève à la fois de l'intelligence inventive et de l'intelligence des risques. Les fameux PCA[193] de l'ISO 28 000 nous ont heureusement habitués à ce genre d'exercice.

Risques de taux de change et risques commerciaux

Les incertitudes boursières et la guerre des monnaies menacent l'entreprise de variations de taux de change qui peuvent devenir désastreuses. Ces situations seront anticipées par des garanties obtenues auprès d'institutions spécialisées comme la Compagnie française pour le commerce extérieur (Coface) à travers des assurances crédits ou des systèmes d'affacturage et de recouvrement.

Risques de rupture d'approvisionnement en matières premières

Une entreprise comme Trigano se fournit en bois précieux et en matières premières qui pour des raisons climatiques, politiques ou économiques peuvent venir à manquer. La sécurité économique consistera à repérer des sources d'approvisionnement de rechange qui le cas échéant pourront être mobilisées.

---

[193] Plans de continuité d'activité.

Aujourd'hui, grâce au code de commerce ce genre de rapports se multiplient et font entrer l'intelligence économique dans les entreprises par la porte de la sécurité économique. Il convient cependant d'aller plus loin et d'établir entre tous ces risques, des échelles de comparaison pertinentes. Il faut inventer un dénominateur commun capable de satisfaire aux recommandations de l'ISO 31 000.

Calcul des risques

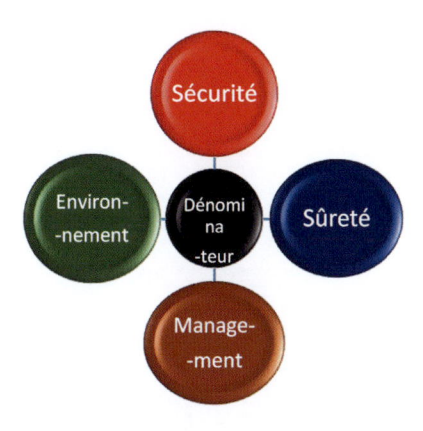

Figure n° 16 Un dénominateur commun pour tous les risques

Calculer les risques

L'ISO 31 000 traite de l'incertitude et exige une règle à calcul des risques. Pour la norme internationale l'entreprise doit être capable de mesurer d'un seul regard et en temps réel l'ensemble des risques et menaces. Pour satisfaire cette finalité elle se dotera d'une méthode de calcul. Celle de la criticité pondérée[194] permettra d'ouvrir un dialogue et de faire participer le plus grand nombre à l'évaluation des risques. Nous sommes bien dans cette transparence recommandée par la communauté des Risk managers, précisée par la Cour de cassation et confirmée par la loi et le code de commerce.

Comment calculer et comparer des risques de sécurité, de sûreté, environnementaux et managériaux si différents les uns des autres ? Comment les mettre en perspective les uns par rapport aux autres afin de savoir lesquels traiter en priorité ? Comment

---

[194] Non exclusive d'autres méthodes.

offrir aux conseils des risques et aux directions générales un panorama lisible et un instrument de pilotage ?

La criticité de chaque risque dépendra de sa fréquence multipliée par sa gravité selon la formule suivante : Criticité = Fréquence (F) x Gravité (G).

Comme indiqué plus loin, la fréquence des risques et leur gravité se mesurent à partir d'échelles pouvant aller de 1 à 7. Des échelles plus courtes ou plus longues sont possibles.

Un risque peut être fréquent comme la pluie et ne pas avoir la même gravité selon que l'on est hôtelier ou marchand de parapluies.

Fréquences

Criticité

Gravités

La criticité d'un risque n'aura pas les mêmes conséquences selon le secteur d'activité de l'entreprise, selon son chiffre d'affaires, les critères de la profession ou les conséquences économiques du risque. Un risque de grève n'a pas les mêmes incidences économiques chez Air France KLM qu'au lycée Blaise Pascal de Clermont Ferrand.

La criticité pondérée des risques

La variabilité des situations impose la prise en compte de réalités très diverses. Seule l'entreprise peut pondérer les conséquences d'une fréquence ou d'une gravité qui chez elle, aura plus ou moins de normalité ou d'impact que chez une autre.

Fréquences et gravités seront affectées par des coefficients de pondération qui tiendront compte de chaque culture d'entreprise, de chaque histoire économique. Nous proposons ici quatre niveaux de coefficients de pondération :

Coefficient 1 : induit une incidence marginale de la fréquence ou de la gravité

Coefficient 2 : induit une incidence faible de la fréquence ou de la gravité

Coefficient 3 : induit une incidence moyenne de la fréquence ou de la gravité.

Coefficient 4 : induit une incidence forte de la fréquence ou de la gravité

L'introduction de ces coefficients de pondération complète et affine la formule initiale qui s'exprime désormais comme suit : Criticité pondérée = Fréquence pondérée x Gravité pondérée.

$$Cp = (F \times p) \times (G \times p)$$

Dans la méthode proposée l'entreprise mesure la criticité pondérée de chaque risque appartenant aux quatre familles dans l'éventail d'un score allant de 1 à 784.

$$(F\ 1 \times p\ 1) \times (G\ 1 \times p\ 1) = 1$$

$$(F\ 7 \times p\ 4) \times (G\ 7 \times p\ 4) = 784$$

Un risque dont la criticité pondérée s'établit à 784, signale une catastrophe, la disparition pure et simple l'entreprise ou de l'organisation. 1 correspond au battement d'aile d'un papillon. Mais nous savons grâce à la théorie du chaos et aux mathématiques qu'une erreur très faible sur un paramètre peut avoir plus tard et plus loin des conséquences catastrophiques.

Exemple de calcul

Hydropen, entreprise de BTP de la région parisienne, souhaite calculer la criticité pondérée du risque de sûreté « vol d'outils sur les chantiers ». Après discussion au sein de l'entreprise il est établi que la fréquence de ces vols est estimée à 4 sur une échelle de 1 à 7. Cette fréquence sera pondérée à 2 grâce à un coefficient de pondération choisi sur une échelle de 1 à 4 car cette fréquence est malheureusement dans la « norme » du secteur.

La fréquence pondérée s'établira donc à F 4 x p 2 = 8.

La gravité de ces vols sera estimée après discussion à 7 sur une échelle de 1 à 7 car effectivement les matériels coûtent chers et les plus performants partent en premier. Cette gravité sera cependant pondérée à 2 sur une échelle de 1 à 4 car ces vols, rapportés au chiffre d'affaires sont marginaux et selon nos ingénieurs sont une forme de « publicité » pour Hydropen (!).

La gravité pondérée s'établira donc à G 7 x p 2 = 14

La criticité pondérée des vols d'outils sur les chantiers sera donc la suivante :

Cp = F p 8 x G p 14 = 112

L'exposition aux risques d'Hydropen

Le calcul de criticité pondérée du risque « vol d'outils sur les chantiers » de la société Hydropen s'établit à 112 sur une échelle de risques allant de 1 à 784. Les valeurs attribuées aux fréquences et aux gravités pondérées sont purement subjectives. Elles résultent d'appréciations échangées au sein de l'entreprise entre les financiers, les commerciaux, les administratifs, les ingénieurs, les techniciens.

112 est un chiffre arbitraire et ne prétend à aucune vérité scientifique. Il est cependant le résultat d'un consensus réalisé à partir d'une méthode que tout le monde comprend et à laquelle tout le monde peut participer. L'évaluation de chaque risque bénéficie d'expertises variées comme dans le cadre du passage de l'information à la connaissance par analyses successives selon les cycles des figures présentées plus haut.

La criticité pondérée du risque « vols de chantiers » prendra tout son sens lorsqu'elle sera comparée aux autres sur le tableau général de l'exposition aux risques.

Exposition aux risques d'Hydropen

Sécurité	Sûreté	Environnement	Management
Protection déficiente 343	Vols chantiers **112**	Fumées toxiques 296	Risque Client **531** (!)
Détection incendie 232	Vols données 452	Péril sismique 12	Perte savoir-faire 478
Machine dangereuse 152	Dégradations 88	Inondation 12	E réputation 292
727	652	320	**1301**

Le tableau général de l'exposition aux risques visualisé ci-dessus permet de comparer les différentes familles de risques. L'entreprise prend alors conscience que le risque le plus grave (**531**) provient d'un défaut du management dans l'anticipation du risque client. La sécurité économique, comme il arrive souvent, pâtit d'une faiblesse dans la maîtrise de l'information stratégique.

Des tableaux, tels que celui-ci, permettront d'une année sur l'autre de constater des évolutions positives ou négatives et d'évaluer le programme de sécurité économique. Ils permettront d'allouer des budgets et de mettre en place des schéma directeurs. Malheureusement le risque zéro n'existe nulle part et la meilleure sécurité économique n'évitera pas les crises ou les situations d'urgence qui sont le lot de tous les territoires et de toutes les entreprises.

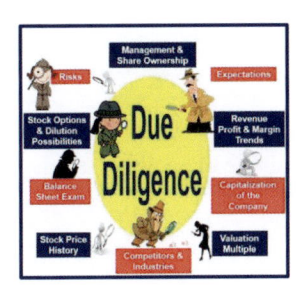

Due diligence et intelligence des risques

La *due diligence* est l'audit préalable qui permet à un acquéreur et à ses partenaires financiers de combler toute asymétrie d'information entre vendeurs et acheteurs. La *due diligence* est une procédure saine dans le monde des affaires qui vise à vérifier, entre autres, l'étendue et l'efficacité de l'intelligence des risques de celui que l'on se propose de racheter. Elle est avec la certification, évoquée plus haut, une des sources de l'intelligence des risques et de l'intelligence stratégique.

Longtemps confiné aux aspects purement financiers et comptables l'examen s'étend désormais à tous les chapitres de l'intelligence des risques. C'est donc à partir de calculs équivalents à ceux représentés ci-dessus que les acheteurs et leurs partenaires vont évaluer la sincérité et l'exactitude des devoirs de conformité de l'entreprise rachetable.

Le respect de la législation, mais aussi la prévention des risques environnementaux, l'attention portée au financement du terrorisme, à la lutte contre la cybercriminalité, aux conditions de vie des collaborateurs entrent désormais dans le champ de la *due diligence*. En France, la loi renforce cette tendance lourde inspirée des normes internationales.

Le devoir de vigilance, nouveauté introduite par la loi du 21 février 2017 oblige les sociétés-mères à responsabiliser leurs filiales sur le thème des droits de l'homme et de la lutte contre la pollution. La loi dite Sapin 2 du 10 décembre 2016 oblige les entreprises à se doter d'un programme de compliance anticorruption.

La jurisprudence, la loi, la norme, les *dues diligences*, mais aussi les associations de consommateurs et les villes obligent les entreprises au calcul des risques dans des domaines de plus en plus variés. Cette marche en avant vers plus de transparence doit être l'occasion de parler du bilan de l'intelligence humaine.

Bilan de l'intelligence collective

A la recherche de partenaires économiques ou financiers, et par souci d'attraire des intelligences humaines, l'entreprise doit être en mesure de promouvoir la conformité de son intelligence collective aux obligations ou recommandations des chapitres précédents et suivants.

Il n'est pas nécessaire d'attendre une *due diligence*, une crise majeure ou une cyber attaque de grande ampleur pour faire le bilan de son intelligence collective.

Figure n° 17 Bilan global de l'intelligence collective

L'organisation s'inspirera des cinquante *items* du « **Test1000Entreprise** » évoqué au début de cette introduction pour, au-delà de la seule gestion des risques, évaluer l'ensemble de son intelligence collective. Ce bilan, applicable à la ville et aux territoires, renseignera utilement la gouvernance de l'intelligence nationale.

La gestion de crise

Le succès de la gestion de crise dépend de la maîtrise globale de l'information stratégique avant, pendant et après la crise. Nous avons vu au début de cette introduction que toutes les informations permettant de prévoir la pandémie étaient à la disposition des politiciens et des dirigeants d'entreprise. Cela n'a pas suffi à l'éviter ni même à la gérer convenablement et durablement. Car la gestion de crise comme l'innovation est rarement reliée à une pensée systémique. Lorsqu'elle est théorisée et programmée elle n'est pas soumise à l'épreuve de scenarii convaincants.

Commençons par voir ce qu'il ne faut pas faire afin d'éviter le pire. Le 11 mars 2011 à la suite d'un tsunami, la centrale nucléaire de Fukushima au Japon explose. Le monde entier se souvient.

Plusieurs années après le drame, Kenji Sumita, professeur d'ingénierie nucléaire à l'université d'Osaka, écrit : « Il est inconcevable qu'on n'ait conservé aucun compte rendu. Il était peut-être difficile, dans la période d'extrême confusion qui a suivi la crise, de tenir un journal de bord officiel mais ils auraient pu prendre de simples notes. Peut-être qu'il y a certains événements que les participants n'avaient pas très envie de rendre publics. »

Un manque de préparation et une communication défectueuse au plus haut niveau après la catastrophe comptent parmi les écueils qui ont fait de l'accident à la centrale nucléaire de Fukushima l'événement le plus grave de ce secteur depuis 25 ans. Et dont nous n'avons pas fini de mesurer les conséquences aussi bien pour l'État stratège que pour les entreprises productrices d'énergie et l'ensemble des citoyens.

Pathologie des cellules de crises

La gestion déplorable de la crise de Fukushima n'est que la répétition d'autres évènements de même nature s'expliquant par les mêmes défauts dans la maitrise de l'information et son utilisation dans le cadre de la sécurité économique. A Fukushima, huit heures après la catastrophe on cherchera encore le manuel de crise alors qu'il n'existait pas moins de cinq cellules de crises ! C'est-à-dire quatre de trop. Cela ne nous rappelle-t-il pas tous les comités qui devaient nous épargner la pandémie du coronavirus ?

Les pathologies des cellules de crises ont été étudiées dans le détail par d'éminents spécialistes, tels Roux-Dufort, Forgue et Lagadec. D'une catastrophe à l'autre on retrouve invariablement les mêmes défauts récurrents cités par ces auteurs.

« Le manque de préparation va se révéler de manière évidente : absence de logistique appropriée, absence de procédures à suivre, pas de listes de collaborateurs à contacter. Personne ne sait où se trouve l'information en rapport avec la crise… Une fois les membres de la cellule désignés et réunis on se rend compte qu'aucun ne sait faire fonctionner le matériel installé dans la salle de crise. Cela renforce le malaise. Ne serait-on pas plus efficace, chacun dans son propre bureau ? Le groupe réuni au sein de la cellule de crise est ainsi fluctuant, ses contours sont incertains. Sans préparation, la cellule se révèlera inefficace. L'improbable n'étant pas souhaitable les directions générales ont tendance à considérer que les exercices permettant d'éviter ces pathologies sont des pertes de temps. » Tout est dit.

Pourtant la réponse la plus efficace reste toujours la mobilisation d'une cellule, pensée et listée à l'avance. Cette cellule doit avoir des objectifs partagés par tous ceux qui la composent. La cellule existe donc avant la crise. Ses membres participent à la définition des objectifs au regard de l'exposition aux risques de l'entreprise. Ou de la nation. On sait que les analyses de risques débouchent sur des indices de criticité pondérée rassurants mais généralement ce sont les risques « improbables » qui surgissent. Là où on ne les attendait pas…

Le problème du stockage des nitrates à l'usine AZF de Toulouse avait été écarté du panorama des risques à cause d'une très faible criticité pondérée. La crise résulte d'un processus d'accumulation de petits évènements déclencheurs comme notre battement d'aile de papillon auquel s'ajoute un processus d'ignorance managériale volontaire ou inconscient. Dans les entreprises comme dans les villes, les crises ne sont jamais le fruit du hasard. Une entreprise ou un territoire sont par essence des machines à produire des crises et le plus souvent des situations d'urgence.

Quand peut-on parler de crise ? Quels sont les éléments déclencheurs de la canicule à l'été 2003 ? De l'affaire Kerviel en janvier 2008 ? Quand commence la crise des subprimes ? Et à quelle heure, sinon quel jour commence la crise du vol MH 370 en 2014 ? A partir de quand la crise du Levothyrox en 2017 est-elle considérée comme telle par les autorités sanitaires, le corps médical et le fabricant ? Quand débute la crise sanitaire du coronavirus ?

Dès que l'on aborde la gestion de crise une foule de questions assaillent ceux qui sont chargés de la résoudre. La déclaration d'état de crise ne participe-t-elle pas de la crise elle-même ? La crise est-elle lue et vécue de la même manière par tout le monde ? L'oubli de la crise précédente n'est-il pas l'élément déclencheur de la suivante ? Le souhait d'anticiper les crises est-il réaliste ? Notre prétention à gérer les crises est-elle crédible ? Que gère-t-on exactement ?

Les crises ne sont-elles pas nécessaires ? Une économie sans crise est-elle possible ? Est-elle souhaitable ? Tout le monde sait que la crise innove. C'est durant les guerres et les conflits qu'ont été inventées beaucoup de choses.

Fort de ces constats l'intelligence des risques va tenter de bâtir une réponse anticipée. La plus efficace est la cellule de crise virtuelle à géométrie variable composée des propriétaires de tels ou tels risques. Soutenue par le sommet de l'entreprise, la cellule se réunira périodiquement sur des scénarii tels que les prévoient les normes internationales étudiées plus haut. Tout se passera bien et puis un jour surgira la crise qui prendra tout le monde par surprise car elle parlera ou plutôt bégaiera un langage décousu qui ne correspond pas aux critères que nous avions élaborés. Peu importe, la cellule de crise ayant été réunie plusieurs fois s'adaptera aux circonstances.

L'horreur médiatique

Tout commence par l'horreur médiatique ! Le virus décime une maison de retraite ou une colonie de vacances, la bourse s'effondre, des enseignants sont égorgés devant leurs élèves, un scandale judiciaire éclate au grand jour. Des affirmations péremptoires circulent sur les médias et enflamment les réseaux sociaux. Le chef d'entreprise en sait moins que sa propre famille, connectée à de multiples canaux. Des images, des témoignages, surgis de partout alimentent des polémiques qui nous échappent.

De l'intérieur de l'entreprise des réponses « partent dans tous les sens ». Les scénarii n'avaient pas osé prévoir un tel foisonnement de dénonciations, de mensonges et d'approximations. La première bataille consistera à surmonter l'horreur médiatique en apportant au fil des heures des réponses crédibles et modestes à tout ce qui se raconte ici et là.

Lors du passage du cyclone Irma sur les îles de Saint Barthélemy et Saint Martin l'une des premières conséquences et accélérateur du chaos fut le manque d'informations crédibles et validées. L'horreur médiatique surgit en même temps que le cyclone et la destruction des îles.

Cette bataille exigera beaucoup de sang-froid, un repérage de toutes les émissions d'information et une collaboration de tous les membres de l'entreprise reliés aux réseaux sociaux. Tous seront mis à contribution pour informer la cellule de ce qui se dit. Ultérieurement tous seront sollicités pour diffuser les réponses mises au point par la même cellule.

Cette mobilisation ne s'improvise pas au dernier moment, elle se prépare dès l'entretien qui précède le contrat d'embauche. Dans l'économie de l'information tout salarié devient un veilleur et un lanceur d'alerte au service de l'entreprise. De facto, tout collaborateur est un acteur potentiel de la prévention et de la réduction des risques comme il est acteur d'influence ou de contre influence, d'innovation et de performance, de sécurité et de sûreté.

Le travail se poursuivra par l'identification des sources d'information malveillantes et le cas échéant les sources de ces sources. En cas de crise, des groupes de consommateurs affolés ou manipulés, des concurrents indélicats, français ou étrangers, peuvent jeter de l'huile sur le feu.

Lorsque le champ de bataille médiatique sera mieux éclairé, l'entreprise par la voix de son patron pourra commencer à diffuser sa propre vision de la réalité. Centralisée et validée, modeste et fiable, elle finira par s'imposer face au bruit médiatique.

Les êtres humains avant les chiffres

Si par malheur la crise comporte des victimes, le discours sera prioritairement consacré à leur état. Avec l'accord des familles, dument informées, des noms et des prénoms seront communiqués aux médias. Et des bulletins de santé diffusés. Il est hors de question, face à des souffrances ou à des morts de parler de statistiques ou de technique. Le dirigeant se rend au chevet des blessés pendant que le coordonnateur de la cellule prépare les réponses aux interrogations du public.

Lors de la crise du Levothyrox alors que des gens perdaient leur emploi à cause de souffrances graves entraînant des séquelles, les autorités sanitaires et du médicament répondirent par des considérations statistiques et techniques qui furent reçues par les malades comme une forme de mépris.

Le coordonnateur

Une bonne gestion de crise implique une centralisation de tous les messages émanant ou à destination des acteurs internes et externes. Cette obligation entraîne la désignation d'un coordonnateur unique. Il ou elle est en liaison constante avec le PDG, il entérine et valide les orientations arrêtées par le dirigeant et les met en œuvre. Homme ou femme d'autorité, discret et à l'écoute, il met son savoir-faire opérationnel au service des membres de la cellule pour optimiser leurs travaux.

La cellule de crise n'est pas destinée à gérer uniquement les situations paroxysmiques, elle doit aussi être mobilisée en cas de situation d'urgence telle qu'une crue exceptionnelle, un important mouvement de grève, une campagne d'attentats, des troubles graves à l'ordre public.

Parce qu'elle est à géométrie variable, elle est adaptable à toutes sortes de situations et peut monter en puissance au fur et mesure que se développe un risque majeur dans l'environnement, même lointain, par exemple une grave crise financière, style crise des subprimes ou une situation géopolitique aux conséquences planétaires comme un conflit autour de la Corée du Nord ou de l'Iran.

De l'usage des réseaux sociaux

Aucune crise n'échappe à la vigilance des réseaux sociaux de toutes natures. Ils seront les premiers à percevoir les faits et les évènements qui se transformeront, en images, en son, en témoignages. Beaucoup seront faux ou exagérés.

La cellule de gestion de crise est tenue par des critère de qualification des évènements et une obligation de vérification. Elle sera donc toujours en retard sur la *vox populi* et les médias qui sont eux-mêmes branchés sur les réseaux sociaux.

La prise en compte de ces derniers dans la gestion de crise ou de situation d'urgence est une priorité. Les réseaux sociaux d'entreprise seront associés aux alertes et à la prévention des risques. Ils deviennent une intelligence collective des risques au sens où nous l'entendons dans cette introduction générale.

Reliée par ses membres à une grande variété de réseaux sociaux l'entreprise dispose partout de sentinelles. Elles feront remonter l'information immédiatement et seront destinataires des mesures de préventions et de protection décidées par le patron ou le maire de la ville intelligente. Certaines applications spécialisées ou certaines communautés dédiées à la prévention des crises se développent actuellement en France et ailleurs. Nous conseillons aux Risk manager de se rapprocher de ces entités.[195]

---

[195] Quidams réseau citoyen spécialisé dans la prévention et la gestion de crise.
www.qwidam.com

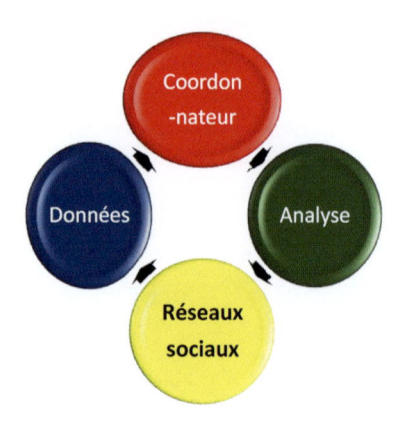

Figure n° 18 Organigramme de la cellule de crise

Crise, patrimoine et innovation

Une crise, même si elle est dramatique, peut contribuer à la bonne image de l'entreprise à condition d'être bien gérée. En témoignent les « succès » d'Air France et d'EDF dans le crash du Concorde et lors des grandes tempêtes qui mirent à mal les réseaux de distribution électrique.

Toute crise est un enseignement qui doit être versé au patrimoine immatériel de l'entreprise. La crise nous apprend sur nous même, elle nous permet d'innover et de rebondir. Elle fait partie de la vie des entreprises, des nations comme des individus.

La cellule de crise reverse dans la mémoire l'histoire de tous les échecs. Comme dans l'affaire des faïences finlandaise citée plus haut, ce patrimoine permettra demain de transformer une menace en opportunité. Les artistes de la donnée, data scientists et digital officers y veilleront.

Empire du soleil levant, le retour

Le Japon, nous le savons, fut l'un des premiers à partir de l'ère Meiji (1868) à systématiser une démarche moderne d'intelligence nationale. Aujourd'hui l'Archipel sort d'une période de crise dont l'explosion de la centrale de Fukushima fait figure de point d'orgue. Malgré les spectaculaires succès, hérités du techno globalisme alliant l'industrie, l'université et les pouvoirs publics, le Japon n'a pas échappé aux bulles financières, aux tremblements de terre et au vieillissement de sa population.

Devant le refus par les Japonais de toute immigration pour des raisons culturelles et de sûreté, l'ancien Empire du soleil levant renoue avec le volontarisme de la fin du 19ème siècle. Après avoir transformé son système bancaire de fond en comble, mis les seniors au travail, obtenu les jeux olympiques de 2020 avant de les reporter pour cause de pandémie et relancé ses PME à la conquête du monde, le pays se tourne vers la robotique. Pour remplacer les bras manquants et sortir de la crise, le Japon développe à coups d'innovations spectaculaires une économie de plus en plus basée sur l'intelligence artificielle.

La guerre économique

La guerre économique

Nous quittons l'intelligence économique, éthique et déontologique, pour aborder la guerre économique. Ici tous les coups sont permis ! La bataille est aussi ancienne que la volonté de puissance des nations et de leurs champions. La France pratiqua l'exercice dans le passé, beaucoup plus qu'aujourd'hui.

Heureusement, la guerre économique n'est pas la norme des relations internationales. Mais parce qu'elle est hors norme, elle est invisible à ceux qui ignorent qu'ils sont en guerre. Il y a asymétrie dans la perception du phénomène. L'intelligence économique a vocation à rétablir une vision plus réaliste.

Cette guerre profite à ceux qui ont une politique à long terme. Ceux capables de dépasser les alternances démocratiques ou les luttes de faction au sein de pouvoirs plus autoritaires. Elle utilise plusieurs vecteurs et se déroule sur différents échiquiers. Sans faire de bruit, la plupart du temps.

Seul un protectionnisme intelligent organisé par l'État stratège permettra de la décrypter, de voir venir les coups et de les rendre, si telle est la volonté du pouvoir politique. Mais cette volonté elle-même peut être entravée par l'intimidation, la désinformation ou la corruption des élites.[196] La guerre économique peut être le fait des seuls États, d'alliances entre les États et leurs entreprises ou d'entreprises mondiales agissant seules. Avec ou sans le concours de mercenaires spécialisés dans les différentes facettes de ce genre d'affrontements.

Exemples

En août 2016 le quotidien The Australian dévoile que la DCNS française[197] aujourd'hui Naval Group, a été victime d'une fuite massive de données sur ses sous-marins Scorpène. Selon le Figaro[198] les documents volés portent un tampon rouge « Restricted Scorpène India » et se présentent comme des manuels d'utilisation contenant des informations sensibles mais non critiques.

Plus encore que le vol, qui date de 2011, il convient de noter la révélation au grand jour de cette affaire en 2016 au moment où l'entreprise française affronte en Asie des rivaux asiatiques, européens et américains dont on sait qu'ils maîtrisent tous les aspects de la guerre économique. C'est ce terme qu'emploie d'ailleurs à Paris le porte-parole de l'ex DCNS.

D'autres formes de guerre économique, plus subtiles et encore plus destructrices existent :

Une PME française réputée dans la fabrication des cellules photovoltaïques se lance sur le marché asiatique. Après plusieurs voyages sur place il est convenu d'installer une unité de fabrication dans une zone viabilisée. De retour en France le patron de cette PME découvre en lisant les pages économiques de son quotidien préféré qu'un puissant groupe japonais va installer lui aussi une unité de production à quelques kilomètres de l'endroit prévu par les Français.

Immédiatement notre PME se met en gestion de crise et téléphone au quotidien qui ne fait que relayer une dépêche AFP de Tokyo. Contact est pris avec la mission économique de l'ambassade de France dans la capitale japonaise. L'information est recoupée. Le groupe japonais a bien tenu une conférence de presse au cours de laquelle il a annoncé, entre autres projets, la création de cette unité.

Après mûres réflexions le dirigeant de notre PME décide de ne pas donner suite et abandonne le projet plutôt que d'affronter le géant nippon. Un an plus tard ce n'est pas le groupe japonais qui s'installe dans la zone convoitée mais une PME suédoise….

Que s'est-il passé ? Si notre entreprise française avait fait un peu de veille concurrentielle sur le Web ou si elle avait bénéficié de l'éclairage d'un protectionnisme

---

[196] « *Main basse sur l'Occident* » Bernard Besson, Odile Jacob, 2010
[197] Aujourd'hui Naval Group
[198] Le Figaro Entreprises du 25 août 2016

intelligent, elle aurait su que des liens anciens unissaient la PME suédoise et le groupe japonais.

L'entreprise scandinave a demandé comme un service à ce groupe japonais qui lui devait quelque chose, d'annoncer à la fin d'une conférence, parmi d'autres projets, celui de construire une unité de production dans le Sud Est asiatique. Qui peut, un an plus tard lui reprocher d'avoir abandonné ce projet ? Personne.

Autre affaire

Il y a quelques années, l'agence française de produits sanitaires reçoit une lettre et un rapport d'un professeur de microbiologie et de virologie de la faculté de médecine de Montpellier mettant en cause l'Abak. Ce collyre est produit par le laboratoire Théa, 350 salariés, 350 millions d'euros de CA de Clermont Ferrand.

Au même moment les centres régionaux de pharmacologie reçoivent des courriers alarmants notamment du syndicat des ophtalmologistes du centre hospitalier des Quinze Vingts concluant à un fort taux de contamination de l'Abak.

Sur les sites d'ophtalmologie en Espagne puis bientôt en Belgique et au Royaume Uni des messages émanant de malades, d'employés de pharmacie et d'ophtalmologistes mettent en cause l'Abak de Théa.

Mme Siméon de Bucher avait effectivement rédigé un rapport à la demande du laboratoire Europhta de Monaco sur l'Abak de Théa. Mais ce rapport était favorable au produit vendu par l'entreprise clermontoise !

Théa s'estime victime d'un acte de guerre économique et porte plainte auprès du service régional de police judiciaire de Clermont Ferrand. Il s'avère que le rapport de la faculté de médecine de Montpellier a été falsifié avant d'être diffusé. Ce rapport au contraire vantait comme nous le savons les mérites du collyre.

L'enquête démontre que les courriers électroniques attribués à plusieurs médecins en France et en Espagne sont des faux. Une officine parisienne s'attribuant de manière indirecte des compétences en matière d'intelligence économique[199]est à l'origine de ce montage.

Le commanditaire de cette officine est une entreprise concurrente, filiale d'un groupe américain basée à Monaco. Il s'agit d'Europhta. L'enquête permet d'établir que l'opération de déstabilisation de Théa par Europhta a été réglée à cette officine par 2 chèques de 16 505 euros.

---

[199] La méthode est classique. Des voyous en col blanc se targuent de compétences qu'ils n'ont pas, en s'abritant derrière le vocable « intelligence économique ». Cette triste réalité rend d'autant plus nécessaire la présence dans cette introduction générale d'un chapitre consacré à l'éthique et à la déontologie.

Par jugement du 8 septembre 2010 du tribunal correctionnel de Clermont Ferrand, les dirigeants de cette officine ont été condamnés à quatre mois de prison avec sursis et 10 000 euros d'amende.[200]

Une désinformation parmi d'autres

Nous sommes dans une entreprise francilienne de haute technologie où la veille du même nom, pratiquée par des ingénieurs compétents est à l'affut de tous les darwinismes technologiques possibles.

Depuis quelques temps nos ingénieurs sont inquiets. Une firme asiatique dépose dans un secteur proche du notre une série de brevets. Des publications complémentaires paraissent dans certaines revues techniques. D'ici un an ou deux ce concurrent va occuper un terrain qui risque de nous barrer la route.

Le patron de notre PME veut en savoir plus et affecte un ingénieur à temps complet à cette recherche. Puis très vite il en désigne un second car il y a urgence !

Six mois plus tard, notre PME découvre que les applications supposées de ces brevets sont tout simplement irréalisables car irréalistes. Les Asiatiques se sont lancés dans des recherches longues et coûteuses pour aboutir à un piètre résultat ! Nous allons pouvoir reprendre les travaux délaissés depuis trop longtemps.

Deux jours plus tard, la firme asiatique sort le produit sur lequel nous travaillions avant d'être distraits par cette affaire incidente. Que s'est-il passé ?

Notre concurrent asiatique grâce au protectionnisme intelligent de son pays a accès à toutes les recherches scientifiques conduites sous l'égide des Nations Unies et subventionnées par l'organisation internationale. Il sait, grâce à la diplomatie économique tout ce qui marche et surtout, quelles sont les impasses technologiques dans son domaine. Qui plus est, son ambassade à Paris, connait très bien le tissu industriel français et le foisonnement des startup tricolores particulièrement innovantes et encouragées par l'État stratège français.[201]

Lorsqu'une PME européenne devient dangereuse cette firme concurrente publie des brevets qu'elle tient en réserve et dont elle sait parfaitement que ce sont des impasses. C'est la méthode dite de brevets leurres, particulièrement efficace car inattaquable, elle aussi.

---

[200] La gestion remarquable de cette crise et son heureux dénouement sont dus à l'habileté et au sang-froid du directeur général de l'époque, l'ex-préfet de région Jacques Fournet qui fut l'un des précurseurs de l'intelligence économique nationale auprès du ministre de l'intérieur Jean Pierre Chevènement.
[201] Contrairement à une idée reçue les aides à l'innovation font de la France un pays idéal pour le démarrage des jeunes pousses.

Vol TWA 800

Le 17 juin 1996 à 20 h 30, le vol TWA 800 explose au-dessus de Long Island causant la mort de plus de cent personnes. Immédiatement les rumeurs font état de phénomènes bizarres et inexpliqués. Il apparait et la presse s'en fera l'écho, photos[202] à l'appui, que des flashs de lumières ont relié l'avion à l'océan. Des éclairs de couleurs jaune et rouge ont illuminé le ciel.

Fleurissent bientôt des témoignages de touristes et de passagers d'autres vols qui confirment le côté extraordinaire de la catastrophe. Quelque temps plus tard, des conversations sur différents sites et réseaux sociaux font état de manœuvres navales de la marine des États-Unis qui auraient mal tourné. Un officier de tir, lors d'un exercice, aurait envoyé par mégarde un missile mer-air non désarmé.

Un mois plus tard un célèbre journaliste accrédité à la Maison Blanche, de passage à Nice, déclare lors d'une conférence qu'il faudra bien se rendre un jour à l'évidence : « Un missile de la marine a touché l'avion ! »

On finit par retrouver l'épave au fond de l'eau. On la reconstitue dans un hangar.[203] Tout le monde peut voir le trou béant provoqué par le missile sur la partie inférieure de la cabine. Aucun doute n'est plus permis sur les origines du drame.

Les mois puis les années passent. Le bureau d'enquête accident américain de l'aviation civile et le FBI achèvent séparément leurs enquêtes qui donnent une version différente de celle servie au public. La destruction de l'appareil n'est pas le fait d'un missile tiré par erreur mais proviendrait de l'explosion du réservoir central.

Depuis des années les ingénieurs avaient alerté le constructeur et les compagnies américaines du danger que représentait la proximité du système de climatisation. Dans certaines configurations ce système pouvait provoquer un échauffement anormal du réservoir. Voire des décharges d'énergie intempestives.

Devant le coût des modifications tout le monde a préféré attendre. Après le drame tout le monde a préféré croire à une erreur de la Navy. Dans le cadre de la compétition économique entre Airbus et Boeing il n'était pas inutile de laisser croire à l'attaque d'un missile.

« C'est la loi qui crée le péché »[204]

---

[202] Times, special report juin 1996 couverture où l'on « voit » effectivement des traces qui pourraient s'assimiler à un tir.
[203] La photo est visible sur Internet. Quatre ans d'enquête du NTSB et du FBI avant de découvrir la vérité…Mémoire professionnel Université de Marne la Vallée, Jean François Marcotorchino : tuteur, David Revel : promotion intelligence économique. Désinformation après les crashs aériens : L'affaire du TWA 800
[204] Saint Paul, épître aux Romains

Les grandes négociations internationales sur le commerce ou les normes en tous genres sont des occasions de rivalités entre protectionnismes plus ou moins intelligents et déterminés. Les entreprises bénéficiant d'une stratégie soutenue par leur gouvernement partent avec un avantage sur leurs concurrentes moins chanceuses.

La convention OCDE du 17 décembre 1997 qui sanctionne la corruption des agents publics dans le commerce international est un exemple du protectionnisme intelligent des États-Unis. En cas de corruption sera puni tout chef d'entreprise qui aura corrompu un agent public étranger à l'occasion de la signature d'un contrat.

La France qui a signé cette convention prévoit pour ses nationaux coupables, 10 ans d'emprisonnement, 150000 euros d'amende, l'interdiction des droits civiques, l'interdiction d'exercer. Aucune circonstance atténuante ne peut être invoquée en faveur du chef d'entreprise.[205] Les paiements pour faciliter des opérations administratives sont par exemple considérés comme de la corruption.

A l'époque où cette convention est signée, le système de consolidation des comptes américains n'entrait pas en comptabilité les pots de vins versés à partir de structures offshores…(!)

Certains pays signataires de cette convention ont procédé à des aménagements dans leur droit positif au profit de leurs nationaux. C'est ainsi qu'en Allemagne dont on connaît les succès à l'exportation, la corruption des agents public étrangers est formellement interdite, comme le prescrit la convention. Sauf en dehors des questions d'intérêt national…(!)

Les entreprises françaises ont mis au point grâce à l'appui du MEDEF et avec le concours de Business France des procédures visant à les prémunir contre les risques que pourraient leur faire courir des intermédiaires ou agent commerciaux indélicats.

Dans beaucoup de pays le protectionnisme intelligent protège les entreprises nationales de certains prédateurs en ne les obligeant pas à publier leurs comptes. Sous d'autres latitudes, la chasse en meute d'entreprises partant à la conquête de marchés bénéficie du soutien actif de la diplomatie, voire des services secrets, en mesure de fournir aux champions nationaux de bonnes informations au bon moment. Par exemple les propositions de la concurrence lors d'un appel d'offre.

La morale au service de l'État stratège

---

[205] Les chefs d'entreprises français sont à cet égard moins bien traités que leurs concurrents et d'un point de vue national moins bien traités que les braqueurs ou preneur d'otage….

Le 22 juin 2014 General Electric s'emparait de la branche énergie d'Alstom. Comment ce fleuron de l'innovation française est-il tombé entre les mains de son concurrent ? Les explications de Patrick Kron, PDG d'Alstom ne firent pas que des convaincus.

Pendant des années le système judiciaire américain fut abreuvé d'informations confidentielles au profit des concurrents de la firme française. Depuis 2007 Alstom est englué dans plusieurs affaires de corruption au Mexique, en Italie, en Suisse, au Brésil et au Royaume Uni, en Zambie, en Slovénie.[206] Informé par la NSA et la CIA le département de la Justice lance des poursuites. La loi américaine s'est octroyé un droit d'extraterritorialité qui lui permet, en s'appuyant sur la convention OCDE évoquée plus haut, d'appréhender physiquement les dirigeants des entreprises fautives.

Le 15 avril 2013 elle fait arrêter le vice-président de la division chaudière à l'aéroport JFK de New York. Il restera enfermé 14 mois à la prison de haute sécurité de Wyatt comme n'importe quel serial killer ! Dans la foulée Alstom est condamné à 772 millions d'euros d'amende.

Les négociations s'engagent avec General Electric présidé alors par Jeffrey Immelt. L'État stratège étasunien accentue la pression. Lawrence Hoskins, ancien vice-président d'Alstom pour l'Asie est arrêté à son tour dans les îles Vierges. La France cède. Un travail de communication tentera aux yeux de l'opinion de justifier la capitulation. Mais personne n'est dupe. Daniel Fasquelle, député du Pas de Calais, vice-président de la commission économique de l'Assemblée nationale s'insurge. « Vous essayez de transformer une défaite en victoire ! »

Le chantage judiciaire, la violence, la peur physique, ont eu raison des dirigeants économiques français. L'État, hésitant et pris, de cours a reculé. Alstom a pourtant dépensé des sommes considérables pour se doter d'un comité d'éthique et de conformité. L'entreprise a été certifiée par ce qu'il y a de mieux en la matière. De gros efforts ont été consentis en

---

[206] La vente d'Alstom à General Electric un épisode parmi d'autre de la guerre économique. Voir le documentaire diffusé le 25 septembre 2017 sur la chaîne parlementaire LCP https://www.guerrefantom.com/

communication avant, pendant et après la crise pour convaincre les actionnaires mais la France a perdu l'un de ses fleurons. Après beaucoup d'autres.[207]

Avec cent fois moins d'argent dépensés mais en évitant d'échanger des messages trop explicites et non cryptés, entre ses cadres et en usant de quelques réflexes simples et gratuits l'entreprise aurait échappé à la surveillance d'Echelon et aux services de renseignement.

Le problème n'est pas budgétaire, il est culturel. Les entreprises françaises ne croient pas à la guerre économique. Des mesures d'une redoutable efficacité (voir plus loin) auraient paralysé le système d'espionnage américain. Leur mise en œuvre risquait d'entraîner cependant quelques sourires narquois. On a préféré payer fort cher des consultants en éthique et des communicants que de perdre la face dans les couloirs en prônant des réflexes sécuritaires d'un autre âge…

Les ennuis d'Airbus à la suite des enquêtes anti-corruption du Serious fraud office britannique[208] ou ceux de Lafarge, accusé de financer Daesch[209] relèvent tout à la fois d'un défaut de sécurité économique, de l'extraterritorialité des lois américaines, de l'instrumentalisation des médias et de la justice.

Belvédère

Cette fois-ci il s'agit d'une PME française, célèbre pour les vodkas qu'elle achète dans les pays d'Europe de l'Est et vend, notamment aux États-Unis, dans de belles bouteilles sérigraphiées. Tout se passe bien jusqu'au jour où un concurrent américain mandate un cabinet spécialisé pour détruire Belvédère car il ne supporte plus sa présence en Amérique du Nord.

Les enquêteurs-investigateurs de ce cabinet new yorkais finissent après une longue enquête par découvrir en Pologne un contentieux entre Belvédère et l'un de ses fournisseurs. L'entreprise française n'aurait pas réglé une fourniture auprès d'une coopérative agricole en prétextant une mauvaise qualité de la marchandise.

---

[207]- *Guerre économique, défaite nationale et storytelling : regards sur l'affaire Alstom* Jean François Fiorina, directeur adjoint de l'école de management de Grenoble. La géopolitique pour les entreprises-n°4, 29 juin 2017.
- *Alstom – Scandale d'Etat*, par Jean-Michel Quatrepoint, Fayard, 2015
- *L'anticorruption, une arme d'intelligence économique : autour du cas Alstom*, par Claude Rochet http://claude-rochet.fr/lanticorrption-une-arme-dintelligence-economique-auteur-du-cas-alstom/
- *Racket américain et démission d'Etat. Le dessous des cartes du rachat d'Alstom par General Electric*, par Leslie Varenne et Eric Denécé, Rapport du CF2R n°13 - http://www.cf2r.org/ fr/rapports-du-cf2r/racket-americain-et-demission-etat-le-dessous-des-cartes-du-rachat-alstom-par-general-elec.php

[208] Intelligence online n° 788 du 23 août 2017.
[209] Le Monde du 21 juin 2017.

Autour de ce contentieux banal, les investigateurs vont monter une campagne de désinformation et de diffamation faisant passer Belvédère pour une entreprise voyou. L'action se poursuit sur le Web et à travers les forums. À Varsovie lors d'une conférence de presse sur les relations Est-Ouest un journaliste interroge les deux parlementaires américains qui sont à la tribune sur ce qu'ils pensent de « l'affaire Belvédère ».

Cette intrusion incidente à la fin d'une conférence internationale jette le discrédit sur la PME française qui s'effondre en bourse.[210]

Un monde dangereux

La guerre économique vise à s'emparer de l'information protégée tout en passant par la désinformation de l'adversaire. Elle utilise les éléments fondamentaux de l'intelligence économique pour préparer le terrain mais ensuite traverse allègrement la frontière du droit. Elle quitte la transparence et plonge dans le droit pénal.

Aujourd'hui des professionnels du secteur privé protègent l'entreprise ou le territoire contre toute une série de pratiques déloyales ou mafieuses. Les professionnels de la sécurité économique, les chevaliers blancs, interviennent dans différents domaines au bénéfice de leurs clients.[211] Leur lot quotidien est fait des réalités suivantes :

Instabilité juridique et politiques dans les pays d'exportation, fraudes internes et fraudes externes du style de l'escroquerie au président, crises financières, OPA hostiles, Due diligences détournées, déstabilisation des actionnaires, espionnage économique, etc.

Une affaire parmi d'autres

Peu après 16 heures, le 22 novembre 2016 de nombreuses rédactions économiques et financières reçoivent un communiqué émanant d'une adresse e-mail "@vinci.group". Ce communiqué, qui a toutes les apparences d'un message officiel du groupe annonce une révision des comptes pour 2015 et 2016 avec à la clé des révélations effrayantes comme la découverte d'irrégularités comptables et le licenciement immédiat du directeur financier du groupe.

En relisant le communiqué à froid il est évident que la ficelle est un peu grosse mais dans l'urgence provoque des dégâts. Il faut dire qu'il est particulièrement bien rédigé, provenant d'une adresse e-mail qui semble appartenir au groupe, signé par le responsable des relations presse et renvoyant vers un site Internet (www.vinci.group) qui bien évidemment est

---

[210] Cette affaire très connue avait à l'époque fait l'objet d'un rapport au président de la République.
[211] Conférence de Jean Renaud Fayol, dirigeant de la société Axis and Co, le 20 octobre 2016 à l'Ecole militaire dans le cadre des rencontres du groupe Renseignement et intelligence économique de l'Association des auditeurs en intelligence économique de l'IHEDN.

faux mais qui reprend la charte graphique du site officiel avec le faux communiqué inséré au milieu.

Les vrais dégâts ont commencé sur le marché quand l'agence Bloomberg reprend ce faux communiqué pour le diffuser dans les salles de marché du monde entier. Il n'en faut pas plus pour que le titre s'effondre instantanément de 18 %, passant de 61,4 euros à 49,93 euros en l'espace de quelques minutes.

On imagine les conséquences en termes de spéculations financières sur le titre de cette entreprise mondialement connue. Une enquête de l'AMF est aussitôt déclenchée mais le plus effrayant réside peut-être dans la facilité du montage. Si on exclut un piratage des serveurs de Vinci, ce qui fait froid dans le dos, c'est la facilité avec laquelle on peut monter ce type d'opération. En gros les préalables sont les suivants :

- Créer un faux site internet parodiant le vrai avec une adresse approchante. Ici les pirates ont utilisé une extension en «. Group » qui n'avait pas été achetée par Vinci. On ne peut pas leur en vouloir car le nombre d'extensions de noms de domaine a littéralement explosé, ouvrant la voie à ce genre d'agressions.

- Se procurer une base de contacts de médias et journalistes financiers. On peut l'acheter assez facilement sur le marché et pour pas cher.

- Rédiger un communiqué crédible. Sur ce point il faut quelques notions financières et connaître les mécanismes boursiers, rien d'insurmontable néanmoins.

Finalement, des choses assez basiques, ne demandant aucun niveau technique important, que ce soit en informatique ou en finance. La plus grande difficulté réside dans l'effacement des traces.[212]

Derrière cette agression se cache un groupe concurrent ou un État, un groupe terroriste, une secte, un parti politique ou des collaborateurs mécontents, voire une combinaison de plusieurs agresseurs. Cette affaire plus récente et plus visible que les autres a permis à beaucoup de Français de découvrir la réalité de la guerre économique. A laquelle d'ailleurs, ils continuent de ne pas croire. D'autres procédés moins spectaculaires mais beaucoup plus dangereux méritent maintenant notre attention.

L'espionnage économique

Après l'usage du droit, de la morale internationale, de la désinformation, l'espionnage demeure l'une des armes de la guerre économique mais reste méconnu malgré

---

[212] Communiqué de ABC Bourse du 23 novembre 2017

les efforts louables de la DGSI, du SCRT,[213] de la DGSE, de la gendarmerie nationales, de la très efficace DRSD[214] et de quelques auteurs d'ouvrages techniques ou de fiction.

L'espionnage économique s'intéresse toujours aux objets et spécialement aux prototypes notamment les robots, les drones, les radars, les systèmes de navigation, etc. Mais ses objectifs sont de plus en plus immatériels. Il vole avant tout des informations et des connaissances, des secrets industriels, des secrets de fabrication, des stratégies, des idées. En ce moment il s'intéresse aux projets d'intelligence artificielle dans les secteurs de la télé santé et des transports. Aux vaccins et thérapies géniques. Aux nanotechnologies. Des mondes où les ingénieurs français sont excellents.

L'espionnage économique fouille dans les fragilités humaines. Il débusque les compétences et les savoir-faire cachés de ses cibles. Il sabote la cohésion, la solidité financières, les capacités innovantes, les systèmes de protection. Il déstabilise les réseaux d'influence et de contre influence de ses adversaires.

L'espionnage économique se fait au bénéfice des États et de plus en plus au profit d'entreprises ou de groupes d'intérêts, de mouvements religieux ou mafieux. Sa privatisation n'est qu'un retour aux pratiques de l'Antiquité, du Moyen Age et du 18ème siècle.

La segmentation de l'espionnage

L'espionnage est un marché comme la sécurité économique sur lequel agissent des donneurs d'ordre. Une entreprise souhaitant en détruire une autre ou la racheter à bas prix en tout ou partie va s'adresser à un ensemblier qui va sous-traiter depuis Londres ou Hong Kong une série d'opérations à des spécialistes qui ne se rencontreront jamais.

Un cabinet de renseignement commercial situé à Genève sera chargé de recueillir légalement et de manière licite toutes les informations fiscales et financières disponibles sur la société ciblée. Les bons espions savent que 95% des informations recherchées par leurs clients peuvent s'obtenir légalement. Pourquoi prendre des risques inutiles ?

Ce que l'on appelle la « segmentation de l'espionnage » se poursuit selon un schéma classique. A Turin notre ensemblier contactera un sous-traitant dans le domaine de l'image qui photographiera et filmera de jour comme de nuit les cadres dirigeants de l'entreprise ciblée afin de découvrir et de prouver d'éventuelles vulnérabilités.

---

[213] Le Service central de renseignement territorial remplace les Renseignement généraux qui après plus de cent ans d'existence ont été dissous en 2008 privant la République d'un service de renseignement intérieur efficace dont la disparition explique en partie la fluidité de l'islam radical et les dislocations communautaristes On pourra lire à ce sujet le rôle des Renseignements généraux dans la trilogie « *1962* » « *1963* » et « *1964* » publiée par l'auteur de cette Introduction aux éditions Odile Jacob, et Amazon Kindle. Le commissaire Charles Siméoni y incarne ce que fut l'activité quotidienne de ces fonctionnaires de police.
[214] Direction du renseignement et de la défense qui a remplacé l'ancienne DPSD.

Un autre sous-traitant habitant Namur s'intéressera aux réseaux sociaux et à tous les objets connectés et robots permettant de tracer les mêmes responsables. Un autre, basé à Andorre viendra « sonoriser » les lieux privés et publics où ces mêmes cadres ont leurs habitudes, domiciles, voitures, hôtels, restaurants, clubs sportifs, etc.

Si d'aventure, toutes ces investigations n'aboutissent pas, une agence spécialisée ou une call girl diplômée dans le mangement inter culturel obtiendra sur l'oreiller ce qu'il manque encore. Pour finir, l'ensemblier américain ou chinois[215] obtiendra tout. Une opération d'espionnage bien menée donne toujours des résultats qui vont au-delà de ce que recherchait le donneur d'ordre. Qui n'est pas toujours conscient de ces découvertes latérales. Ces surplus d'informations stratégiques seront négociés dans le Deep Web.[216]

L'ingénierie sociale

C'est une manière déloyale d'obtenir des informations stratégiques en ayant recours à l'effet de surprise, à la vanité, la curiosité et la naïveté des victimes. Nous savons qu'un espion professionnel prendra le moins de risque possible avant de franchir la ligne jaune. Voici quelques-unes des méthodes employées. Elles sont largement connues mais toujours aussi efficaces.

Le questionnaire

L'espion envoie un questionnaire à l'entreprise ciblée en passant par des intermédiaires qui peuvent être des agences de développement économique ou des organisations spécialisées dans le commerce international. Il posera les deux questions qui l'intéressent au milieu de dizaines d'autres. L'exercice conduit depuis la France ou un pays étranger peut prendre la forme suivante :

- Ici le cabinet Dong Ho, nous sommes en relation avec la municipalité de Shanghai. Votre entreprise a été sélectionnée dans le cadre d'un futur appel d'offre sur la dépollution des sols contaminés. Êtes-vous en mesure de répondre à certaines spécificités techniques ?

- Bien sûr.

- Donc, nous pouvons vous envoyer un questionnaire ?

- Oui.

---

[215] Il peut parfaitement être britannique ou allemand. La France, techniquement très bien équipée, manque d'ensembliers ayant une vision internationale suffisante. Le « client » français s'dressera en général à un « ensemblier » étranger, souvent londonien. Habitude séculaire.
[216] Autrement appelé Web profond fréquenté par toutes sortes d'escrocs et de pirates ainsi que par les avatars de tous les terrorismes ou services de renseignements publics ou privés des États ou des multinationales.

Le bilan de compétence

Un faux cabinet de recrutement entre en contact avec un cadre de haut niveau et lui fait miroiter une nouvelle carrière. Une chasseuse de tête s'étonne du fait que ce cadre si dynamique soit si mal payé et que sa carrière n'avance que lentement. Comment feriez-vous, dit la chasseuse de tête, pour résoudre tel ou tel problème technique ? Les entretiens se succèdent dans une ambiance sympathique. De plus en plus agréable et empreinte d'une estime réciproque.

Le stagiaire.

Le stagiaire s'égaie sur des dossiers ou dans des endroits auxquels il ne devrait pas avoir accès. Il ou elle écoute beaucoup et peut avoir besoin d'obtenir en urgence un mot de passe pour répondre rapidement à une demande de la direction. Il appelle son manager le dimanche après-midi alors que celui-ci est en famille au jardin. Le stagiaire est sérieux. Il ne prend jamais de vacances et travaille les week-ends…Une perle !

La copie de thèses

En 2009 des chercheurs du CNRS découvrent stupéfaits que les Chinois ont déposé un brevet sur des matériaux qui peuvent être utilisés dans le réacteur Iter sur lequel ils travaillent depuis 10 ans. Le brevet ressemble mot pour mot à la thèse d'une de leur doctorante et aux articles publiés dans les revues internationales. L'enquête est confiée à la DGSI.[217] Mais le préjudice est déjà quantifiable. Dix scientifiques français ont travaillé pendant dix ans pour un brevet chinois !

La joint-venture

L'entreprise conduit depuis des mois une négociation prometteuse avec une entreprise étrangère. Les conversations, très riches, argumentées et sérieuses de part et d'autre laissent entrevoir de nouvelles perspectives tant technologiques que commerciales. Les négociations durent encore des mois jusqu'au jour où l'entreprise commence à se poser de questions….

---

[217] Direction générale de la sécurité intérieure, née d'une fusion entre les Renseignements généraux et la Surveillance du territoire. Fer de lance de la lutte anti-terroriste, la DGSI est aussi un acteur de l'intelligence économique nationale.

Le faux appel d'offre

L'espion lance des appels d'offres alléchant et reçoit en réponse des détails sur les savoir-faire de l'entreprise trop heureuse de faire valoir ses talents !

La fausse due diligence

La due diligence ou diligence raisonnable[218] est comme nous l'avons vu plus haut, l'ensemble des vérifications qu'un éventuel acquéreur va réaliser afin de se faire une idée précise de la situation d'une entreprise. La fausse due diligence, on l'aura compris est un cheval de Troie idéal. Sa mise en œuvre n'est pas exclusive des autres actions parallèles évoquées ici. Souvent d'ailleurs l'entreprise dont le savoir-faire est convoité fait l'objet d'investigations sur plusieurs fronts à la fois. L'ingénierie sociale utilise l'ensemble de la palette développée dans ce paragraphe.

Les micros et les caméras

Ils sont de tailles variées de plus en plus minuscules alimentés sur batterie ou secteur. Ils sont aussi directionnels et depuis l'immeuble d'en face utilisent les verres des fenêtres comme caisse de résonance. La nuit comme le jour. L'entreprise se méfiera de certains cadeaux de fin d'année qui peuvent contenir quelques surprises.

Les réseaux sociaux

Comme cela a été évoqué plus haut, ils permettent de « tracer » la cible et d'apprendre que le week-end prochain elle sera en voyage avec toute sa famille à deux cents kilomètres de chez elle. Pour un espion avisé il s'agit d'un outil précieux permettant de lire l'agenda détaillé de ses victimes.

La fin du salon ou la nuit du renard

Le salon professionnel touche à sa fin, l'attention se relâche. Tout le monde bavarde avec tout le monde. Les verres passent d'un stand à l'autre. Les équipes envahissent les stands pour démonter les installations. Les gens du stand voisin plient bagage et partagent avec nous les mêmes poubelles. C'est une joyeuse pagaille. L'humeur est détendue, c'est la fête. L'espion aura accès aux cartons, aux documents, aux confidences. C'est la nuit du renard qui commence. Un grand classique.

---

[218] L'audit préalable est une étape essentielle pour éviter toute asymétrie d'information entre vendeurs et acheteurs. La *due diligence* est donc une procédure saine dans le monde des affaires mais peut être détournée à des fins d'espionnage.

Le train et l'avion

L'espion ou son sous-traitant sait qui voyage dans l'avion ou dans le train. Il se positionne pour lire sur l'écran de son voisin. Qu'il peut d'ailleurs pirater depuis son siège par captation de signatures.[219] D'une manière générale il suffit d'écouter. Le cadre français est une proie facile. Il explique, il est compétent, innovant et fier de sa boîte. Il a vaguement entendu parler de guerre économique mais « ne croit pas à toutes ces conneries ». Il accepte volontiers les invitations à boire et à dîner. La France est heureusement l'un des pays les plus innovants de la planète. Elle compense par la grande qualité de ses ingénieurs ce qu'elle perd à cause de leurs bavardages.

L'hôtel

L'hôtel n'est pas un sanctuaire. Ni en France ni à l'étranger. L'ensemblier y a ses entrées. Il y régale ses obligés et connaît les personnels stratégiques, les petites mains, auxquelles personne ne prête attention. Les coffres des chambres ou de la conciergerie sont des pots de miel pour l'espion.

La douane

L'ensemblier qui a fait parfois une carrière dans le monde du renseignement officiel avant de se reconvertir ou d'en être exclu y a gardé quelques amis et de futurs collaborateurs. Notamment dans les aéroports, les gares, les postes frontières et les douanes.[220] La lutte contre le terrorisme aidant, la saisie des ordinateurs, dûment légalisée, permettra l'extraction de données ou l'introduction de chevaux de Troie numériques qui ne se réveilleront que deux ou trois ans plus tard pour entamer leur métier. En matière d'espionnage économique, l'intelligence artificielle a de beaux jours devant elle.

---

[219] Autorisée désormais par la loi au profit des services de police judiciaire et de renseignement dans la lutte contre le terrorisme la captation à distance des signatures radio électriques est pratiquée depuis longtemps par les espions.
[220] « *Groenland* » de Bernard Besson traduit aux Etats-Unis sous le titre « *The Greenland Breach* » traite de cet aspect particulier de l'espionnage économique où les administrations, solidaires de leurs champions nationaux, ferment les yeux sur des pratiques totalement illégales qu'elles encouragent en dépit des conventions internationales… Editions Odile Jacob 2011.

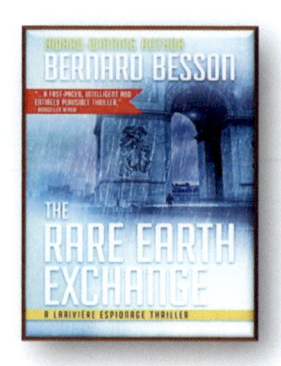

Manipulation et entrisme

L'ingénierie sociale atteint ici le sommet de son « art » puisqu'il s'agit de recruter un responsable de haut niveau afin de préparer la destruction ou l'affaiblissement de l'entreprise ciblée pour en racheter les morceaux les plus intéressants dans de « bonnes conditions ».

L'exercice obéit aux mêmes critères que ceux employés par les services de renseignement publics lorsqu'il s'agit de pénétrer des mafias de tous poils, ou des cabinets offshores[221] facilitant la fraude et l'évasion fiscale de politiciens ciblés depuis leur entrée dans la carrière.

Dans le cadre d'une guerre économique l'agresseur va sous-traiter sur le marché de l'espionnage une prise de contrôle de la cible. La future taupe, en général un homme ou une femme bien placée, c'est-à-dire membre du conseil d'administration, fera l'objet d'un long travail d'environnement pouvant durer parfois un an ou plus avant d'être « tamponnée ».

La flatterie et les sentiments jouent toujours un rôle et sont de puissants ressorts. La taupe renseignera l'agresseur par amitié, par amour. La motivation politique ne joue plus aucun rôle compte tenu de l'effondrement des convictions militantes. Cependant la motivation religieuse associée à des entreprises de conquête de la part d'écoles théologiques, riches et influentes, peut être un moteur puissant.

---

[221] L'affaire des *Panama papers* en avril 2016 a démontré que beaucoup de services de renseignements disposaient de taupes au sein des cabinets et sociétés offshore de manière à connaître les noms des politiciens ou chefs d'entreprises pratiquant la fraude ou l'évasion fiscale. Le lecteur intéressé par ce type de programme pourra lire « *Le Partage des terres* » de Bernard Besson, éditions Odile Jacob, 2014 traduit aux Etats-Unis en 2016 sous le titre « *The rare Earth exchange* » édition, le French book, New York. Après le temps des amateurs vient le temps de la professionnalisation de la corruption politique.

La prise de contrôle de l'entreprise cible peut se faire aussi par l'entrisme syndical en « noyautant » les instances dirigeantes. L'argent reste toujours un levier efficace. Chaque taupe a son prix. Dans l'esprit de l'agresseur, toutes les élites sont corruptibles.

Faute de mener à bien l'une des solutions précédentes, l'agresseur aura recours au chantage en décryptant par le menu la vie privée et professionnel de la future taupe. Si la cible n'offre aucune prise, l'espion provoquera une situation adéquate en la compromettant dans une affaire financière ou sexuelle. Souvent les deux à la fois.

L'économie noire

La guerre économique dont nous venons de survoler les techniques les plus courantes n'est qu'une partie de l'économie noire qui pollue l'économie légale et cause des pertes croissantes en termes d'emploi et de prospérité.[222] En voici des exemples particulièrement inquiétants :

Le vol et la vente de données dans les marchés noirs de la cybercriminalité (extrait des travaux de M Gérard Péliks.)

L'espion lance l'attaque, par exemple par "Injection SQL" qui consiste, par une requête spécialement formée à contourner les défenses du serveur Web. Elle est faite à partir d'un simple navigateur, pour aspirer la base de données d'un site de commerce en ligne. Il récupère ainsi des données bancaires insuffisamment protégées. Ensuite, il monnaiera cette prise dans l'économie souterraine. Il postera une annonce sur un forum spécialisé pour vendre, en gros, les données piratées, comme des identifiants de cartes de paiement volées. D'autres espions lui répondront par courriel ou par ICQ, que la marchandise les intéresse. Ils lui achèteront son lot en le payant en monnaie virtuelle (Web Money, e-Gold, Liberty Reserve) sur un "Shop". La monnaie virtuelle plébiscitée par les cybercriminels aujourd'hui, est Liberty Reserve.

Espionnage et extorsion d'argent à partir d'un pays lointain (Gérard Péliks)

L'espion vole ou crypte des données pour faire chanter l'entreprise victime. Il soustraite à un pirate et gagne sur les deux tableaux. Avec la base de données dans ses mains, il postera des petits échantillons de cette base, pour montrer qu'il ne plaisante pas, dans un site Web évidemment non référencé. Ensuite il contacte la victime, qui jusque-là ne s'est aperçue de rien, non pas pour lui dire "tu n'as pas cent balles", mais plutôt "Si tu ne veux pas voir exposer tes données confidentielles et nominatives sur la place publique, c'est 20 000 euros".

---

[222] Les exemples et modus operandi de ce chapitre sont extraits des travaux de la commission cybersécurité de Forum Atena présidée par Gérard Péliks, animateur des Lundis de la cybersécurité dans le cadre de ParisTech.

La DGSI tient à jour une documentation sur ce fléau et met en garde les entreprises contre l'agression à l'aide de rançongiciels achetés par des voyous dans le Dark Web. Ces espions numériques tirent profit des failles de certains systèmes d'exploitation et s'attaquent à de grandes entreprises nationales. Téléfonica en Espagne, Renault en France ou le National Heath Service au Royaume Uni ont été victimes d'intrusions par des rançongiciels.[223]

Ces pirates s'introduisent dans les systèmes d'information à travers une pièce jointe qui peut par exemple prendre la forme d'une facture ou d'un bon de livraison. Le renseignement intérieur (DGSI) recommande de se méfier des pièces jointes venant d'émetteurs inconnus ou douteux, d'utiliser et de mettre à jour des outils de filtrage et des anti-virus, de sauvegarder les données. Nous retrouvons là l'ensemble des préconisations de l'ISO 27 000.

Le ministère de l'Intérieur conseille de ne pas payer les rançons car rien ne garantit que la victime puisse récupérer ses données. Il convient cependant de conserver les preuves et de porter plainte immédiatement auprès des services mentionnés dans le chapitre consacré à la sécurité et à la sûreté d'entreprise. On consultera également la documentation du Centre gouvernemental d'alerte et de réponse aux attaques informatiques, CERT-FR.[224]

L'entreprise trouvera sur cette remarquable plate-forme de contre-espionnage économique et de lutte contre les pirates associés, une documentation précise validée par les meilleurs experts de l'ANSSI.

Les cybercriminels et leurs modus operandi (Gérard Péliks)

Ils s'appuient sur des infrastructures informatiques qui sont aussi bien réelles que virtuelles quand elles sont dans un cloud.

Il y a d'abord les forums qui sont des lieux de rencontre entre cybercriminalité et criminalité classique. Les espions, pirates et terroristes y trouveront toutes sortes d'outils pour perpétrer leurs forfaits : Location de botnets pour envoyer des spams ou des attaques en déni de services, kits de phishing prêts à l'emploi, achat de cartes de crédit, vers, virus, maliciels de tous poils et à tous les prix.

Il y a ensuite les shops qui sont les vitrines de la cybercriminalité. On y trouve par exemple les fruits du *skimming* qui consiste à récupérer les données qui résident sur la bande magnétique des cartes bancaires pour ensuite les charger sur une nouvelle carte vierge qui sera mise en vente. Le délinquant récupère ces données à la source, en ajoutant un petit dispositif électronique sur la fente des distributeurs de billets, les piles sont incluses dans le kit.

---

[223] Wanna Cry, Locky
[224] http://cert.ssi.gouv.fr

Une caméra « additionnelle » placée au-dessus du distributeur de billets récupérera le code à 4 chiffres en filmant les doigts sur le pavé numérique au moment de la transaction. Et ensuite les références des cartes de paiements seront vendues sur les shops.

L'économie noire numérique foisonne d'inventions de toutes natures. Chaque jour amène ses nouveautés. Dans le cadre de la sécurité économique l'entreprise s'adressera aux services déconcentrés du ministère de l'Intérieur et de la Défense. La police et la gendarmerie nationale dispose de services spécialisés dans ce genre de criminalité. Mais rappelons pour conclure que rien ne vaut une formation préventive des collaborateurs.

Espionite et délation à la française

Les cadres dirigeants français dépourvus de culture du renseignement et sceptiques face au concept de guerre économique s'adonnent en revanche à l'espionite et à la délation. Le marché du logiciel espion, permettant de savoir si le fils est homosexuel ou si madame a un amant prospère en France. Les lettres anonymes dénonçant les voisins au fisc ou à la police font partie de cette même « culture » archaïque.

Tel chef d'entreprise qui dépensera le minimum pour se conformer aux recommandations rationnelles et raisonnables de l'ISO 27 000 gaspillera une petite fortune pour espionner les siens ou ses voisins. Voire ses concurrents. Il le fera souvent mal, de manière ridicule en enfreignant la loi avec ou sans l'aide d'un pseudo spécialiste, généralement escroc au renseignement.

L'industrie du logiciel et du GPS espion trouve en France une terre d'accueil très favorable. Les opérateurs se frottent les mains.[225] Selon Christian Passoni, responsable de BIBIspy « La France est notre plus grand marché d'Europe en matière de logiciels espions. Les Français aiment bien ces produits. Ils les achètent sans problème. La France est un pays d'espions.[226] »

Une des conséquences heureuses de cet appétit hexagonal est le renforcement chez les fabricants des mesures de sécurité sur les ordinateurs et portables de toutes sortes. En attendant l'espionnage familial a tendance à déborder sur celui des collaborateurs ce qui est strictement interdit par la loi et une jurisprudence constante de la Cour de Cassation. Toute vente en France de ce type de matériel est interdite mais, à la différence des États-Unis qui sanctionnent lourdement ces comportements, les poursuites sont à ce jour quasiment inexistantes.

---

[225] MSpy, FlexiSpy, TopEspion, SpyStealth, BIBIspy, etc.
[226] Interview donnée au Monde des 10 et 11 septembre 2017 ; supplément Médias & Pixels. Il est vrai qu'en France le renseignement sérieux ne fait pas partie de la culture locale, au contraire de la délation et de l'espionite.

La législation française qui prévoit de lourdes peines[227] exige une autorisation du Premier ministre après consultation d'une commission ad hoc pour l'installation de matériels d'écoute et d'interception. Même si les logiciels ne sont pas à proprement parler des « matériels » la répression devrait pouvoir être mises en œuvre. Cependant les différentes législations et pratiques européennes en ralentissent l'effectivité.

Contre-espionnage économique

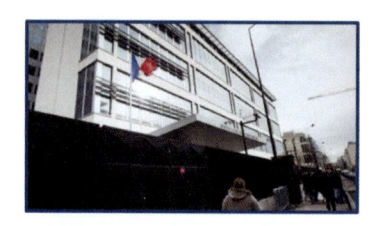

L'État stratège protège

Ce n'est que très récemment que l'État a conçu une véritable intelligence nationale des risques contenant des mesures concrètes, lisibles par les acteurs concernés. La protection du « potentiel scientifique et technique de la nation » (PPSTN) vise à contrer les opérations d'espionnage privées ou publiques.[228] Sont protégés tous les laboratoires de recherches, PME et startup, plus de vingt milles organisations, qui travaillent directement ou indirectement au service de la Défense.

Cette politique a pour finalité de mette à l'abri des regards et des écoutes indiscrètes tous les savoir-faire, innovations et technologies qui entrent dans le cadre des « intérêts fondamentaux de la nation. »

De manière très concrète sont créées des zones à régime restrictif (ZRR) par arrêté ministériel avec les concours conjoints du Secrétariat général de la défense et de la sécurité

---

[227] Cinq ans de prison et 300 000 euros d'amende.
[228] La lettre Défense-Sécurité de la Direction de la protection des installations, moyens et activités de la défense (DPID), 14 rue saint Dominique 75700 Paris SP 07.

nationale (SGDSN)[229] de la Direction générale de l'armement (DGA) et de la Direction du renseignement et de la sécurité de la défense (DRSD).[230]

Le Code pénal prévoit des peines pouvant aller jusqu'à 20 ans de prison pour les délinquant-espions pris la main dans le sac et des amendes pouvant monter jusqu'à 300 000 euros.[231]

Des mesures de prévention pratiques accompagnent cette politique par le contrôle des lieux, le contrôle des personnes notamment des visiteurs et prestataires extérieurs qui seront « criblés » c'est-à-dire examinés par les services de renseignement compétents, DGSE, DGSI, SCRT, DRM, DRSD.

La PPSTN prévoit la désignation dans les organismes protégés de responsables des systèmes d'information (RSSI) ainsi que le recommande l'ISO 27 000 et l'utilisation de matériels informatiques agréés par l'Agence nationale de la sécurité des systèmes d'information (ANSSI) acteur essentiel de cette politique.

Il est conseillé aux entreprises de choisir des partenaires français ou membres de l'Union européenne, d'éviter les solutions de cloud gratuit, de ne pas donner d'informations stratégiques relevant du secret des affaires, de chiffrer elles-mêmes les informations transmises au prestataire, de limiter les droits des utilisateurs, de ne pas utiliser de compte administrateur pour les tâches quotidiennes.

Il est également recommandé un audit des infrastructures hébergeant les données et de s'assurer du respect des stipulations contractuelles. En cas de compromission du secret ou d'ingérence, l'entreprise victime contactera la DGSI et/ou la DRSD. Le citoyen ne peut que se réjouir d'une telle vision globale et cohérente. On se prend à souhaiter quelque chose d'équivalent dans le domaine du protectionnisme intelligent décrit plus haut. Malheureusement tout ce qui a un caractère un tant soit peu offensif a mauvaise presse en France.

Le secret des affaires

En dehors du droit d'alerte, évoqué plus haut, qui peut contribuer à la détection de l'espionnage, l'entreprise appliquera la norme européenne du 8 juin 2016 sur le secret. Cette

---

[229] Ex SGDN où officia un certain Charles de Gaulle dont les idées iconoclastes et le sens de l'anticipation agaçaient l'establishment bureaucratique de l'époque. En ajoutant le mot sécurité (S) au sigle, l'État élargit sa vision de la défense globale s'inspirant enfin des normes internationales dans le domaine.
[230] Ex-Direction de la protection et de la sécurité de la défense (DPSD). En remplaçant le mot protection par le mot renseignement l'État fait preuve d'audace de réalisme et rejoint les préconisations de l'ISO 28 000 élaboré il y a vingt ans…
[231] Tout en se félicitant de cette politique on ne pourra que déplorer le montant ridiculement bas des amendes dans un domaine où les profits de la guerre économique peuvent atteindre des milliards d'euros ou de dollars !

directive publiée au Journal Officiel de l'Union européenne le 15 juin 2016 [232] est applicable en France depuis 2018. Elle clôt un débat franco-français obscur et laborieux sur ce qu'il convenait de comprendre par secret des affaires. L'Union européenne nous apporte des éclaircissements.

1. Une définition du secret d'affaires et une sanctuarisation de l'intelligence inventive.

Le but de la directive est de mettre les inventeurs et chercheurs sur un pied d'égalité par le biais d'un cadre légal commun, clair et équilibré, visant à décourager la concurrence déloyale et à faciliter l'innovation collaborative ainsi que le partage de savoir-faire bénéfiques tels que nous les avons vu à l'œuvre dans le chapitre sur l'intelligence inventive. C'est l'ensemble de cette démarche qui est enfin protégée.

La directive définit le secret d'affaires « comme une information ayant une valeur commerciale et faisant l'objet de dispositions raisonnables destinées à la protéger et la garder secrète. Sont donc couverts les savoir-faire, les informations commerciales et les informations technologiques lorsqu'il existe à la fois un intérêt légitime à les garder confidentiels et une attente légitime de protection de cette confidentialité ».

La valeur commerciale d'une information existe de facto si son obtention, son utilisation ou sa divulgation est susceptible de porter atteinte et de nuire au potentiel et aux intérêts économiques et financiers de la personne qui en a le contrôle. Ce sont donc toutes les voies inventives des entreprises européennes qui sont prises en compte.

2. L'obtention illicite d'un secret d'affaires (Me Emmanuelle Ragot et Me Florence Delille)

Elle résulte d'un accès non autorisé à celui-ci ou d'un comportement contraire aux usages honnêtes en matière commerciale. L'utilisation et la divulgation d'un secret d'affaires seront illicites dès lors qu'elles auront lieu suite à l'obtention illicite de celui-ci, suite à la violation d'un accord de confidentialité ou une obligation de non-divulgation et suite à la violation d'une obligation contractuelle ou autre de limiter l'utilisation de celui-ci. Ce qui en droit français renvoie à l'abus de confiance.

La directive énonce encore que le fait que le destinataire savait ou aurait dû savoir qu'une information était directement ou indirectement issue d'un acte illicite rendent son obtention, utilisation et sa divulgation illicites également.

---

[232] Lire à ce sujet le commentaire argumenté et limpide de Me Emmanuelle Ragot et Me Florence Delille de Partner-Head of IP TM d'où sont extraites les considérations qui suivent.

Est toutefois considérée comme licite, notamment, l'information obtenue grâce à une découverte / création indépendante ou celle liée à l'ingénierie inverse d'un bien mis à la disposition du public ou non soumis à une obligation de confidentialité.

3. La protection de la liberté d'expression et du droit à l'information (Ragot, Delille)

En contrepartie de la protection des secrets d'affaires, la directive vise à préserver le droit à la liberté d'expression et d'information, y compris le respect de la liberté et du pluralisme des médias, en accord avec la Charte des droits fondamentaux de l'Union européenne.

Par ailleurs, l'article de la directive protège expressément ceux qui, agissant dans le but de protéger l'intérêt public général, dévoilent un secret d'affaires afin de révéler une faute professionnelle ou une activité illégale. En conséquence, la protection des sources journalistiques et du droit d'investigation sont maintenus. Les personnes agissant de bonne foi qui révèlent des secrets d'affaires dans le but de protéger l'intérêt public général, les « lanceurs d'alerte » bénéficient d'une protection adéquate. Il revient toutefois aux juges nationaux d'apprécier la nécessité de divulguer un secret commercial afin de dénoncer une faute, un acte répréhensible ou une activité illégale. Une dérogation est également prévue en matière de représentation salariale.

4. Les mesures de protection et de réparation prévues par la directive (Ragot, Delille)

La directive prend également en compte la nécessité de garantir des recours judiciaires justes, effectifs et dissuasifs, et d'assurer la cessation immédiate de toute acquisition, utilisation ou divulgation illicite d'un secret d'affaires, et ce tout en respectant et considérant le droit de la défense, le principe de proportionnalité ainsi que les caractéristiques propres au cas d'espèce.

C'est pourquoi les États membres doivent prévoir des mesures, procédures et recours adéquats et garantir l'obtention d'une réparation civile contre et en prévention de telles fraudes. Pour cela, outre les dommages et intérêts, la directive prévoit une variété de solutions civiles en cas de dommages, telles que la cession ou l'interdiction de l'utilisation ou la divulgation, des saisies, la destruction de biens illicites.

Enfin, dans le cadre du déroulement des procédures judiciaires, la directive exige que les États membres établissent des règles minimums de protection et de préservation des secrets d'affaires au cours des procès afin que toute partie au litige et tout tiers prenant part au procès ne puisse utiliser ou divulguer les informations dont ils auraient eu connaissance durant la procédure. Une restriction de l'accès aux documents, aux audiences ainsi qu'aux retranscriptions pourra être prévue par les tribunaux, qui auront également la possibilité de ne publier que des versions non confidentielles des décisions rendues.

Mesures simples de contre-espionnage préventif

Les États espionnent par des moyens humains, satellitaires et numériques la planète entière à des fins d'avantages économiques et financiers.[233] Des groupes privés spécialisés en font autant. Quelques mesures simples, préconisées par l'État stratège dans le cadre du protectionnisme intelligent et de la sécurité économique permettent de réduire les risques évoqués dans ce chapitre.

Le chef d'entreprise, avec l'aide des services compétents, informera ses collaborateurs des réalités de l'espionnage économique, privé et d'État. Un homme averti en vaut deux.

Pour se protéger, l'entreprise recense et cartographie tous les échanges d'informations interceptables entre ses collaborateurs et avec des tiers. Elle s'enquiert des menaces auprès du représentant local de l'Etat[234] et sollicite ses conseils. Quelques précautions simples vont déstabiliser l'espionnage adverse, plus routinier qu'on ne le pense.

Les réunions stratégiques ne se passeront pas toujours au même endroit, le même jour et à la même heure. Si elle en a les moyens, l'entreprise peut se doter d'un local « dépoussiéré » ou d'une cage de Faraday. Lors d'une période sensible une mesure gratuite et efficace consiste à changer de numéros de téléphone et en plus d'une cryptologie efficace, à coder les termes du contrat ou du projet en cours d'élaboration.

Une technique amusante consiste à transformer les dix noms propres les plus usités en noms communs et les dix noms communs les plus utilisés en noms propres. Cette méthode très efficace est peu utilisée parce que gratuite (!). Elle permet en général à brouiller l'écoute et la compréhension de l'adversaire qui parfois sous traite ce genre de service sur le marché de l'espionnage économique. Celui-ci contrairement à la légende n'est pas toujours peuplé de cerveaux brillants. Les pieds nickelés y abondent.

Certains documents sensibles peuvent être « marqués » de façon discrète et habile de manière à identifier l'auteur de fuites. En matière de cyber sécurité toutes les

---

[233] Le lecteur intéressé pourra s'initier aux réalités du terrain décrites par l'auteur dans des fictions. Sur la guerre économique entre grands groupes pharmaceutiques : « *Chromosomes* » Calmann-Lévy 2000, Prix Edmond Locard 2000 du meilleur roman scientifique. Sur l'instrumentalisation du système d'arbitrage international et des magistrats dans la guerre économique, « *Les eaux d'Hammourabi* » Calmann-Lévy 2003. Sur les affrontements entre la Chine et le Japon en dehors de l'Asie, « *Chien rouge* » Prix de l'intelligence économique et concurrentielle de 2008 et « *Main basse sur l'Occident* » Odile Jacob 2010. Sur les enjeux culturels entre la Chine et les USA « *Les Hommes debout* » Amazon Kindle 2015. Tous ces ouvrages sont téléchargeables sur les sites des éditeurs français et américains.
[234] En France il s'agit du représentant départemental du Commissaire à l'information stratégique et à la sécurité économique de Bercy.

recommandations de l'ISO 27 000, seront appliquées à la lettre en tenant compte de la taille de l'entreprise. Cette norme est un véritable manuel de contre-espionnage économique.

Par ailleurs, les poubelles et la gestion des déchets seront surveillées car l'adversaire ne se privera pas d'y chercher ce qu'il n'a pas trouvé par ailleurs. Les photocopieuses garderont la trace des photocopieurs. Pour certains documents il existe même du papier non photocopiable.

D'une manière générale l'entreprise édulcorera sa publicité sur certains sujets sensibles et ne s'interdira pas d'attirer l'attention de ses adversaires sur des lieux et des sujets sans intérêts. Comme dans l'affaire des brevets leurres évoquée plus haut. En voyage, le cadre de l'entreprise photographiera sa chambre avant de sortir le soir et comparera les détails à son retour…

Il s'abstiendra de bavarder n'importe où et avec n'importe qui. Nous savons hélas que cette dernière recommandation est la plus difficile à mettre en œuvre !

Services de renseignements publics

Toutes les nations souveraines disposent de services de renseignements civils ou militaires, alliant parfois les deux types de population. Selon la culture du pays, le service de renseignement sera rattaché au premier ministre, au ministre de l'Intérieur ou à celui de la Défense. Dans certains cas, plus rares, il dépendra du ministre de la Justice.

Lorsque plusieurs services cohabitent sous l'autorité d'un même gouvernement se pose le problème récurrent de leur coordination, confiée en général à un homme ou une femme ayant la confiance du chef de l'État.

La qualité et l'efficacité du service public dépendent avant tout des questions et des finalités qui lui sont assignés. S'il n'y a pas de stratégie d'emploi, il n'y a pas de renseignement utile à la nation. Toutes les dérives sont alors possibles.

Un autre problème récurrent a trait aux relations avec la justice. Les deux univers sont naturellement en conflit. La gestion de ces relations difficiles se fait dans les démocraties par des arbitrages intervenant généralement à la suite de scandales ou du vote de « lois sécuritaires ». Dans les régimes autoritaires le problème ne se pose pas.

Les relations avec la presse et les médias sont empreints de complicité et de concurrence mélangées. Tout dépendra de la situation personnelle du journaliste avec sa source au sein du service ou de l'agent public avec sa source au sein des média. La protection des sources vaut dans les deux sens. Celle du journaliste bénéficie d'une protection parfois supérieure à celle de l'agent de renseignement.

Structure des services de renseignement

D'un pays à l'autre on retrouve à peu près les mêmes organigrammes répondant aux mêmes préoccupations.

A côté du directeur se trouve un cabinet ayant une vue globale sur toutes les activités des différentes directions. Le cabinet dispose d'un groupe d'enquêtes dîtes « réservées ». Ce groupe est amené à traiter les affaires sensibles intéressant en général le chef de l'État.

Une direction dite « logistique » s'occupe de la gestion du personnel, de son recrutement et de toutes les fournitures indispensables au fonctionnement du service. Argent, immeubles, parc auto, flotte aérienne, avantages en nature ou administratifs pour les indicateurs et honorables correspondants.

Une direction dite « technique » gère toutes les interceptions du signal, les écoutes téléphoniques, les images satellitaires, les captations de signature, les branchements de câbles sous-marins, etc.

Une direction « traitement des sources » gère les sources humaines, les agents infiltrés, les taupes, les informateurs immatriculés et rétribués placés par le service auprès de ses cibles.[235] Comme dans l'affaire des Panama papers.

Une direction « analyse » traite des grands thèmes récurrents que peuvent être la politique, l'économie, le terrorisme, la diplomatie, les religions, les sectes, etc. Ces thèmes forment autant de sous directions.

Des sous-directions territoriales se consacrent au « renseignement ouvert » à partir de contacts directs avec de multiples sources d'informations humaines et d'honorables correspondants non rétribués. Les implantations territoriales peuvent abriter dans leurs murs des excroissances des autres sous-directions nationales.

Dans le cadre du protectionnisme intelligent le service de renseignement intervient en général pour lever des doutes sur des personnes et pour conseiller les entreprises, via l'État stratège, face à tous les dangers que nous venons d'évoquer.

Ici s'achève le chapitre consacré à la guerre économique. Il n'est pas question d'aller plus avant dans les détails dans le cadre de cette introduction mais de donner au lecteur un aperçu général du problème à l'instar de ce que nous avons tenté de faire dans les chapitres précédents.

---

[235] Le lecteur intéressé par la vie des services de renseignement pourra utilement et agréablement regarder l'excellente série télévisée française intitulée « *Le bureau des légendes* » d'Éric Rochant. Elle déroule la vie de certains agents de la DGSE au service de la France.

Conclusion

Il existe deux façons d'aborder l'intelligence économique. Dans la première, l'entreprise part de l'existant, repère les éléments fondamentaux et améliore la réalité en transformant l'intelligence collective en intelligence économique performante.

Dans la seconde il n'y a pas d'entreprise. Il y a une association d'hommes et de femmes capables d'ignorer, de se poser des questions, de créer une mémoire, de partager des connaissances et de mettre en commun des réseaux et des capacités d'analyse. Nous sommes dans l'Idée, chère à Platon qui permet de voir l'entreprise avant qu'elle ne naisse.

L'entreprise viendra donc. Plus tard elle sera vendue ou dissoute. Le noyau dur réside dans le concept. Les créateurs imagineront d'autres entreprises avec la même manière d'agir et de penser. Ils pourront aussi créer d'autres types d'organisations, d'autres modèles économiques et répondre ainsi aux multiples menaces et opportunités qui nous attendent.

A l'heure où l'on parle beaucoup de formation et de reconversion pour cause de crise sanitaire, l'intelligence économique fait figure de pont pour passer d'un métier à un autre, d'un statut à un autre. Des salariés ou des chômeurs peuvent entreprendre en s'unissant autour des éléments fondamentaux et construire des aventures à partir des figures illustrant la démarche.

Ici s'achève cette quatrième édition de l'introduction générale qui avait pour objectif de poser les finalités, les méthodes et l'ensemble des champs de l'intelligence économique. D'autres éditions suivront. Elles pourront accueillir comme celle-ci les contributions nominatives de ceux ou celles qui souhaiteraient y ajouter leur pierre pour améliorer l'existant.

Bibliographie

« Intelligence économique et stratégie des entreprises » Henri Martre, La documentation française 1994

« Introduction à l'intelligence économique » Bernard Besson, Editions Chlorofeuilles 1994

« L'intelligence économique, les yeux et les oreilles de l'entreprise » Bruno Martinet, Yves Michel Marti, Préface de Robert Guillaumet fondateur de SCIP France et Secrétaire général de l'Académie de l'intelligence économique, Editions d'Organisation 1995

« Les PME face au défi de l'intelligence économique » Nicolas Moinet, Laurent Hassid, Pascal Gustave, Dunod 1998 « mention spéciale » de l'Académie de l'intelligence économique en 1998

« Intelligence économique, utilisez toutes les ressources du droit » Thibault du manoir de Juaye, Editions d'Organisation 2000

« Du Renseignement à l'intelligence économique » Bernard Besson, Jean Claude Possin, Dunod 2ème édition 2001 (Traduction en portugais Instituto Piaget 1999)

« L'Audit d'intelligence économique Mettre en place et optimiser un dispositif coordonné d'intelligence collective » Bernard Besson, Jean Claude Possin, Dunod 2ème édition 2002

« Intelligence économique, compétitivité et cohésion sociale » Bernard Carayon, Commission des finances de l'Assemblée nationale française 2003

« Le guide du renseignement commercial, tout savoir sur vos partenaires » Michel Besson, Yolaine Laloum, Editions d'Organisation 2003

« L'intelligence économique en pratique avec l'apport d'Internet et des NTIC » François Jakobiak, Editions d'organisation 2ème édition 2003

« Le Modèle d'Intelligence Economique » Ouvrage collectif, piloté par Jean Louis Levet et Bernard Besson, Préface Alain Juillet, Economica 2004

« L'intelligence économique dans la PME » Alice Guil hon, Lavoisier 2004

« Intelligence des marchés et développement international » Éric de Fontgalland, Lavoisier 2005

« L'autre guerre des États-Unis : les secrets d'une machine de conquête » Claude Revel, Éric Denécé, Robert Laffont 2005

« L'intelligence économique » Nicolas Moinet, Christian Macron, Dunod 2ème édition 2006

« L'intelligence économique, la comprendre, l'implanter, l'utiliser » François Jakobiak, Editions d'Organisation, 2ème édition 2006

« Patriotisme économique, de la guerre à la paix économique » Bernard Carayon, Editions du Rocher 2006

« Ce que l'intelligence économique veut dire » Damien Bruté de Rémur, Préface Alain Juillet, Editions d'Organisation 2006

« Le droit de l'intelligence économique » Thibault du Manoir de Juaye, Litec 2007

« Quelle veille stratégique pour les PME de Suisse romandes ? » Hélène Madinier, Documentaliste Sciences de l'information 2007/4

« L'Intelligence des Risques » Tome 1 « Du concept au système » ; Tome 2 « Pratique de la mission de protection sécurité » Bernard Besson, Jean Claude Possin, Préface Pierre Sonigo, IFIE 2006 2ème édition 2008

« Les pratiques de l'intelligence économique, dix cas d'entreprise » Jean Louis Levet, Economica 2ème édition 2008

« Chien rouge » Bernard Besson, Le Seuil, Prix de l'Académie de l'intelligence économique 2008, Chouette de cristal.

« L'intelligence économique, techniques et outils » François Jakobiak, Editions d'Organisation 2009

« Mythes et légendes des TIC » sous la direction de Gérard Péliks, animateur des « lundis de l'IE » du MEDEF Ile de France, Forum Atena 2009

« Le Risk manager et l'intelligence économique » (ouvrage collectif – coordination) AMRAE-IFIE 2010

« La boîte à outils de l'intelligence économique » Nicolas Moinet, Christophe Deschamps, Dunod 2011

« Voyage au pays des réseaux humains, guide pratique pour les développer » Jérôme Bondu, Lavauzelle-Graphic Edition 2011

« Le manuel d'intelligence économique » Christian Harbulot, PUF 2012, Prix de l'Académie de l'intelligence économique 2012, Chouette de cristal.

« Gérer les risques criminels en entreprise » Alain Juillet, De Boeck 2012

« Le vide stratégique » Philippe Baumard, CNRS 2012

« L'Intelligence inventive, audit, management et boîte à outils de l'innovation » Bernard Besson, Renaud Uhl, Lulu.com, 2012 « mention spéciale » de l'Académie de l'intelligence économique en 2012

« La France, un pays sous influence ? » Claude Revel, Vuibert 2012

« L'intelligence économique camerounaise » Steve William Azeumo, Préface Francis Moaty et Olivier Cardini, L'Harmattan Cameroun 2013

« Intelligence économique modes d'emploi » Arnaud Pelletier, Patrick Cuenot, Préface Bernard Besson, Pearson 2013

« De l'intelligence économique comme état d'esprit à la transculture de l'information » Monica Mallowan, Revue internationale d'intelligence économique 2014

« Groenland, entre indépendance et récupération géostratégique ? Enjeux défis et opportunités » Collection intelligence stratégique et géostratégique. Viviane du Castel, Paulo Brito, L'Harmattan 2014

« Sabordage, comment la France détruit sa puissance économique » Christian Harbulot, Editions François Bourdin 2014

« Techniques offensives et guerre économique » Christian Harbulot, La Bourdonnaye 2014

« Géo-énergie entre nouveaux enjeux et nouvelles perspectives géostratégiques » Viviane du Castel, Géoéconomie 2015

« Le Partage des terres » Bernard Besson, Odile Jacob 2014. Traduit aux États-Unis sous le titre « rare Earth exchange » aux éditions du French book de New York 2016

« Entre nouveaux vecteurs d'information et nouvelles utopies de l'intelligence stratégique, quels terrains pour les entreprises du secteur énergétique ? » Viviane du Castel, Revue internationale d'intelligence économique 2014

« Management stratégique de l'information De la veille stratégique à l'intelligence économique » ouvrage collectif, Weka, 2015

« 1962 » Bernard Besson, Odile Jacob 2015

« Intelligence économique S'informer, se protéger, influencer » sous la direction d'Alice Guilhon et Nicolas Moinet. Pearson France 2016

« Les Hommes debout » Bernard Besson, Amazon Kindle 2016

« 1963 » Bernard Besson, Amazon et Amazon Kindle 2016

« Découvertes, inventions et innovations » Didier Roux, Leçons inaugurales du Collège de France, Arthème Fayard 2017

« Energie 4.0. » Viviane du Castel, Julie Monfort, Préface de Michel Derdevet, Editions Connaissances et Savoirs, 2017

« Les cahiers de l'Intelligence décisionnelle, de l'information et des sciences cognitives » Concept et outils du Management Décisionnel d'Entreprise (MDE) série d'articles de Jean Claude Possin. Publication -2016-2019- de Veille Magazine.

« 1964 » Bernard Besson, Amazon et Amazon Kindle 2018

« Comment raisonne notre cerveau » Olivier Houdé Que-sais-je – 2019.

« Le Cartel des fraudes », fraudes fiscales et sociales Charles Prats RING septembre 2020.

« Du cyberespace à la datasphère. Enjeux stratégiques de la révolution numérique ». Revue de Géographie et de Géopolitique – 2 et 3ème trimestre 2020 Editorial de Frédérick Douzet Professeur à l'Institut Français de géographie- Université Paris 8, directrice de IFG Lab et de Géode.

Annexe 1

Le Test 1000 Entreprise

Le Test 1000 Entreprise permet de noter la performance d'une intelligence économique en entreprise entre 0 et 1000. La note finale résulte de la moyenne des notes attribuées par les destinataires du questionnaire. Chaque collaborateur est appelé à noter l'intelligence de l'entreprise de manière spontanée en répondant aux cinquante questions Il attribue spontanément une note entre 0 et 20. Chaque note peut faire l'objet d'un commentaire libre permettant le cas échéant d'accueillir des critiques ou des suggestions. Il n'est pas nécessaire d'être un spécialiste de tel ou tel sujet pour donner un avis. Il n'est pas non plus obligatoire de noter ou de rédiger un commentaire sur tous les sujets abordés.

Le Test 1000 part de l'idée, toujours vérifiée, que chaque entreprise est une intelligence collective qui s'ignore. Le but est de mettre fin à cette ignorance. Le résultat peut servir de base concrète à la mise en place d'un programme en partant des réalités évaluées par les femmes et les hommes du terrain. Sa diffusion simple et conviviale au plus grand nombre possible d'acteurs et collaborateurs donnera un résultat d'autant plus crédible. Le document final servira de point de départ à un programme d'intelligence collective à partir des forces et des faiblesses de l'entreprise.

Le Test 1000 Entreprise est à la disposition libre et gratuite de tout entreprise, qui souhaite évaluer son intelligence économique. Il peut être téléchargé auprès de TheBetterYou à l'adresse email : Test1000Entreprise@outlook.com On trouvera ci-après les premières pages d'un Test appliqué à une ferme bretonne essayant de rebondir après la crise sanitaire de la Covid 19. La **Ferme de Yann** cherche à diversifier ses produits et à se différencier sur le marché tout en élargissant sa sphère d'influence.

Dans ce milieu traditionnel alors que les sources d'information sur le métier sont nombreuses, l'organisation des veilles et le partage de l'information sont médiocres. Le Test indique où se trouvent les progrès à accomplir pour que la Ferme de Yann devient une intelligence économique performante.

TEST 1000 Entreprise

La Ferme de Yann
Artisans fromagers de la ferme française de Bretagne

Quels risques à court & moyen terme pour la ferme de Yann? Comment naviguer dans un contexte familial?

TEST 1000 - Moyenne générale

Commentaire général

— Dans le cadre de sa réflexion sur le renforcement de son dispositif de gestion de qualité et des risques au sein de sa ferme, le projet de Yann porte en particulier sur la mise en place d'un dispositif permettant une meilleure organisation des veilles et le partage de l'information en conciliant le double enjeu familial et business. Yann a clairement compris l'importance d'une communication plus efficace car les enjeux familiaux impactent les décisions à prendre pour le business et peuvent même nuire à sa réputation.

Appréciation

Niveau 1: L'organisation des veilles et le partage de l'information et des connaissances

Niveau 2 :
- Mémorisation de l'information et des connaissances
- Les réseaux et actions d'influence de l'entreprise
- L'intelligence des risques
- La gouvernance des risques
- L'intelligence inventive

Niveau 3 :
- Les sources d'information

Total Général des notes

385/1 000

Résultats TEST 1000 - La Ferme de Yann

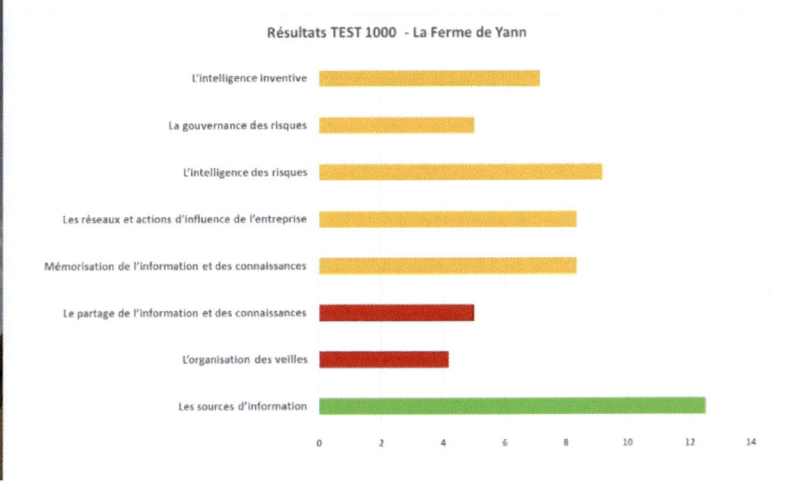

Chapitres	TOTAL	Moyenne	Niveau 1 (0-5) Critique	Niveau 2 (5-10) Moyen	Niveau 3 (10-20) Fort
1 Les sources d'information	100	13/20			●
2 L'organisation des veilles	25	4/20	●		
3 Le partage de l'information et des connaissances	30	5/20	●		
4 Mémorisation de l'information et des connaissances	50	8/20		●	
5 Les réseaux et actions d'influence de l'entreprise	50	8/20		●	
6 L'intelligence des risques	55	9/20		●	
7 La gouvernance des risques	25	5/20		●	
8 L'intelligence inventive	50	7/20		●	
TOTAL	385	7/20			

Résultats TEST 1000 Entreprise
Nombre de cas / Niveau Appréciation

- Critique : 2
- Moyen : 5
- Fort : 1

Résultats TEST 1000 - La Ferme de Yann

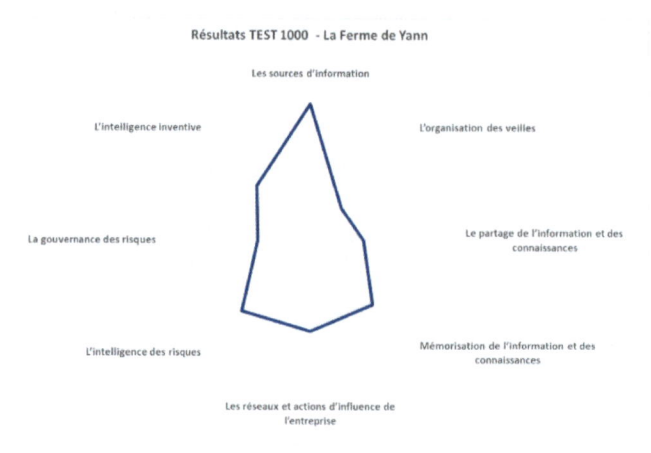

- Les sources d'information
- L'intelligence inventive
- L'organisation des veilles
- La gouvernance des risques
- Le partage de l'information et des connaissances
- L'intelligence des risques
- Mémorisation de l'information et des connaissances
- Les réseaux et actions d'influence de l'entreprise

TEST 1000 Entreprise

Les cinq premières diapositives présentées ci-dessus sont la synthèse des notes et commentaires qui renseignent les cinquante réponses ventilées dans les huit chapitres. L'autodiagnostic peut être prolongé par la fourniture à l'entreprise de conseils et solutions adaptés à sa situation.

Annexe 2

A l'heure où toutes les organisations recourent massivement au télétravail à cause de la crise sanitaire, cet aspect du chapitre éthique et déontologie prend une nouvelle dimension. L'entreprise éclatée par les évènements repense les fondements juridiques et les usages de son intelligence collective. Cette charte type pose les problèmes et suggère des solutions.

Charte d'usage des technologies de l'information et des réseaux sociaux

1 Introduction

2 Champ d'application

3 Usages à des fins privées et personnelles

4 Usages des médias et réseaux sociaux

5 Usages de l'information à des fins professionnelles

6 Protection de l'information

7 Application et contrôle de la charte

La charte d'usage des technologies de l'information et des réseaux sociaux s'applique à toutes formes de systèmes d'information intéressant la vie privée ou professionnelle dans le cadre des activités de l'entreprise.

Elle définit la responsabilité réciproque de l'entreprise et de ses membres permanents ou occasionnels qualifiés ici d'utilisateurs.

Elle définit un équilibre entre les usages personnels et professionnels. Elle pose des règles en matière de savoir-vivre ensemble, de sécurité, de sûreté, de remontée d'information, d'exploitation de l'information et de contrôle au bénéfice de l'entreprise et de ses membres.

Champ d'application

La charte s'applique à tous les salariés de l'entreprise ayant l'usage des technologies de l'information et fréquentant les médias et réseaux sociaux. Elle s'applique également aux stagiaires ou collaborateurs occasionnels.

Elle concerne l'utilisation de tous les matériels informatiques, logiciels, applications diverses, web, messageries, forum, blogs, visio-conférences, téléphones, tablettes, Smartphones, images, vidéos, ordinateurs portables, I Phone, I Pad mis à la disposition des collaborateurs permanents ou occasionnels.

Elle concerne aussi l'usage que des collaborateurs pourraient faire de leur propre matériel dans le cadre d'une mission commandée par l'entreprise.

Usages à des fins privées et personnelles

L'entreprise reconnait et autorise l'usage des technologies de l'information et de l'information elle-même à des fins personnelles. L'accès aux réseaux sociaux et à Internet à des fins personnelles est autorisé dans le cadre d'une utilisation raisonnable.

Le responsable du système d'information de l'entreprise ouvre un droit de connexion à Internet pour usage personnel. Ce droit est personnel, incessible et disparaît lors du départ de son titulaire.

Cette autorisation est matérialisée par la création d'un espace personnel intitulé « privé » ou « personnel » destiné à recevoir et stocker les messages et informations non professionnelles. Cet espace est protégé et l'employeur ne peut y accéder qu'en présence du titulaire dans le cadre d'une enquête interne.

Les messages envoyés et reçus à titre personnel sont tolérés à condition de ne pas affecter les envois et réception des messages professionnels.

Les correspondances transitant par le système d'information de l'entreprise étant censées véhiculer des informations à caractère professionnel, les messages à usage personnel contiendront la mention « privé » ou « personnel ».

A défaut d'une telle mention ces messages pourront être consultés par l'entreprise.

Usages des médias et réseaux sociaux

L'usage des médias sociaux et des réseaux sociaux s'inscrit à la fois dans l'utilisation à des fins personnelles et professionnelles. Ces médias permettent de produire des contenus sur une grande variété de support : blogosphère, twittosphère, forums, wikis et de connecter des individus : LinkedIn, Facebook, etc.

La présente charte définit des attitudes au bénéfice conjoint de l'entreprise et de ses membres.

Chaque utilisateur est conscient que les informations délivrées dans les réseaux sociaux appartiennent à un espace privé mais pouvant devenir public à chaque instant. L'utilisateur sait que les informations publiées sur les médias sociaux et réseaux sociaux ne comportent aucune garantie de confidentialité.

Celle-ci peut être compromise par des modifications de fonctionnement de ces réseaux, par des piratages, des dysfonctionnements, l'utilisation de logiciels d'enquêtes sur les personnes, des utilisations commerciales ou des indiscrétions involontaires ou volontaires de l'entourage.

La diffusion de ces informations engage donc à la fois la responsabilité individuelle de l'utilisateur et celle de l'entreprise.

L'utilisateur s'engage d'abord à préserver sa vie privée et celle de ses proches ainsi que ses biens matériels et immatériels. Qui peuvent être aussi ceux de l'entreprise.

Les utilisateurs adoptent sur les réseaux sociaux un profil soit personnel soit professionnel séparant, comme dans la vie courante, les activités appartenant aux deux univers.

L'utilisateur lorsqu'il parle de son entreprise sur un « profil », privé ou professionnel, s'abstient de tout propos injurieux, diffamatoire ou de nature à porter préjudice à l'entreprise ou à l'un de ses membres.

L'utilisateur s'abstient de toute critique à l'égard de la stratégie, des services, des produits, des fournisseurs, des clients, des partenaires.

L'utilisateur, quel que soit le profil, s'exprime avec courtoisie et retenue conformément au savoir-vivre et à la philosophie générale qui prévaut sur le web. Le droit d'expression de l'utilisateur ne doit pas compromettre la réputation de l'entreprise par des propos excessifs ou des attitudes scandaleuses : appel à la haine, racisme, antisémitisme, diffamation, injures.

L'utilisateur respecte la confidentialité et le secret des informations qui lui sont confiées par l'entreprise et ses clients.

L'utilisateur lorsqu'il parle au nom de l'entreprise sur l'un ou l'autre de ses profils le fait avec l'accord préalable de celle-ci.

Chaque utilisateur s'entoure de précautions élémentaires. Ces précautions intéressent aussi bien l'utilisateur que l'entreprise

Il s'abstient de publier son adresse postale et de donner sa date et son lieu de naissance afin d'éviter des cambriolages physiques ou numériques.

Il s'abstient d'afficher ses dates de vacances ou de déplacements professionnels. Il évite de publier des photos de son intérieur ou de l'intérieur de l'entreprise, sauf accord préalable.

L'utilisateur exerce une veille régulière sur ses profils et signale toute dérive pouvant altérer son image ou l'image de l'entreprise.

Usages de l'information à des fins professionnelles

L'entreprise et ses membres partagent l'information utile à la compétitivité et au maintien des emplois.

Chaque utilisateur met volontairement à la disposition de l'entreprise les compétences, talents ou circonstances dont il dispose pour valider les informations obtenues ou des sources d'information utiles.

Chaque utilisateur alerte l'entreprise des menaces ou des opportunités dont il a connaissance grâce aux technologies de l'information et à la fréquentation des médias et réseaux sociaux.

Chaque utilisateur signale les sources nouvelles d'information, humaines ou numériques susceptibles d'enrichir les réseaux de l'entreprise

Ces mises à disposition volontaires, ces alertes et signalements sont reconnus et pris en compte de manière positive par l'entreprise lors de l'entretien annuel ou à d'autres occasions.

Protection de l'information

Non obstant les mesures techniques de sécurité et de sûreté et les consignes portées à la connaissance des utilisateurs par le responsable de la sécurité du système d'information, chaque signataire s'engage à appliquer les protections élémentaires suivantes :

Chaque utilisateur s'engage à signaler immédiatement toute violation ou soupçon de violation du système d'information par des programmes malveillants ou des agissements relevant de la cybercriminalité.

Il prend les mesures conservatoires qui s'imposent, conserve l'ensemble des données de connexion afin de permettre au responsable du système d'information de les remettre à la police.

Il évite toute remise en marche ou réinstallation qui pourrait compromettre les traces d'un acte malveillant au préjudice de l'entreprise ou de lui-même.

Chaque utilisateur avertit immédiatement le responsable du système d'information de toute anomalie de fonctionnement ou de configuration.

Chaque utilisateur s'engage à ne pas modifier le fonctionnement du système d'information et les différents droits d'accès et de quelque manière que ce soit, sans l'autorisation du responsable du système d'information.

Chaque utilisateur évite les comportements à risques tel que l'oubli des mots de passe sur des espaces visibles, l'introduction de virus par des clés USB ou des supports non analysés préalablement.

Chaque utilisateur authentifie l'origine des messages suspects en demandant aux correspondants privés ou professionnels de confirmer leur demande lorsqu'ils sollicitent des mots de passe, des codes pin ou des coordonnées bancaires.

Lors des déplacements chaque utilisateur sollicite du responsable du système d'information une sauvegarde des données embarquées, le chiffrement des données sensibles ainsi qu'un accès par mot de passe ou reconnaissance biométrique pour l'équipement portable.

Lors des déplacements les utilisateurs n'emportent que les données indispensables. Ils ne se séparent jamais de leur ordinateur portable, de leur téléphone, tablettes, I phone ou I pad.

Pour les téléphones, PDA et autres mobiles chaque utilisateur conserve dans un endroit séparé l'IMEI, le numéro de téléphone, le numéro de carte SIM, le carnet d'adresse et éventuellement l'agenda.

Chaque utilisateur s'engage à respecter les espaces privés des autres utilisateurs et n'y accède qu'avec leur autorisation. Il s'engage à avertir la CNIL par l'intermédiaire du correspondant CNIL lors de la création de fichiers nominatifs utilisés dans le cadre de sa mission.

Chaque utilisateur s'engage à respecter le droit de propriété intellectuelle et à ne pas télécharger, diffuser, modifier les créations numériques des autres sans autorisation écrite des titulaires de ces droits.

Chaque utilisateur s'engage à ne pas usurper l'identité d'un autre ou une fausse identité dans l'exploitation du système d'information.

Chaque utilisateur s'engage à ne pas donner accès aux données de l'entreprise à des tiers sans y avoir été autorisé par le responsable du système d'information.

Chaque utilisateur respecte le droit à l'image de toute personne et sollicite une autorisation écrite du titulaire avant enregistrement et exploitation.

Application et contrôle de la charte

La présente charte est publiée et diffusée à tous les salariés ou collaborateurs occasionnels. Elle est portée à la connaissance des représentants du personnel et annexée au règlement intérieur de l'entreprise dont elle fait partie.

Elle est mise à la disposition de chacun sur l'intranet de l'entreprise et affichée dans les locaux.

Elle figure en tant qu'avenant au contrat de travail à durée déterminée ou indéterminé. Elle figure en annexe de tout contrat ou convention engageant l'entreprise avec un tiers dans le cadre d'une mission commune.

Un utilisateur, désigné par le chef d'entreprise, devient correspondant de la Commission nationale informatique et liberté. Il prend immédiatement attache avec cette institution. Il veille à la protection des données à caractère personnel des utilisateurs.

Les données à caractère personnel concernent aussi bien les collaborateurs que les clients et toutes autres personnes dont le nom figure sur une liste nominative informatisée détenue par le système d'information.

Sont proscrites toute mention sur les caractères personnels psychologiques, médicaux, ethniques, politiques, syndicaux, sexuels ou religieux pouvant être attribués à des personnes ou groupes de personnes.

Chaque signataire de la charte a un accès immédiat aux données personnelles le concernant. Il peut ajouter ou retirer ce qu'il souhaite sans délais et sans autorisation préalable, notamment dans le cadre du chapitre consacré à l'usage professionnel de l'information.

L'entreprise se réserve le droit de poursuivre au civil ou au pénal toute personne signataire de la présente charte qui n'honorerait pas sa signature. En cas de non-respect de la présente charte l'entreprise peut supprimer le droit de connecter à usage personnel.

Le non-respect de la charte est une faute pouvant légitimer un licenciement.

Le chef d'entreprise dispose d'un droit de contrôle permanent justifié et proportionné au but recherché. Ce droit de contrôle lui permet le filtrage des sites non autorisés, le contrôle des messageries, le contrôle des tailles, l'analyse des pièces jointes.

Les procédures de contrôle évoluent et s'adaptent aux technologies et situations nouvelles. Ces procédures sont portées à la connaissance des représentants du personnel, des utilisateurs et de la Commission informatique et liberté.

Annexe 3

Article publié dans Veille magazine, octobre 2017

Intelligence économique et intelligence décisionnelle

Depuis son apparition en France et ailleurs, l'intelligence économique a étendu son champ d'action de l'entreprise à l'État puis à de multiples activités. On peut dire qu'elle s'est élargie à de nouveaux territoires, de nouvelles situations, de nouveaux problèmes.

Outil de management global, anticipatif, prospectif et stratégique, elle s'applique à beaucoup de secteurs de l'activité humaine. Chaque jour le substantif intelligence dépasse l'adjectif économique. Ce constat légitime une réflexion sur le vocable lui-même. Doit-on parler encore d'intelligence économique ? Parler d'intelligence tout cours ne serait pas illégitime mais diluerait la discipline dans un ensemble trop vaste voire prétentieux.

Le concept appelle une redéfinition à la hauteur de son succès. Qualifier l'intelligence économique d'intelligence stratégique semble pertinent mais ne s'agit-il pas d'une tautologie ? En effet l'intelligence économique depuis son lancement chez nous par l'AFDIE et en Suède par Stepan Dedijer, qui parlait d'intelligence sociale, est par essence stratégique.

Mais le mot stratégique pour pertinent qu'il soit n'englobe pas tout le champ de la matière qui explore des détails, des savoir-faire ou savoir être qui ne sont pas à priori stratégiques. Le vocable d'intelligence « tous azimuts » éclaire la discussion mais évoque trop la guerre économique qui n'est que l'un des volets de préoccupation de la discipline.

Intelligence managériale et intelligence collective sont réducteurs pour le premier et trop large pour le second. En élargissant ses domaines d'applications ou en se focalisant sur certaines applications, l'intelligence économique s'éloigne d'une définition satisfaisante.

Surmonter la difficulté oblige peut-être à revenir à l'essentiel, c'est-à-dire à l'humain qui est le dénominateur commun des intelligences territoriales, vertes, émotionnelles, prédictives, compétitives, sportives, sanitaires, inventives, des risques et des opportunités de toutes natures. Doit-on dès lors parler d'intelligence humaine ? Celle de la Métis, première épouse de Zeus pétrie de ruse, de tactique et d'esprit de finesse ? Celle qui permet de s'adapter à tous les environnements comme à leurs incessantes mutations ?

Non car l'intelligence économique n'est que l'un des aspects, parmi tant d'autres, de l'intelligence humaine. Une piste parait cependant intéressante. L'intelligence artificielle dont on parle beaucoup en ce moment invente des robots. Ces machines et logiciels parlent également de nous. Nous les avons créés à notre image. Ils sont un miroir et un certain nombre nous dépasseront si nous les laissons décider « automatiquement » à notre place ! Restons vigilants.

Avec leurs capteurs d'informations et leurs bases de données embarquées ces robots, de plus en plus performants, comparent, calculent, apprennent, analysent et prennent des décisions chaque seconde ou micro seconde. Comme dans les salles de marchés ou des algorithmes surveillent, simulent et notent d'autres algorithmes.

En délégant à des machines nos prises de décisions nous répliquons une action ou une inaction qui sont les deux pôles du même phénomène. Je décide ou je ne décide pas. Ce binôme évoque d'ailleurs le monde numérique où tout se réduit à 0 et 1.

Nos robots nous imitent et nous les imitons. Ne sommes-nous pas le fruit de multiples décisions évolutives, adaptatives, heureuses ou malheureuses de la Nature qui depuis l'apparition de la vie sur Terre nous ont rendus possibles ? En amont ou en aval nous sommes « pré-décisionnés » autant que décisionnaires.

Ce trait commun à tous les individus ou groupes d'individus nous relie à l'intelligence économique. Celle-ci dans toutes ses applications et extensions est en fait une aide à la décision. Dès lors l'expression intelligence décisionnelle sans abolir l'intelligence économique, l'absorbe et lui donne un sens plus exact, quasi universel. La décision n'est-elle pas la quintessence et la véritable « clé de voûte » au sens architectural du terme, de nos vies personnelles, professionnelles comme celle de toutes les formes d'organisations humaines ?

En travaillant sur les sciences cognitives et les neurosciences, Jean Claude Possin a imaginé et démontré la validité de cette nouvelle définition en publiant dans Veille magazine une série d'articles consacrés à l'intelligence décisionnelle.

Paris, le 3 octobre 2017
Bernard Besson & Jean Claude Possin

Printed in Poland
by Amazon Fulfillment
Poland Sp. z o.o., Wrocław